高职高专"十三五"国际商务专业规划教材

外贸单证实务

（第三版）

童宏祥　主编

上海财经大学出版社

图书在版编目(CIP)数据

外贸单证实务/童宏祥主编．—3版．—上海：上海财经大学出版社，2016.2

高职高专“十三五”国际商务专业规划教材

ISBN 978-7-5642-2253-6/F·2253

Ⅰ.①外… Ⅱ.①童… Ⅲ.①进出口贸易-原始凭证-高等职业教育-教材 Ⅳ.①F740.44

中国版本图书馆CIP数据核字(2015)第203905号

□ 封面设计 钱宇辰
□ 责任校对 刘晓燕
□ 电　　话 021-65903667
□ 电子邮箱 exyliu@sina.com

WAIMAO DANZHENG SHIWU

外 贸 单 证 实 务

(第三版)

童宏祥　主编

上海财经大学出版社出版发行
(上海市中山北一路369号　邮编200083)
网　　址：http://www.sufep.com
电子邮箱：webmaster @ sufep.com
全国新华书店经销
上海叶大印务发展有限公司印刷装订
2016年2月第3版　2019年1月第3次印刷

710mm×960mm　1/16　21.25印张　370千字
印数：36 201—38 700　定价：36.00元

前　言

《外贸单证实务》自2003年8月出版后，经过四次再版，共计已发行了约十万册，曾被列为教育部普通高校“十一五”规划教材，该课程还被评为上海市精品课程。为了更深入地探索高职高专职业技能型人才培养的模式和方法，编者将课程内容与实际工作岗位的要求进行对接，做了再次修订。新版《外贸单证实务》具有以下四个方面的特点：

一是教材结构对接工作过程。其以我国进出口贸易业务为背景，突出进出口贸易的履行过程，以信用证、电汇和托收支付方式为项目，结合海运、航空运输和多式联运方式，按照实际工作情境组织课程内容，通过工作任务的载体围绕信用证、电汇、托收项下进出口贸易单证的制作这一主线，系统地阐述了各项主要单证的种类、作用、格式、内容和缮制方法。

二是教材结构对接学生的认知特点。其针对高职学生的认知规律，在教材结构上强调理论与实践的结合，边讲边做，运用“实例”与“体验活动”等具体形式来提高学生对专业知识的理解和操作技能的把握。

三是课程内容对接实际业务。教材引用企业的实际业务案例，分别用于“案例操作”、“体验活动”和“职业技能训练”，学生通过系统的案例业务操作，能达到外贸单证员工作岗位的基本要求。

四是课程目标对接职业标准。教材融入了商务部中国对外贸易经济合作企业协会《国际商务单证员职业资格认证考纲》的要求，学生通过本课程的学习，就能直接参加每年5月份的国际商务单证员职业资格认证考试。

新版《外贸单证实务》结构新颖、内容完整、业务翔实、方法具体、实例丰富、样例齐全，并注重了教学与全国国际商务单证员考证内容的结合，具有较强的实用性，可作为高等职业院校外贸单证实务课程的专业教材，也是一本非常切合进出口贸易实际业务的实训教程。

本书由童宏祥主编。具体编写的分工是：上海在野岛进出口公司王善祥经理（项目一），上海立达职业技术学院童宏祥教授（项目二），上海立达职业技术学院程欣然副教授（项目三），上海东方进出口公司卢叶敏主管（项目四），上海立达职业技术学院王晓艳讲师（项目五），台湾醒吾科技大学王建华博士（项目六）。

由于笔者的水平有限，书中难免有错误或纰漏，恳请同行和专家不吝赐教。

编　者

2015 年 10 月

目　录

第一篇　出口贸易业务单证制作

本篇通过虚拟的公司和业务人员，按照出口贸易业务的程序，以我国信用证、电汇和托收业务为背景，采用实际业务中的贸易合同、信用证和单证样张作为实例，围绕出口贸易业务及单证流转这一主线，按照实际工作情境组织教学，系统地阐述了各项主要单证的种类、作用、内容、缮制方法和操作要求，并通过缮制单证的“实例”和评析以及信用证单据条款的释疑等具体形式，来提高学生的制单技能以及分析问题与解决问题的能力。

项目一　外贸单证工作内容及要求

学习与考证要求

- 了解外贸单证员的任职资格
- 熟悉外贸单证员的工作职责
- 明确外贸单证工作的主要作用
- 掌握外贸单证工作内容及要求
- 具备外贸单证员的基本能力

项目导入

国际贸易作为商业行为，绝大部分表现为商品和资金的双向交流，从贸易合同的签订、货物的装运、货物的保险、货物的报检、货物的报关、货款的支付和进口商的提货，每个环节都需要相应的单证缮制、处理、交接和传递，以满足进出口企业、运输公司、保险公司、出入境检验局、海关、银行和政府职能部门等机构对进出口贸易管理的要求。因此，了解外贸单证员工作内容和工作要求是十分重要的。

任务一　外贸单证员工作内容

业务导入

外贸单证员岗位的工作内容因外贸企业的经营目标、经营范围和经营方式等方面的差异而有所不同，但是基本工作内容是相同的，主要包括制单、审单和交单以及办理证书、订舱、报检、报关、核销与退税等手续。

一、单证员的任职资格

单证员必须具备下列资格：

1. 学历要求

单证员应是获得国际贸易、国际商务、报关与国际货运代理等相关专业的中专及以上学历的学生或人员。

2. 技能要求

熟练使用 WORD 和 EXECL 等办公软件，具备基本网络知识，能熟练运用英语进行对话，并掌握外贸单证缮制技能。

3. 素质要求

具有一定的责任心和对企业的忠诚度，具备良好的沟通交往和对事物的分析判断能力，有着较强的对计划的执行力和团队的合作精神。

二、单证员的从属关系

1. 所属部门

单证员所隶属的部门是单证部或业务部。

2. 直属上级

单证员的直属领导是单证部或业务部主管或经理。

三、单证员的工作内容

单证员工作是指合同签订之后的履行阶段的开证、审证、制单、审单、交单和归档等，贯穿于合同履行的整个过程。单证员工作主要有以下七个方面。

1. 负责申领相关单据

单证员去外管局和海关申领核销单、报关单、报关委托书等。

2. 负责缮制许可证与原产地证申请书，申请签发

根据我国有关法律法规的规定，合同项下的进出口货物属于许可证范围的商品，需要申请进出口许可证，由单证员缮制有关单证。如果进口商要求出具原产地证书，单证员需缮制发票、产地证书申请书和产地证，申请签发。

3. 负责缮制托运单据，办理货物托运

(1) 选择货代公司

选择货代公司要对运价、船期、服务和资信等情况进行综合考虑，比较后再做决定。

(2) 订舱

缮制托运单据，在货物备好前7天，将其传给货代公司进行订舱。指定货代公司要提前14天订舱，因其需要与目的港联系后才能确定船期。如果货物未能按时备好，须在截关前两天告知货代公司退舱，否则要承担可能产生的提箱费、还箱费和到公司的放空费。

(3) 确定装柜时间

通常在截关前两天进行装柜。单证员在确定好装柜时间后，要立即通知仓库，让仓库做好装柜的准备工作。在装柜时要进行跟踪，检查是否有唛头，通知业务员将本次装货柜的机器号码记录下来。

(4) 准备报检、报关资料

负责准备报检、报关资料，委托代理报检、报关。如果委托货代公司代理报检、报关，要缮制报检委托书、报关委托书、报检单、报关单、发票、装箱单等单证以及相关报检、报关资料。如果分票报关，订舱时要将一票货分几票报关并告知货代公司，以便货代公司订舱出单；如果货物有所变动，须提前2天通知货代公司，并与货代公司核对报关预录单和提单信息。如果涉及进料加工，则务必和货代公司沟通，确定手册所须报的项号。

(5) 支付费用

负责支付代理费、运费等相关费用。

(6) 确认提单

在截关前做好提单的确认工作。在信用证支付条件下，必须按信用证规定的内容进行确认，在D/A或D/P或T/T支付条件下，必须按合同和进口商的特殊要求进行确认。如在提单确认时发现问题，须立即向货代公司提出更改。

4. 负责缮制投保单，办理货运保险

CIF 条件下，在装运前负责办理货物运输投保手续，缮制投保单，支付保险费。

5. 负责交单结汇

(1) 交单或寄单

如果出口到远洋地区的国家，要求在获得提单后 3 日内完成交单或寄单工作；如果出口到邻近国家或地区，要求在获得提单的当日完成交单或寄单工作。

(2) 交单结汇

负责缮制结汇时要求的单据和交单的相关工作，保证结汇工作的顺利进行。

6. 负责办理收汇核销

负责催促货代公司退核销单的工作，根据货代公司退回的核销单，在电子口岸网上交单，进行网上申报。收到银行货款到账通知时，确认具体发票号，并备齐相关材料后到外管局办理核销的工作。

7. 负责办理出口退税

负责退税单据的制作，包括场站收据、提单复印件、出口货物明细表等的制作，并将上述单证交给财务部门进行退税的工作。

四、外贸单证的分类

1. 外贸单证的含义

外贸单证是指进出口业务中使用的各种单据和证书，如信用证、商业发票、装箱单、原产地证书、保险单、检验检疫证书、报关单、提单、装运通知和汇票等，买卖双方凭借这些单证来处理货物的交付、运输、保险、商检、报关和结汇等手续。

2. 外贸单证的分类

在实际业务中，单证可以按不同依据来划分：

(1) 根据贸易双方涉及的单证可分为出口单证与进口单证

出口单证是指出口国的企业及有关部门涉及的单证，包括出口许可证、包装单据、出口货运单据、商业发票、保险单、汇票、商品检验检疫证书、原产地证书和出口货物报关单等；进口单证是指进口国的企业及有关部门涉及的单证，包括进口许可证、信用证、进口货物报关单和保险单等。

（2）根据单证的性质可分为金融单据与商业单据

金融单据是指汇票、本票、支票或其他类似用以取得款项的凭证；商业单据是指发票、运输单据和非金融单据。

（3）根据单证的用途可分为资金单据、商业单据、货运单据、保险单据、官方单据和附属单据

资金单据是指汇票、支票、本票等信用工具；商业单据是指出口商出具的单据，如商业发票、形式发票、装箱单、重量单等；货运单据是指各种方式运输单据的统称，包括海运提单、不可转让海运单、租船合约单、空运单、公路运单、铁路运单、专递和邮政收据；保险单据主要是指国际货物运输保险，有保险单、预保单、保险证明等；官方单据是指官方机构出具的单据和证明，包括海关发票、领事发票、原产地证明书和商检证等；附属单据是指寄单证明、寄样证明、装运通知和船舱证明等。

五、外贸单证工作的要求

1. 制单的基本要求

出口外贸单证工作要做到单证一致、单单一致、单同一致和单货一致。"四个一致"是相互独立、互为依存的有机关系，在审证、制单、审单、交单和归档的具体工作中，要合理把握。进口外贸单证工作要做到证同一致、单同一致、单单一致，保证进口贸易合同履行的顺利进行。

2. 制单的具体要求

缮制单证时应做到以下五个方面：

（1）正确

正确是单证工作的前提。信用证项下出口单据必须符合单证一致与单单一致的原则，这是开证行付款的依据。在此基础上，出口商还应做到单同一致、单货一致，这样单证才能真实地代表出运货物，不致错发错运。托收项下单据也须做到单同一致、单单一致和单货一致。同时，密切关注国际贸易惯例和进口国有关法规的规定与变化。否则，有可能因忽视而被进口商借故拒付或延期付款。

（2）完整

完整是指单据的内容、种类及其份数的完备。每种单据都有其特定作用，它通过特定的格式、栏目、文字和签章等得以体现。如果格式使用不当，项目漏填，内容不完整，签章不符要求，就不能构成一份有效文件，就会招致银行拒收；银行在议付或委托付款时，一般要求出口商提供相应的全套单据，

即单据的种类和每种单据的份数符合信用证或合同的有关规定。

(3) 及时

单证工作的及时性主要体现在两个方面：一是出单及时。具体说每种单据的出单日期不能超过信用证、合同规定的时间或商业习惯的合理日期。例如，海运提单不能晚于信用证规定的装运期，按照国际惯例保险单与检验检疫证书不能晚于提单签发日期，装运通知书须在装运日后立即发出。二是交单及时。在信用证支付条件下，应在信用证有效期和交单期内，向银行交单，办理结汇，如果信用证没有规定交单的时间，应在信用证有效期内，并不得晚于提单签发日后第21天进行交单。

议题一

出口商提交的全套议付单据符合信用证的有关规定，但检验检疫证书的签发日比提单日期晚1天。请问银行能给予议付吗，为什么？

(4) 简洁

单据内容应按照信用证规定填制，力求简明扼要，有利于提高工作效率和单证的质量。为了实现单证的简化与规范化，联合国设计并推荐使用下列国际标准化代号和代码：①运输标志（唛头）代码，由收货人简称、合同号、目的地和件号四个部分组成；②国家和地区代码，由两个英文字母组成，如中国为CN、英国为GB、美国为US；③货币代码，由三个英文字母组成，前两个符号代表国名，后一个符号代表货币，如人民币为CNY、英镑为GBP、美元为USD；④地名代码，由五个英文字母组成，前两个字母代表国名，后三个字母代表地名，如上海为CNSHG、伦敦为GBLON、纽约为USNYC；⑤用数字表示日期代码，如2002年10月9日为2002-10-9。

(5) 清晰

所谓清晰，是指单据表面要清洁，不准涂改，内容要清晰易认，主次有序，字迹清晰。

六、上海进出口公司履行合同所涉及单证实例

1. 基本信息

进口商/地址：TKAMLA TRADE CORPORATION/6-7, KAWARA MACH OSAKA JAPAN

合同日期/编号：2015年5月1日/TXT264

开证日期/编号：2015年5月10日/ XT173
最晚装运期：2015年6月20日
装运港/目的港：上海/大阪
发票日期/号码：2015年6月1日/_TX0522
出口商品/箱数：中国绿茶/132箱
信用证结汇日：提单签发日后15日

2. 合同履行阶段的单证信息

履行/受理	提交材料	唛头	签发	签发日
申请许可证	商业发票	T. C/ TXT264/OSAKA/C/NO. 1-132	出口商	2015. 6. 1
商委	许可证申请书		出口商	2015. 6. 1
	出口许可证书		商委	2015. 6. 6
办理货运 货代	装箱单	T. C/ TXT264/OSAKA/C/NO. 1-132	出口商	2015. 6. 1
	订舱委托书	T. C/ TXT264/OSAKA/C/NO. 1-132	出口商	2015. 6. 1
	装运通知	T. C/ TXT264/OSAKA/C/NO. 1-132	出口商	2015. 6. 19
	海运提单	T. C/ TXT264/OSAKA/C/NO. 1-132	货代	2015. 6. 20
申请产地证 商检局	商业发票	“同上”	“同上”	“同上”
	产地证申请书	无	出口商	2015. 6. 10
	产地证书	T. C/ TXT264/OSAKA/C/NO. 1-132	商检局	2015. 6. 13
委托报检 商检局	商业发票	“同上”	“同上”	“同上”
	报检委托书	无	出口商	2015. 6. 11
	出境货物报检单	T. C/ TXT264/OSAKA/C/NO. 1-132	出口商	2015. 6. 11
	出境货物通关单	T. C/ TXT264/OSAKA/C/NO. 1-132	商检局	2015. 6. 13
委托报关 海关	代理报关委托书	无	出口商	2015. 6. 13
	出口货物报关单	T. C/ TXT264/OSAKA/C/NO. 1-132	出口商	2015. 6. 13
	出口收汇核销单	无	出口商	2015. 6. 13
办理保险 保险公司	商业发票	“同上”	“同上”	“同上”
	货运投保单	无	出口商	2015. 6. 14
	货运保险单	T. C/ TXT264/OSAKA/C/NO. 1-132	保险公司	2015. 6. 14

续表

履行/受理	提交材料	唛　　头	签发	签发日
办理结汇议付银行	商业汇票	无	出口商	2015.6.21
	商业发票	“同上”	“同上”	“同上”
	装箱单	“同上”	“同上”	“同上”
	装运通知	“同上”	“同上”	“同上”
	海运提单	“同上”	“同上”	“同上”
	产地证书	“同上”	“同上”	“同上”
	货运保险单	“同上”	“同上”	“同上”
	出口收汇核销单	“同上”	“同上”	“同上”
办理核销外管局	商业发票	“同上”	“同上”	“同上”
	出口收汇核销单	无	海关	2015.6.17
	结水单	无	议付银行	2015.7.20
办理退税国税局	出口货物明细表	无	出口商	2015.6.21
	海运提单	“同上”	“同上”	“同上”

拟订销售确认书体验活动

1. 业务资料

进口商/地址：JIM KING TRADING CORPORATION

合同日期/编号：2015 年 1 月 1 日/ WY070901

开证日期/编号：2015 年 9 月 10 日/ NB4567

最晚装运期：2015 年 10 月 31 日

装运港/目的港：连云港/新加坡

发票日期/号码：2015 年 10 月 10 日/ SG123

出口商品/箱数：旅行箱/180 箱

信用证结汇日：提单签发日后 15 日

2. 业务要求

请你以“单证员”的身份，根据上述资料完成下表信息的填写。

履行/受理	提交材料	唛　　头	签发	签发日
申请许可证 商委				
办理货运 货代				
申请产地证 商检局				
委托报检 商检局				
委托报关 海关				
办理保险 保险公司				
办理结汇 议付银行				
办理核销 外管局				
办理退税 国税局				

任务二　外贸单证工作的作用

业务导入

外贸单证工作是合同履行的重要工作内容。从事外贸单证工作的人员应了解制单的依据、方法和要求，充分了解外贸单证工作在国际贸易业务中的作用，才能具备一个优秀外贸单证员的基本素质。

一、外贸制单工作的依据

外贸制单是指按信用证、合同和其他有关要求，并根据货物与运输等实际情况缮制有关单据，也是单证工作的基础。

1. 出口贸易单据缮制依据

出口贸易单据缮制的主要依据是：(1)信用证支付条件下的单据，必须按信用证有关条款的内容制单。如未有规定，可参照合同条款的有关内容。(2)托收、汇付支付条件下的单据，必须以买卖合同的有关内容作为缮制的依据。(3)如有特殊要求，应参照相应文件或资料。

2. 进口贸易单据缮制依据

进口贸易单据缮制的主要依据是：根据贸易合同条款的有关内容开立信用证，依据不同的贸易术语和买方的义务备齐各类空白单据，并按信用证和贸易合同的要求缮制订舱委托书、入境货物报检单、预约保险合同和进口货物报关单等单据。

二、外贸制单工作的方法

1. 制单的主要方法

先核对出仓单或提单所载的货物与信用证或合同规定是否相符，再核算单据中的计算数字，如FOB价、佣金、保险费等，然后备齐信用证或合同要求所出具的全部空白单证，从发票缮制入手，并作为其他单据缮制的参照。

2. 审单的主要方法

(1) 审单依据

信用证支付方式项下的单据必须以信用证条款为准，托收支付方式项下的单据则以合同条款为准。其他因素，只能视作参考。

(2) 审单方法

审单的目的是保证收汇的安全与及时。审单方法因人而异，通常做法有纵向、横向和纵横交错法三种。纵向法是对照信用证、合同条款逐条逐字审核。横向法是以发票为依据，审核相同栏目的内容是否一致。纵横交错法是上述两种方法的综合应用。应该指出，审单的手段应要不断更新，要善于利用现代计算机技术来提高审单的准确性和效力。

(3) 审单的具体要求

审单要做到内容准确、格式完整、单据齐全、份数不缺、单证相符和单单相符，还要保证各种单据的签发日期无逻辑、惯例和条款规定上的矛盾。

三、交单与归档工作的方法

交单是议付和结汇的基础，应做到单据齐全、内容准确、提交及时，只有这样才能实现结汇的目的。通常在运输单据收到之前，先将其他各单据备齐并予以审核，一旦运输单据收到后，便可即刻审毕，立即送至银行议付。此做法一般可提前 2～3 天收汇，可增加外汇利息，加快资金周转。

议题二

信用证规定装运期为 5 月 31 日前，信用证有效期为 5 月 25 日。我方于 5 月 26 日装船，27 日持全套单据进行议付。请问银行能否给予结汇，为什么？

归档是将出口单证进行归档整理，如发现缺单，必须及时补全，以防遗漏。由于交单后可能会出现退单、拒付和索赔等，因此，保持一套完整的副本单据是十分重要的。

四、外贸单证工作的作用

在进出口业务中，外贸单证工作具有十分重要的作用。具体表现为以下三个方面：

1. 单证是货款结算的基本工具

进出口贸易是国与国之间的买卖，是货物与货币的交换。随着国际贸易结算方式的变化，跟单托收和跟单信用证成为国际贸易的主要支付方式。在这种支付条件下，随付的单据成为支付的主要凭据。由此，国际货物买卖便转化为单据的买卖,货物与货币的对流演变为单据与货款的交换,卖方以单据代替对货物的交付,买方则以付款赎单表示对货物的收取。

在托收条件下,进口商的付款赎单也是要求该单据必须与买卖合同条款相符,否则,进口商有权拒付。因此,单证是国际贸易结算的基础工具,只有正确、及时地缮制单据,才能保证收汇的安全。

议题三

上海进出口贸易公司对外出口货物一批,信用证规定 11 月 10 日交货,因 11 月 10 日前无船去该国,立即与进口商联系延续 20 天。对方表示同意以后,我方在 11 月 25 日装船,30 日持全套单据向议付行进行议付。银行审单后,予以拒付。为什么?

2. 单证是履行合同的必要手段

国际贸易中的货物交付有实际交货和象征性交货两种形式,前者是指卖方直接将货物交给买方占有,如 EXW 工厂交货(……指定地点);后者是指卖方将代表货物所有权的单据或凭以提取货物的单据转交买方来实现货物的交付。目前,国际贸易中多以 FOB、CFR 、CIF 、FCA 、CPT、CIP 贸易术语成交,按照《2010 年国际贸易术语解释通则》的规定,其都具有象征性交货的性质,即卖方以提交符合信用证或买卖合同规定的与货物有关的单据作为其履行交货的依据。买方的付款则是以卖方提交信用证或买卖合同规定的货物单据为前提,并通过票据的签发来完成货款的支付。国际贸易履行过程中的单证,按其功能分为两类:一类具有商品属性,有的代表货物所有权(如海运提单),有的表示所交货物的详情(如商业发票、装箱单),有的预防货物在运输中的风险(保险单);另一类具有货币属性,有的直接充当货币(如汇票、本票、支票),有的为付款作出保证或承诺(如信用证、银行保证等)。国际贸易业务中的各种单证都有其特定作用,其签发、组合交换都反映了合同履行中的不同阶段,也反映了买卖双方责权利的发生、转移和终止。因此,单证是合同履行的不可缺少的手段。

议题四

上海进出口贸易公司与日商签订一份出口合同。我方按合同规定的品质、数量、交货时间等条款进行履行,并持全套单据进行了议付。货物到达目的地,日商发现货物数量短缺,便直接向上海进出口贸易公司提出索赔。我方对此予以拒绝。为什么?

3. 单证工作是经营管理的重要环节

单证工作服务于国际贸易业务的整个过程，它不仅仅是单证的缮制和传递，而且还包括各种问题的妥善处理，保证结汇的安全。例如，单证工作能及时反映货、船、证等业务的管理现状，工作责任心强的单证员能及时杜绝差错事故的发生，避免带来不必要的经济损失。与此同时，单证工作做到准确、完整、快速，不仅能保证收汇安全，又能加快收汇，加速资金周转，为国家多创汇，而且还能树立企业的良好形象。

议题五

上海进出口贸易公司与澳大利亚客商签订一份销售合同，目的港为悉尼。由于单证员的疏忽，制单时误填为墨尔本，以致进口货物到达该地。你设想一下，这会给该公司带来什么经济影响？

4. 是企业业务和素质的体现

作为商务文件的单证能起到对外宣传的作用。优美、整洁、清晰的单证，能展现企业优质的服务水准，为企业塑造良好的品牌，有利于业务的开展。反之，粗劣、错讹的单证则必然给企业带来负面影响。

5. 是政策性很强的涉外工作

国际贸易单证作为一种涉外商业文件，必然会体现国家的对外政策，并要严格按照国家有关外贸的各项法规和制度办理。如出口许可证关系到国家对出口商品的管理，甚至还牵涉到两国之间的贸易协定。

五、上海进出口公司审单工作实例

1. 基本信息

进口商/地址：TKAMLA TRADE CORPORATION/6-7, KAWARA MACH OSAKA JAPAN

合同日期/编号：2015 年 5 月 1 日/TXT264

开证日期/编号：2015 年 5 月 10 日/ XT173

最晚装船运期：2015 年 6 月 20 日

装运港/目的港：上海/大阪

发票日期/号码：2015 年 6 月 1 日/TX0522

出口商品/箱数：中国绿茶/132 箱

信用证结汇日：提单签发日后 15 日

2. 审核单证

单证员在制单工作完成后，必须依据合同、信用证、发票、出仓单等审核单据的内容是否正确。

支付方式	单据名称	签发日	审单依据
信用证	商业发票	2015. 6. 1	信用证
	许可证申请书	2015. 6. 1	合同
	装箱单	2015. 6. 1	信用证、出仓单
	订舱委托书	2015. 6. 1	信用证、出仓单
	装运通知	2015. 6. 19	信用证、海运提单
	海运提单	2015. 6. 20	信用证、订舱委托书
	产地证申请书	2015. 6. 10	合同、发票
	产地证书	2015. 6. 13	合同、发票
	报检委托书	2015. 6. 11	合同
	出境货物报检单	2015. 6. 11	信用证、合同
	代理报关委托书	2015. 6. 13	合同
	出口货物报关单	2015. 6. 13	合同、发票
	出口收汇核销单	2015. 6. 13	合同
	货运投保单	2015. 6. 14	合同、发票
	商业汇票	2015. 6. 21	信用证、发票

拟订销售确认书体验活动

1. 业务资料

合同日期/编号：2015 年 1 月 1 日/ WY070901

开证日期/编号：2015 年 9 月 10 日/ NB4567

最晚装船运期：2015 年 10 月 31 日

装运港/目的港：连云港/新加坡

发票日期/号码：2015 年 10 月 10 日/ SG123

信用证结汇日：提单签发日后 15 日

2. 业务要求

请你以“单证员”的身份，根据上述资料审核下列单据信息是否正确，发现有错须进行更改，并注明审单依据。

支付方式	单据名称	签发日	更正内容	审单依据
电汇	商业发票	2015.10.10		
	许可证申请书	2015.6.1		
	装箱单	2015.6.1		
	订舱委托书	2015.10.10		
	出境货物报检单	2015.10.11		
	出境货物报关单	2015.10.13		
	海运提单	2015.10.31		
	货运投保单	2015.11.1		
跟单托收	商业发票	2015.10.10		
	装箱单	2015.10.9		
	订舱委托书	2015.10.10		
	海运提单	2015.10.31		
	装运通知	2015.10.19		
	报检委托书	2015.10.11		
	代理报关委托书	2015.10.13		
	商业汇票	2015.10.31		
信用证	商业发票	2015.10.10		
	装箱单	2015.10.10		
	产地证书	2015.10.13		
	报检委托书	2015.10.11		
	代理报关委托书	2015.10.13		
	商业汇票	2015.11.21		

单证制作技能训练

一、单选题

1. 单证缮制必须做到正确、完整、及时、简明和清晰，其中(　　)是前提。

A. 正确　　B. 及时　　C. 简洁　　D. 清晰

2. 在制单工作中，要求各种单据必须做到“三相符”，其中以(　　)为前提。

A. 单同相符　　B. 单证相符　　C. 单单相符　　D. 单货相符

3. 信用证项下须按信用证规定制单，如未规定，可参照(　　)的有关内容。

A. 发票　　B. 合同　　C. 提单　　D. 装箱单

4. 制单时先核算单据中计算数，再准备全部空白单证，从(　　)缮制入手，并作为其他单据缮制的参照。

A. 信用证　　B. 提单　　C. 合同　　D. 发票

5. 信用证未作交单时间的规定，应在信用证有效期内，不得晚于提单签发日后(　　)。

A. 第 1 天　　B. 第 11 天　　C. 第 21 天　　D. 第 31 天

6. 各种单据的签发日期应符合逻辑性和国际惯例，通常(　　)日期是议付单据出单最晚的时间。

A. 发票　　B. 提单　　C. 许可证　　D. 报关单

7. 发票编号由出口公司根据本公司的实际情况自行编制，是全套结汇单据的(　　)。

A. 第一编号　　B. 第二编号　　C. 第三编号　　D. 中心编号

8. 根据我国有关规定，出口商最迟于货物出运前(　　)向签证机构申请办理原产地证书。

A. 1 天　　B. 2 天　　C. 3 天　　D. 4 天

二、多选题

1. 根据贸易双方涉及的单证可分为(　　)。

A. 进口单证　　B. 出口单证　　C. 金融单据　　D. 商业单据

2. 国际商务单证是指进出口业务中使用的各种(　　)。

A. 保险单　　B. 汇票　　C. 单据　　D. 证书

3. 金融单据主要是指(　　)和其他类似用以取得款项的凭证等单据。

A. 汇票　　B. 本票　　C. 信用证　　D. 支票

4. 联合国设计推荐的运输标志代码，由(　　)等部分所组成。

A. 收货人简称　　B. 合同号　　C. 目的地　　D. 件号

5. 国际贸易单证工作的意义主要有(　　)。

A. 国际结算的基本工具　　B. 经营管理的重要环节

C. 政策性很强的涉外工作　　D. 企业业务和素质的体现

6. 国际贸易单证工作原则上应该做到正确、完整、(　　)。

A. 优美　　B. 及时　　C. 简洁　　D. 清晰

7. 在制单工作中，要求各种单据必须做到“三相符”，即(　　)。

A. 单据与信用证相符　　B. 单据与单据相符

C. 单据与贸易合同相符　　D. 单据与货物相符

8. 外贸单证工作主要有(　　)等方面的内容，它贯穿于进出口合同履行的过程。

A. 审证　　B. 制单　　C. 审单　　D. 交单

三、判断题

1. 单证工作贯穿于企业的进货、运输、收汇的全过程，还要与银行、海关、交通运输部门、保险公司、商检机构以及有关的行政管理机关发生多方面的联系。（　　）

2. 在进出口贸易合同履行过程中，单证的签发、组合、流转、交换和应用反映了合同履行的进程，也反映了买卖双方权责的发生、转移和终止。（　　）

3. 单证管理工作的加强，单证质量的提高，不仅可以有效地制止差错事故的发生，还可以加速结算获取利息上的外汇收益。（　　）

4. 单证是商务文件，正确、完整、简洁、清晰的单证能保证结汇的安全，但不能为企业塑造良好的形象。（　　）

5. 在以信用证方式收取货款的交易中，外贸出口企业必须做到单证相符、单与单相符、单与同相符和单货相符，其中单货相符是最重要的。（　　）

6. 制单是指按信用证、合同和其他有关要求，并根据货物与运输等实际情况缮制有关单据，是单证工作的基础。（　　）

7. 审单要做到内容准确、格式完整、单据齐全、份数不缺、单证相符和单单相符，还要保证各种单据的签发日期无逻辑、惯例和条款规定上的矛盾。（　　）

8. 在信用证支付条件下，究竟提供何种结汇单证，包括单据的份数和制作要求，都必须严格地按照合同的规定。（　　）

四、操作题

1. 操作资料

进口商名称：KING TRADING CORPORATION

合同日期/编号：2014 年 12 月 1 日/ W131201

装运港/目的港：上海港/东京

出口商品/箱数：手工工具/200 箱

信用证结汇日：提单签发日后 15 日

开证日期：2014 年 12 月 20 日

发票日期：2015 年 1 月 10 日

装运期：2015 年 1 月 31 日

2. 操作要求

请你以跟单员的身份，根据该信用证的规定和惯例，填写各单据的唛头与签发的日期。

单据名称	唛　　头	签发日期
商业发票		
装箱单		
普惠制产地证申请书		
订舱委托书		
投保单		
出境货物报检单		
出口货物报关单		
海运提单		
装运通知		
商业汇票		

项目二　出口贸易信用证支付方式下单证缮制

学习与考证要求

- 了解信用证审核的程序及其内容
- 熟悉采购合同或加工生产合同的内容
- 明确单据的作用和议付单据的审核要求
- 掌握商业发票、装箱单、订舱委托书等单据的缮制方法
- 具备信用证支付方式下单据的缮制技能和处理能力

项目导入

合同签订后，买卖双方应按照合同条款的规定履行各自的义务。进口商必须按照合同规定的开证时间，及时开出本批交易的不可撤销跟单即期信用证。出口商收到信用证后进行认真审核，对不能接受的信用证条款提出改正。如无异议，开始备货，并制单办理订舱、原产地证书、报检、投保、报关和结汇等有关手续。当收妥货款后，还要进行核销和退税。

任务一　出口贸易合同的签订

业务导入

买卖双方进行交易磋商，无论是通过口头磋商还是书面磋商，只要当任何一方做出的发盘被另一方接受时，在法律上就确立了合同关系。在我国对外贸易业务中，合同或确认书，通常都被制作成一式两份，由双方合法代表分别签字后各执一份，作为合同订立的证据和履行合同的依据。

一、出口贸易合同订立的流程

出口贸易合同订立的流程如图 2－1 所示。

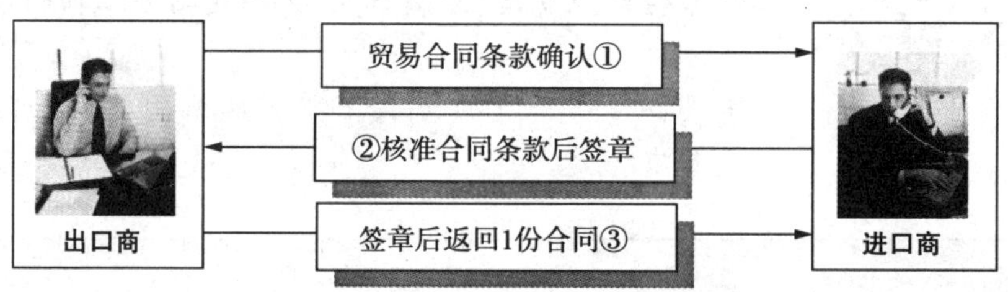

图 2－1　出口贸易合同订立的流程

评析：

- 贸易合同没有统一规定的，其固定条款的内容都事先规定并印制好。
- 贸易合同条款通常由出口商拟订，并盖公司合同章。
- 合同书通常采用国际快递进行传送。

二、上海在野岛进出口公司签订合同实例

上海在野岛进出口公司与日本东京商社就茶叶交易条件达成一致后，双方需要签订一份正式的书面合同，将双方的权利、义务等明文规定下来。为此，李莉小姐拟订销售合同书一式两份，签章后寄给日本东京商社。日本东京商社对合同进行审核，核准无误后会签，双方各持一份作为履行合同的依据。

1. 贸易合同条款的拟订要点

拟订合同是一项具体、复杂而又特别重要的工作，须注意以下几个问题：

(1) 要注意合同各条款间的内在联系

合同是一个有机整体，各个条款之间应相互衔接，保持一致，不应出现相互矛盾的内容。例如，合同中规定采用 CIF 术语，同时又规定出口方必须保证货物于某月某日前到达目的港。实际上已经否定 CIF 术语的作用，增加了出口方的责任与风险。

(2) 合同条款要完善和明确

合同条款一定要订得具体、完善，文字要简练、严谨，切忌使用模棱两可或含混不清的词句和文字。

(3) 必须符合我国有关的法律和法规的规定

我国对外签订的任何国际货物买卖合同，都必须遵守我国的法律规定，否则不能得到我国法律的承认和保护。

(4) 必须遵守有关的国际公约与国际贸易惯例

国际贸易已经超出一国的国内行为，必须接受有关国际公约的约束。目前，《联合国国际货物销售合同公约》(简称《公约》)已经成为国际货物买卖方面影响最大的国际公约。我国是《公约》的签字国，理应遵守《公约》的各项规定。此外，我国对外签订的各种贸易协定、支付协定，以及有关的国际贸易惯例也是对外签订贸易合同应该遵守的规则。

2. 出口商与进口商签订销售确认书

上海在野岛进出口公司

SHANGHAI ZYD I/E CORPORATION

1321 ZHONGSHAN ROAD SHANGHAI CHINA

售货确认书

FAX:(021) 65788123　　S/C No.: ZYD1264

TEL:(021) 65788124　　DATE: May 01,2015

To Messrs:

TOKYO TRADE CORPORATION

6-7,KAWARA MACH OSAKA JAPAN

谨启者：兹确认售予你方下列货品，其成交条款如下：

Dear Sirs,

We hereby confirm having sold to you the following goods on terms and conditions as specified below:

唛 头 SHIPPING MARK	商品名称、规格及包装 COMMODITY AND SPECIFICATIONS, PACKING	数 量 QUANTITY	单 价 UNIT PRICE	总 值 TOTAL AMOUNT
TOKYO TXT264 OSAKA C/NO. 1-132	CHINESE GREEN TEA ART NO. 555 ART NO. 666 ART NO. 777 PACKED IN CARTON 5 KILOGRAMS EACH	 200 KGS 220 KGS 240 KGS	CFR OSAKA USD 110. 00 USD 100. 00 USD 90. 00	 USD 22 000. 00 USD 22 000. 00 USD 21 600. 00

装 运 港： SHANGHAI PORT

LOADING PORT ：

目 的 港： OSAKA PORT

DESTINATION ：

装运期限： LATEST DATE OF SHIPMENT 150620

TIME OF SHIPMENT ：

分批装运： NOT ALLOWED

PARTIAL SHIPMENT ：

转 船： NOT ALLOWED

TRANSHIPMENT ：

保 险： BY BUYER

INSURANCE ：

付款条件： L/C AT SIGHT

TERMS OF PAYMENT ：

买方须于 2015 年 5 月 20 日前开出本批交易的信用证(或通知售方进口许可证号码)，否则，售方有权不经过通知取消本确认书，或向买方提出索赔。The Buyer shall establish the covering Letter of Credit (or notify the Import License Number) before May 20,2015 , falling which the Seller reserves the right to rescind without further notice, or to accept whole or any part of this Sales Confirmation non-fulfilled by the Buyer ,or to lodge claim for direct losses sustained, if any.

凡以 CIF 条件成交的业务，保额为发票价的 110%，投保险别以售货确认书中所开列的为限，买方如果要求增加保额或保险范围，应于装船前经卖方同意，因此而增加的保险费由买方负责。For transactions conclude on C. I. F basis, it is understood that the insurance amount will be for 110% of the invoice value against the risks specified in Sales Confirmation. If additional insurance amount or coverage is required, the buyer must have consent of the Seller before Shipment, and the additional premium is to be borne by the Buyer.

品质/数量异议:如买方提出索赔,凡属品质异议,须于货到目的口岸之 60 日内提出,凡属数量异议,须于货到目的口岸之 30 日内提出,对所装货物所提任何异议属于保险公司、轮船公司等其他有关运输或邮递机构所负责者,卖方不负任何责任。QUALITY /QUANTITY DISCREPANCY: In case of quality discrepancy, claim should be filed by the Buyer within 60 days after the arrival of the goods at port of destination; while for quantity discrepancy, claim should be filed by the Buyer within 30 days after the arrival of the goods at port of destination. It is understood that the seller shall not be liable for any discrepancy of the goods shipped due to causes for which the Insurance Company, Shipped Company other transportation organization/or Post Office are liable.

本确认书内所述全部或部分商品,如因人力不可抗拒的原因,以致不能履约或延迟交货,卖方概不负责。The Seller shall not be held liable for failure of delay in delivery of the entire lot or a portion of the goods under this Sales Confirmation in consequence of any Force Majeure incidents.

买方在开给卖方的信用证上请填注本确认书号码。The Buyer is requested always to quote THE NUMBER OF THIS SALES CONFIRMATION in the Letter of Credit to be opened in favour of the Seller.

买方收到本售货确认书后请立即签回一份,如买方对本确认书有异议,应于收到后五天内提出,否则认为买方已同意接受本确认书所规定的各项条款。The buyer is requested to sign and return one copy of the Sales Confirmation immediately after the receipt of same. Objection, if any, should be raised by the Buyer within five days after the receipt of this Sales Confirmation, in the absence of which it is understood that the Buyer has accepted the terms and condition of the sales confirmation.

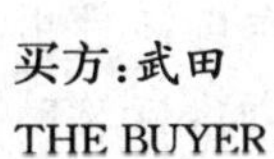

买方:武田 THE BUYER: TOKYO TRADE CORPORATION

卖方:李莉 THE SELLER: SHANGHAI ZYD I/E CORPORATION

拟订销售确认书体验活动

1. 业务资料

卖　　方: 南京贸易公司/NANJING TRADE CORPORATION
　　　　南京中山路 11 号/11 ZHONGSHAN ROAD NANJING

电　　话: 025-23501234

传　　真: 025-23502345

买　　方: WIN TRADING CORPORATION

10 VTRA SEMARANG INDONESIA

货　　名：电钻/ELECTRIC DRILL

规格数量：No. TY242 1 800 套

单　　价：CFR SINGAPORE 每套 4.20 美元/SET USD 4.20

包　　装：每 10 套装一个纸箱/PACKED IN ONE CARTON OF 10 SETS EACH

支付方式：即期信用证/AT SIGHT

装 运 地：连云港/LIANYUNGANG

目 的 地：印度尼西亚/INDONESIA

装运期限：不迟于 2015 年 10 月 31 日/LATEST DATE OF SHIPMENT 151031

分批装运：允许/ALLOWED

转　　船：允许/ALLOWED

合 同 号：NJ201508

2. 业务要求

请你以“单证员”的身份，根据上述资料并结合自己学习到的外贸业务知识拟订一份销售确认书。

任务二　信用证的审核

业务导入

通知行收到信用证后，经审查无误后在信用证正本上加盖“证实书”戳印，并随信用证通知书交上海在野岛进出口公司审核。上海在野岛进出口公司依据贸易合同进行审证，如发现不符点，并属于非改不可的，应及时要求改证；如确认无误，则开始履行合同。

一、信用证审核流程

信用证审核业务流程如图 2－2 所示。

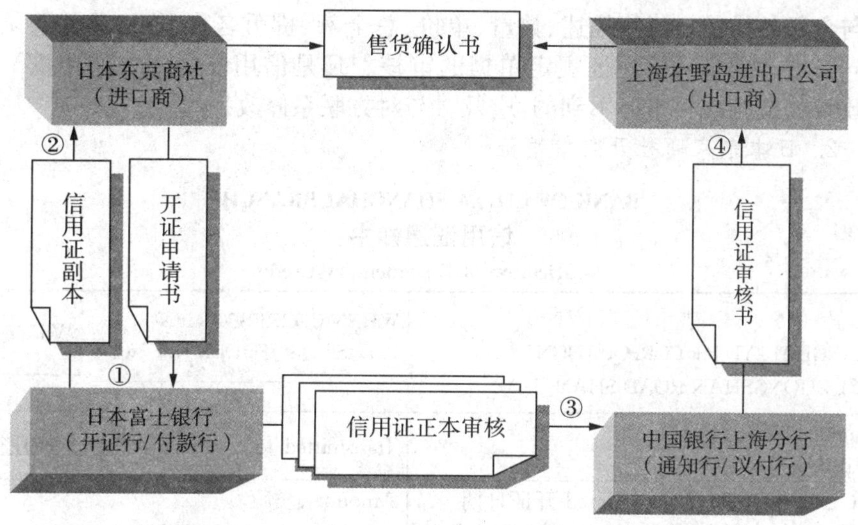

图 2－2　审核信用证的流程

评析：

- 通知行审证的主要内容是开证行资信能力、付款责任和索汇路线，并鉴别其真伪。
- 出口商审证的主要内容是信用证条款是否与合同条款一致，发现不符点，则需要改证。

二、上海在野岛进出口公司审证实例

1. 审核信用证的操作要点

(1) 审证依据

审核信用证的主要依据是买卖双方签订的贸易合同、国际贸易惯例、《UCP600》和进口国有关法规的规定。

(2) 审证的重点项目

主要有六个方面：一是信用证的类别。如为不可撤销保兑信用证，检查其有无“保兑”字样(Confirmed)、保兑行行名和保兑行的保兑条款。二是当事人详细信息。开证申请人与受益人的名称、地址有误，应及时改证，以免影响收汇。三是“三期”的相关性。装运期必须与合同规定的时间相一致，如因来证太晚或发生意外情况而不能按时装运，应及时电请买方展延装运期限。如来证仅规定有效期而未规定装运期时，信用证的有效期可视为装运期；来证的有效期和装运期是同一个时期，按我方能否按时装运来决定是否让对方修改有效期。四是信用证到期地点。到期地点一般要求在我国境内。五是货物与金额的描述。货物描述、数量、单价、总金额、货币名称、价格条件必须与合同一致。六是对信用证规定单据的审核。凡是信用证中要求的单据与我国政策相抵触或根本办不到的，应及时与对方联系修改。

2. 日本东京商社开立信用证

BANK OF CHINA SHANGHAI BRANCH

信用证通知书

Notification of Documentary Credit

<table>
<tr><td>To：致：
SHANGHAI ZYD I/E CORPORATION
1321 ZHONGSHAN ROAD SHANGHAI</td><td>WHEN CORRESPONDING
PLEASE QUOTE OUR REF NO. →</td><td>W556678</td></tr>
<tr><td>Issuing Bank：开证行
FUJI BANK</td><td colspan="2">Transmitted to us through 转递行/转让行</td></tr>
<tr><td>L/C No. 信用证号　　Dated 开证日期
XT2015173
20150510</td><td colspan="2">Amount 金额
USD 65 600.00</td></tr>
<tr><td colspan="3">Dear Sirs,
谨启者：
We advise you that we have received from the a/m bank a(n) letter of credit, contents of which are as per attached sheet(s).
兹通知贵司，我行收自上述银行信用证一份，现随附通知。
This advice and the attached sheet(s) must accompany the relative documents when presented for negotiation.
贵司交单时，请将本通知书及信用证一并提示。
This advice does not convey any engagement or obligation on our part unless we have added our confirmation.
本通知书不构成我行对此信用证的任何责任和义务，但本行对本证加具保兑的除外。
If you find any terms and conditions in the L/C which you are unable to comply with and or any error(s), it is suggested that you contact applicant directly for necessary amendment(s) so as to avoid any difficulties which may arise when documents are presented.
如本信用证中有无法办到的条款及/或错误，请径与开证申请人联系，进行必要的修改，以排除交单时可能发生的问题。
THIS L/C IS ADVISED SUBJECT TO ICC UCP PUBLICATION NO. 600.
本信用证之通知系遵循国际商会跟单信用证统一惯例第 600 号出版物办理。
This L/C consists of 　　 sheet(s), including the covering letter and attachment(s).
本信用证连同面函及附件共 1 纸。
Remarks：
备注：</td></tr>
</table>

Yours faithfully,

For BANK OF CHINA

IRREVOCABLE DOCUMENTARY CREDIT

SEQUENCE OF TOTAL	*27:1 / 1
FORM OF DOC. CREDIT	*40 A:IRREVOCABLE
DOC. CREDIT NUMBER	*20:XT2015173
DATE OF ISSUE	31C:150510
APPLICABLE RULES	40E:UCP LATEST VERSION
DATE AND PLACE OF EXPIRY	*31D:DATE 150620 AT BENEFICIARY'S COUNTER
APPLICANT	*50:TOKYO TRADE CORPORATION 6 KAWARA MACHOSAKA JAPAN
ISSUING BANK	52A:FUJI BANK 13, SAKULA OTOLI MACHI OSAKA JAPAN
BENEFICIARY	*59:SHANGHAI ZYD I/E CORPORATION 1321 ZHONGSHAN ROAD SHANGHAI CHINA
AMOUNT	*32 B:CURRENCY USD AMOUNT 6 000.00
AVAILABLE WITH / BY	*41 D:OSAKA BANK NEW YORK BRANCH BY NEGOTIATION
DRAFTS AT ...	42 C: DRAFTS AT SIGHT FOR FULL INVOICE COST
DRAWEE	42 A:FUJI BANK
PARTIAL SHIPMENTS	43 P:ALLOWED
TRANSSHIPMENT	43 T:NOT ALLOWED
LOADING ON BOARD	44 A:SUZHOU PORT
FOR TRANSPORTATION TO ...	44 B:OSAKA PORT
LATEST DATE OF SHIPMENT	44 C:150620
DESCRIPT OF GOODS	45 A:CHINESE GREEN TEA AS PER S/C NO. ZYD1264 CIF OSAKA
DOCUMENTS REQUIRED	46 A:

+ SIGNED COMMERCIAL INVOICE 4 COPIES.
+ FULL SET OF B/L CLEAN ON BOARD, MADE OUT TO ORDER OF SHIPPER AND BLANK ENDORSED AND MARKED " FREIGHT PREPAID " AND NOTIFY APPLICANT.
+ PACKING LIST 4 COPIES.
+ FULL SET OF NEGOTIABLE INSURANCE POLICY OR CERTIFICATE BLANK ENDORSED FOR 110 PERCENT OF THE INVOICE VALUE COVERING ALL RISKS

PERIOD FOR PRESENTATION	48: DOCUMENTS MUST BE PRESENTED WITHIN 15 DAYS AFTER THE DATE OF SHIPMENT

3. 上海在野岛进出口公司审证

上海在野岛进出口公司审核编号为 XT2015173 的信用证后,发现多处不符点，为此提出下列改证要求：

(1) 31 D:DATE 150620 应改为 DATE 150730

(2) 50:6 KAWARA MACH OSAKA JAPAN 应改为 6-7 KAWARA MACH OSAKA JAPAN

(3) 32 B:CURRENCY USD AMOUNT 6 000.00 应改为 USD AMOUNT 60 000.00

(4) 43 P:ALLOWED 应改为 NOT ALLOWED

(5) 44 A:SUZHOU PORT 应改为 SHANGHAI PORT

(6) 45 A:CIF OSAKA 应改为 CFR TOKYO

(7) 46A:FOR 110 PERCENT OF THE INVOICE VALUE COVERING ALL RISKS 应删除

(8) 44 C:150620 应改为 150630

审核信用证体验活动

1. 审证资料

NANJING TRADE CORPORATION

11 ZHONGSHAN ROAD NANJING, CHINA

SALES CONFIRMATION

TEL: 025-23501234　　S/C NO.: NJ20150

FAX: 025-23502345　　DATE: SEPT. 20, 2015

TO:

WIN TRADING CORPORATION

10 VTRA SEMARANG INDONESIA

Dear Sirs,

We hereby confirm having sold to you the following goods on terms and conditions as specified below:

MARKS & NO.	DESCRIPTIONS OF GOODS	QUANTITY	U/PRICE	AMOUNT
WIN NJ20150 INDONESIA C/NO.:1-UP	ELECTRIC DRILL No. TY242 PACKED IN CARTON 10 SETS EACH	1 800 SETS	CFR INDONESIA USD 4.20	USD 7 560.00

LOADING PORT: LIANYUNGANG
DESTINATION: INDONESIA
PARTIAL SHIPMENT: ALLOWED
TRANSHIPMENT: ALLOWED
TIME OF SHIPMENT: LATEST DATE OF SHIPMENT 151031
PAYMENT: BY L/C AT SIGHT

THE BUYER: JIM THE SELLER:张丽

IRREVOCABLE DOCUMENTARY CREDIT

SEQUENCE OF TOTAL *27: 1 / 1
FORM OF DOC. CREDIT *40 A: IRREVOCABLE
DOC. CREDIT NUMBER *20: NB4567
DATE OF ISSUE 31 C: 150910
DATE AND PLACE OF EXPIRY *31 D: DATE151130 IN SINGAPORE
APPLICANT *50: WIN TRADING CORPORATION
10 VTRA SEMARANG INDONESIA
ISSUING BANK 52A: INDONESIA BANK
205 KAWARA INDONESIA
BENEFICIARY *59 : NANJING TRADE CORPORATION
11 ZHONGSHAN ROAD NANJING, CHINA
AMOUNT *32 B: CURRENCY USD AMOUNT 75 600.00
AVAILABLE WITH / BY *41 D: BANK OF CHINA, LIANYUNGANG BRANCH
DRAFTS AT … 42 C: DRAFTS AT SIGHT FOR FULL INVOICE COST
PARTIAL SHIPMENTS 43 P: ALLOWED
TRANSSHIPMENT 43 T: NOT ALLOWED
PORT OF LOADING 44 E: SHANGHAI PORT
FOR TRANSPORTATION TO … 44 B: INDONESIA PORT
LATEST DATE OF SHIPMENT 44 C: 151020
DESCRIPT OF GOODS 45 A: ELCTRONIC DRILL AS PER S/C NO. NJ201508
DOCUMENTS REQUIRED 46 A:
+ SIGNED COMMERCIAL INVOICE 2 ORIGINAL AND 4 COPIES.
+ FULL SET OF B/L CLEAN ON BOARD, MADE OUT TO ORDER OF SHIPPER AND BLANK ENDORSED AND MARKED "FREIGHT COLLECT" AND NOTIFY APPLICANT.
+ PACKING LIST, 1 ORIGINAL AND 4 COPIES.
+ CERTIFICATE OF ORIGIN GSP CHINA FORM A AND EEC, ISSUED BY THE CHAMBER OF COMMERCE OR OTHER AUTHORITY DULY ENTITLED FOR THIS PURPOSE.
+ QUALITY CERTIFICATE IS TO BE EFFECTED BEFORE SHIPMENT AND IS REQUIRED FROM THE INSPECTING AGENCY DESIGNATED BY THE BUYER.
PERIOD FOR PRESENTATION 48: DOCUMENTS MUST BE PRESENTED WITHIN 15 DAYS AFTER THE DATE OF SHIPMENT BUT WITHIN THE VALIDITY OF THE CREDIT.

THIS DOCUMENTARY CREDIT IS SUBJECT TO THE "UNIFORM CUSTOMS AND PRACTICE FOR DOCUMENTARY CREDIT" 2007 REVISION INTERNATIONAL CHAMBER OF COMMERCE PUBLICATION NO. 600.

2. 业务要求

请你以"单证员"的身份,根据销售确认书对信用证进行审核,将不符点列出,并提出改证要求。

任务三　许可证申办及单证缮制

业务导入

根据我国《出口商品许可证管理商品目录》的规定，凡纳入出口货物许可证管理范围内的商品，都必须向商务部主管部门配额许可证事务局及其驻各口岸特派员办事处，或商务部授权的直辖市、省、特区的商务主管部门申请签发出口货物许可证。上海在野岛进出口贸易公司出口的茶叶属于许可证管理范围内的商品。对此，李莉向上海市商委主管部门申请签发出口货物许可证。

一、申请签发出口货物许可证书的业务流程

出口货物许可证书的申请流程如图 2-3 所示。

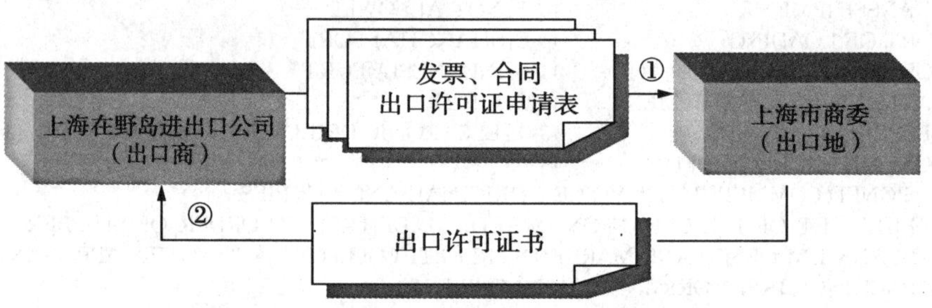

图 2-3　申请签发出口许可证书业务程序

评析：

- 出口商最迟在货物装运前三天向当地经贸主管部门申请签发。
- 发证机关对申请材料审核无误后，3 日内签发出口许可证书。
- 出口货物许可证原则上实行“一批一证”制度，如果是“非一批一证”的商品，可在有效期内使用 12 次。

二、上海在野岛进出口公司申领出口许可证实例

上海在野岛进出口公司出口的茶叶（商品编码为 09021090）属于许可证

管理范围内的商品。对此，李莉向上海市商委主管部门办理出口货物许可证的申领手续，提供出口货物许可证申请表，并随附商业发票和销售确认书。

1. 缮制商业发票

商业发票(Commercial Invoice)是卖方向买方签发的载明货物的品质、数量、包装和价格，并凭以索取货物的凭证。商业发票通常一式四联(存根联、发票联、记账联、退税联)，由出口企业自行拟制，无统一格式，但必须在税务机构指定的印刷厂进行印刷。其基本内容和缮制方法如下：

(1) 出票人的名称、地址与税务登记号(Exporter's Name, Address and No.)

出票人的名称、地址应与合同的卖方或信用证的收益人的名称、地址相同，税务登记号与出口企业的税务登记证编号一致。出口企业印刷的空白发票都事先将该公司的名称、地址、电话、传真和税务登记号印在发票的正上方。

(2) 发票名称(Name of Document)

发票名称应用英文粗体标出"Commercial Invoice"或"Invoice"字样。

(3) 发票代码(No.)

发票代码由税务机关提供流水号，事先印在空白发票的右上方。

(4) 发票编号、日期(No.,Date)

发票编号由出口公司根据本公司的实际情况自行编制，是全套结汇单据的中心编号。发票日期应晚于合同和信用证的签发日期，在结汇单据中是最早签发的单据。

(5) 信用证编号(L/C No.)

信用证项下的发票必须填入信用证号码，其他支付方式下可不填。

(6) 合同编号(Contract No.)

合同编号应与信用证列明的一致，信用证未规定合同编号，可不填。其他支付方式下，必须填入。

(7) 收货人(Messrs)

信用证方式下须按信用证规定的填制，一般是开证申请人。

(8) 航线(from… to…)

缮制货物实际的起运港(地)、目的港(地)，如货物需经转运，应把转运港(地)的名称表示出来。

(9) 唛头及件号(Marks and Number)

发票唛头应按信用证或合同规定的填制，通常包括收货人简称、参考号码、目的地和货物总件数。如未作具体的规定，则缮制 N/M。

(10) 货物描述(Description of Goods)

货物描述一般包括品名、品质、数量、包装等内容。

(11) 单价及价格术语(Unit Price and Trade Terms)

完整的单价应包括计价货币、单位价格、计量单位和贸易术语四部分内容。

(12) 总值(Total Amount)

发票总额不能超过信用证金额,对于佣金和折扣应按信用证规定的处理。如果来证要求分别列出运费、保险费和FOB价格,必须照办(例1);如果来证要求分别扣除佣金和折扣列出净价格,必须照办(例2)。

(例1)	CIF Tokyo	USD 30 000	(例2)	CIF Tokyo	USD 30 000
	Less F	USD 250		Less C	USD 250
	Less I	USD 150		Less D	USD 150
	FOB	USD 29 600		NET	USD 29 600

(13) 声明文句及其他内容(Declaration and Other Contents)

根据信用证的规定或特别需要在发票上注明的内容,例如,We hereby declare that the goods are of pure national origin of the exporting country(兹声明该商品保证产于出口国), We hereby certify that the contents of invoice herein are true and correct(兹证明发票中的内容是真实正确的)。

(14) 出票人签章(Signature)

通常出票人签章,是在发票的右下角打上出口公司的名称,并由经办人签名或盖章。如信用证规定手签(Manual Signed),则必须按规定照办。

上海在野岛进出口公司

SHANGHAI ZYD I/E CORPORATION

1321 ZHONGSHAN ROAD SHANGHAI, CHINA

TEL:021-65788123 FAX:021-65788124

税务登记号:310928374655

出口专用

COMMERCIAL INVOICE

发票代码:1310008204222

TO: M/S
TOKYO CORPORATION
6-7,KAWARA MACH OSAKA JAPAN

INV NO.: TX201522
DATE: JUN. 01,2015
S/C NO.: ZYD1264
L/C NO.: XT2015173

FROM SHANGHAI PORT TO OSAKA PORT

MARKS & NO.	DESCRIPTIONS OF GOODS	QUANTITY	U/ PRICE	AMOUNT
TOKYO	CHINESE GREEN TEA		CFR OSAKA	
ZYD1264	ART NO. 555	200 KGS	USD 110. 00	USD 22 000. 00
OSAKA	ART NO. 666	220 KGS	USD 100. 00	USD 22 000. 00
C/NO. 1-132	ART NO. 777	240 KGS	USD 90. 00	USD 21 600. 00
	PACKED IN CARTON 5 KILOGRAMS EACH			USD 65 600. 00

第二联:发票联

TOTAL AMOUNT: SAY US DOLLARS SIXTY FIVE THOUSAND AND SIX HUNDRED ONLY.

WE HEREBY CERTIFY THAT THE CONTENTS OF INVOICE HEREIN ARE TRUE AND CORRECT.

SHA[...]TIONT

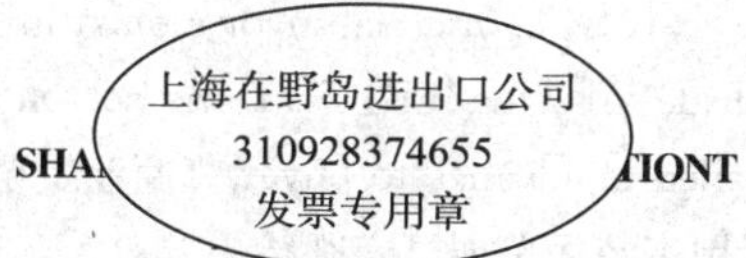

评析:

- 商业发票根据出口企业的实际需要可以一式多联,无具体规定。
- 在上海的出口企业必须在商业发票上印制税务登记号,其他地区还没有规定。

相关知识链接 信用证商业发票条款释疑

1. 信用证条款示例

(1) Invoice to certify that the goods shipped and other details are as per supplier's S/C No. 888 dated AUG. 30, 2015.（发票应证明装运货物和其他有关细节，并符合2015年8月30日第888号的销售合同书的规定。）

(2) Beneficiary's original signed commercial invoices at least in 6 copies issued in the name of the buyer indicating (showing/evidencing/specifying/declaration of) the merchandise, country of origin and any other relevant information.（以买方的名义开具，并经受益人签署的商业发票正本一式六份，注明商品名称、原产国和有关资料。）

(3) All invoices must show FOB Freight and Insurance Costs separately.（所有发票均应分别列明FOB价、运费和保险费。）

(4) Combined invoice is not acceptable.（不接受联合发票。）

(5) 5% commission to be deducted from the invoice value.（出具的发票中，应在金额中扣除5%的佣金。）

(6) Invoice to certify that the goods shipped ate exactly equal to the samples presented to the buyer.（发票上应证明装运货物与已交付买方的样品相符。）

(7) 4% discount should be deducted from total amount of the commercial invoice.（在商业发票总金额中，必须扣除4%的折扣。）

(8) All invoices must show breakdown value: a) FOB value, b) Freight Prepaid, c) Insurance Premium Prepaid.（所有发票应标明分类价格：a) FOB价；b) 预付运费；c) 预付保险费。）

(9) Your declaration that no wood container has bee used in packing of the goods listed on the invoice is required.（发票上须声明所列货物未使用木制容器包装。）

(10) Commercial invoice must indicate the following: A) That each item is labelled "made in China", B) That one set of non-negotiable shipping documents has been airmailed in advance to buyer.（商业发票必须包括：A)每件商品标明"中国制造"；B)一套副本装运单据已空邮给买方。）

(11) Separate packing list in full details required.（装箱单必须做详细的缮制。）

(12) Combined for of packing list is not acceptable.（提供的装箱单不能是联合格式的装箱单。）

(13) Packing list showing grows and net weights expressed in kilos of each typo of good required.（装箱单以千克计重，标明货物的毛重和净重。）

(14) Packing list in 3 copies manual signed by the beneficiaries.（装箱单一式三份，由受益人手签。）

(15) Packing list detailing the complete inner packing specification and contents of each package.(装箱单应说明货物内部的包装规格及其内容。)

2. 疑难问题释疑

(1) 如何缮制发票中的抬头?

发票抬头人通常缮制在发票中"To","Messrs","Sold to Messrs","For account of","Consigned to"的后面。但在下列情形中应注意:

● "All documents including invoice must be in the name of ××× Co."应将抬头缮制为该公司。

● 信用证中规定:"Applicant: The bank of Tokyo Ltd., Tokyo A/C EFG Co., Ltd. Tokyo",则应将后者作为发票抬头人。

● 如开证申请人为两家公司时,"Applicant: ABC Co. for account of XYZ Co. Ltd",前者为中间商,后者为真正买主,此时发票抬头人应为这两个。

● 针对"We open credit … available by draft drawn on ABC Co.",发票抬头应为"ABC Co."。

● 信用证规定"Applicant: AHM Co. Ltd., Paris… Invoice to be made in the name of KJ Co., Ltd., Paris",则应以后者为抬头人。

● 此外表示收货人的英文短语还有:"by order of ××"、"at the request of ××"、"on behalf of ××"、"in accordance with instruction received from accreditor"等。

● 信用证中规定"Applicant: Overseas Trust Bank Ltd. A/C Sam Lee Pty H. K. L/C No. 2PT 03056"时,发票的抬头应缮制"Sam Lee Pty H. K."。

(2) 品名问题该如何处理?

● 品名如有误,或改正,或将错就错。例如,shirt 误为 skirt,必须修改;apples 误为 aples,可不改,但最好在错误名称后,以括号注明正确的名称。

● 如品名有变化,应以信用证为准。例如:合同规定的品名为 Tianjin Small Red Bean,信用证却规定为 Tianjin Red Small Bean,应按信用证的规定缮制。

(3) 信用证在货名之后注有"As per Contract No. ×××","As per Order No. ×××","As per Proformya Invoice No. ×××"或"As per S/C No. ×××"时,应如何制单?

缮制发票时,应按信用证的描述照抄。

(4) 出口袜子 1 000Doz,单价为 USD1.00/PC,则如何缮制发票价格栏?如出口某货为 6 000PCS,单价为 USD2 000.00/Doz,又该怎样缮制?

应先将货量折算成与计价单位相同的货量后,所计算的价格填入。

(5) 信用证中规定:"Commercial invoice showing FOB maximum USD26 000.00 and freight maximum USD2 370.00"。出货时,应如何制单?

缮制发票时,应为:"Total invoice amount contain FOB value maximum USD25 640.00 and freight maximum USD2 370.00"。

(6) 信用证规定:"CIF Liner terms"。缮制发票时,应如何制单?

应按信用证要求填制"CIF Liner terms"。

(7) 如何在制单中处理佣金的费用?

L/C要求扣除佣金,制单时必须扣除;有时信用证内无扣佣的规定,但金额正好是减佣后的净额,发票应显示减佣;有时合同规定佣金,信用证金额内未扣除,信用证内也未提及佣金事宜,发票中不应显示。

(8) 如信用证中规定:"Original signed commercial invoices indicating goods shipped in one 20 foot FCL and packing in 50kg bags"时,发票如何缮制?

该发票应为正本,必须签章。在发票的数量和包装栏目上标明"1×20' Container (FCL)"和"Packing: in 50kg bags"字样。

(9) 信用证规定:"The quantity of shipment 5% more or less acceptable"。我方可出货多少?

数量只可少装5%以内,而不许增装,否则只好提出修改信用证。

(10) 信用证规定:"SIGNED COMMERCIAL INVOICE IN 4 COPIES"。缮制发票时,应如何制单?

四份发票必须手签,不能用影印的签字代替。

(11) 如何处理发票的签名?

- 据"UCP600"规定,如信用证无要求,可不签字;
- 如信用证要求签名,则在发票右下角盖章;
- 如信用证要求"Signed Commercial Invoice",则手签或加盖橡皮图章均可;
- 如信用证要求"Manually signed",则必须手签。

2. 缮制出口许可证申请表

出口货物许可证申请表(Export License Application)由出口商填制,其主要内容与缮制方法如下:

(1) 出口商及编码

填出口商全称,注明在海关注册的企业代码及领证人姓名。

(2) 发货人及编码

按信用证或合同规定缮制,并与运输单据中显示的托运人相符。

(3) 出口许可证号

此栏留空,由签证机关填制。

(4) 出口许可证有效截止日期

"一批一证"制的商品为3个月,其他情况下的商品为6个月,应根据装运实际需要缮制。

(5) 贸易方式

根据实际方式缮制，如一般贸易、进料加工、来料加工等。

(6) 合同号

填入该批出口合同编号，长度不超过20个字节。

(7) 报关口岸

即实际装运口岸，注明全称。

(8) 进口国(地区)

应缮制目的港(地)国家的全称。

(9) 付款方式

按合同支付条款的规定缮制，如L/C、T/T等。

(10) 运输方式

应与合同规定的一致，如海运、空运等。

(11) 商品名称及商品编码

根据《中华人民共和国海关统计商品目录》规定的商品标准名称和统一编码缮制。

(12) 规格、型号

缮制实际规格，不同规格应分行表示，计量单位按H.S.编码规则缮制。

(13) 单位

缮制与合同规定一致的计量单位名称。

(14) 数量

必须缮制实际出运的数量，并与发票的相关内容一致。

(15) 单价

按合同成交的单价填制，并与发票的相关内容一致。

(16) 总值

按合同成交的总额缮制，并与发票总金额相同。

(17) 总值折美元

按外汇牌价折算为美元记入。

(18) 总计

各栏的合计数分别填入本栏内。

(19) 备注

如有特别要求或说明，在此栏注明。

(20) 签证机构审批(初审)

发证机关审核无误后盖章，由授权人签名，并注明签证日期。

中华人民共和国出口货物许可证申请表

1. 出口商：上海在野岛进出口公司 编码 1957626546 电话：65788877　　联系人：李莉	3. 出口许可证号：
2. 发货单位：　1957626546 电话：65788877　　联系人：李莉	4. 许可证有效截止期 至　　年　月　日止
5. 贸易方式：一般贸易	8. 进口国(地区)：日本
6. 合同号：TXT264	9. 支付方式：信用证
7. 报关口岸：上海吴淞海关	10. 运输方式：江海运输
11. 商品名称：中国绿茶	商品编码：0902.1090

12. 规格、型号	13. 单位	14. 数量	15. 单价(USD)	16. 总值(USD)	17. 总值折美元
ART NO. 555	KG	200	USD 110.00	USD 22 000.00	USD 22 000.00
ART NO. 666	KG	220	USD 100.00	USD 22 000.00	USD 22 000.00
ART NO. 777	KG	240	USD 90.00	USD 21 600.00	USD 21 600.00
18. 总 计	KG	660		USD 65 600.00	USD 65 600.00

初审意见： 经办人：	19. 备注： 上海在野岛进出口公司 业务专用章 申请日期：2015年6月1日
处领导意见：	

商务部监制　　　　本证不得涂改，不得转让

3. 主管部门签发出口货物许可证

中华人民共和国出口货物许可证

EXPORT LICENSE THE PEOPLE'S REPUBLIC OF CHINA

1. 出口商： Export　上海在野岛进出口公司	3. 出口许可证编号： Export license No.　06AB122433
2. 发货单位： Consignor　上海在野岛进出口公司	4. 出口许可证有效截止期： Export license expiry date　2015-9-5
5. 贸易方式 Terms of trade　一般贸易	8. 输往国家(地区) Country /Region of purchase　日本
6. 合同号： Contract No.　ZYD264	9. 收款方式： Terms of payment　信用证
7. 报关口岸： Port of shipment　吴淞海关	10. 运输方式： Means of transport　江海运输
11. 商品名称：　中国绿茶 Description of goods	商品编码：　0902.1090 Code of goods

12. 规格、型号 Specification	13. 单位 Unit	14. 数量 Quantity	15. 单价(USD) Unit price	16. 总值(USD) Amount	17. 总值折美元 Amount in USD
ART NO. 555	KG	200	USD 110.00	USD 22 000.00	USD 22 000.00
ART NO. 666	KG	220	USD 100.00	USD 22 000.00	USD 22 000.00
ART NO. 777	KG	240	USD 90.00	USD 21 600.00	USD 21 600.00
18. 总计	KG	660		USD 65 600.00	USD 65 600.00

19. 备注 Supplementary details	20. 发证机关盖章 Issuing authority's stamp & signature 上海商务委员会 出口许可证专用章 发证日期 License date　2015 年 6 月 5 日

商务部监制　　　　本证不得涂改，不得转让

相关知识链接　出口许可证书的作用

出口货物许可证的主要作用有：(1) 国家根据国别政策和国际市场上的盲目竞争，可调节商品的出口结构；(2) 避免本国出口商品在国际市场上的盲目竞争，控制管理出口商品的数量与价格；(3) 海关查验放行和银行结汇的必备文件。

缮制商业发票体验活动

1. 操作资料

发票代码：13108204231

进 口 商：WIN TRADING CORPORATION
10 VTRA SEMARANG INDONESIA

合同号码：NJ201508

信用证号：NB4567

发票编号：SG123

发票日期：2015 年 10 月 10 日

装 运 港：连云港

目 的 港：印度尼西亚

货名规格：电钻头(Electric Drill)No. TY242

数　　量：1 800 套

包　　装：每 10 套装一个纸箱

单　　价：CFR INDONESIA 每套 USD 4. 20

2. 业务要求

请你以"单证员"的身份，根据上述资料、销售合同书和信用证的有关内容缮制商业发票。

任务四　订舱办理及单证缮制

业务导入

在CFR和CIF条件下，出口商应在合同和信用证规定的装运时间内办理好货物运输手续。上海进出口公司在备货的同时，委托金发国际货运代理公司办理出口货物托运手续。为此，李莉根据合同和信用证的规定，缮制装箱单和订舱委托书。

一、订舱业务程序

订舱业务流程如图2-4所示。

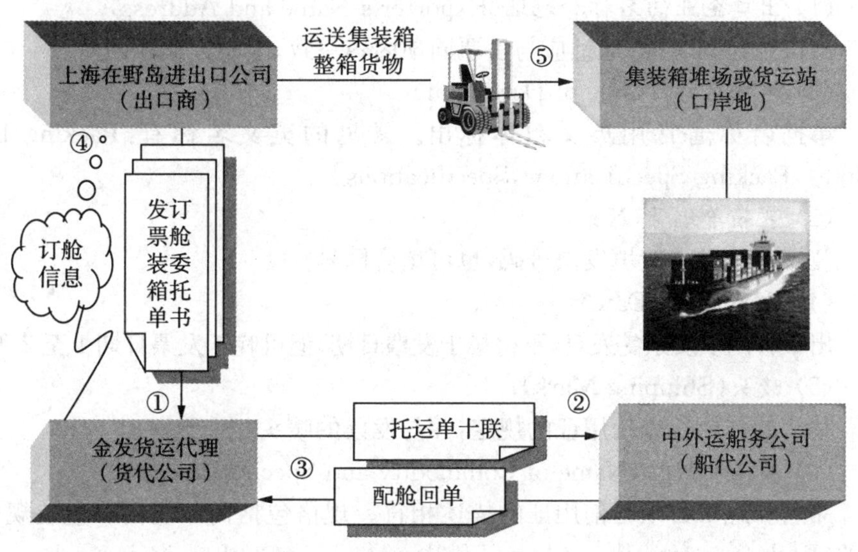

图2-4　出口货物订舱业务流程

评析：

- 出口商缮制商业发票、装箱单和订舱委托书，委托货代公司向船务公司办理订舱手续。
- 货代公司接收托运业务后缮制托运单（十联），向船务公司代办订舱。

● 船务公司进行舱位登记，向货代公司签发配舱回单。

● 货代公司将订舱信息告知出口商，通知其装箱时间。

● 出口商装箱并将集装箱货物送到指定集装箱堆场，如为散货，则送至货运站装箱。

二、上海在野岛进出口公司办理订舱手续实例

上海在野岛进出口公司李莉缮制商业发票、装箱单和订舱委托书，委托金发货代公司向船务公司办理订舱手续。

1. 缮制商业发票

同前，此略。

2. 缮制装箱单

装箱单(Packing List or Packing Specification)又称包装单、码单，是用以说明货物包装细节的清单。装箱单无统一格式，各出口企业制作的装箱单大致相同。其主要内容和缮制方法如下：

(1) 出口企业的名称和地址(Exporter's Name and Address)

出口企业的名称、地址应与发票同项内容一致，缮制方法相同。

(2) 单据名称(Name of Document)

单据名称通常用英文粗体标出。常见的英文名称有：Packing List (Note)，Packing Specifications，Specifications。

(3) 装箱单编号(No.)

装箱单编号一般填发票号码，也可填合同号。

(4) 出单日期 (Date)

出单日期填发票签发日，不得早于发票日期，但可晚于发票日期 1 至 2 天。

(5) 唛头(Shipping Mark)

唛头制作要符合信用证的规定，并与发票的唛头相一致。

(6) 品名和规格(Name of Commodity and Specifications)

品名和规格必须与信用证的描述相符。规格包括商品规格和包装规格，例如，Packed in polythene bags of 3kgs each, and then in inner box, 20 boxes to a carton (每 3 千克装一塑料袋，每袋装一盒，20 盒装一纸箱)。

(7) 数量(Quantity)

填写实际件数，如品质规格不同，应分别列出，并累计其总数。

(8) 单位(Unit)

是指外包装的包装单位，如箱、包、桶等。

(9) 毛重(Gross Weight)

填写外包装每件重量,如规格不同,要分别列出,并累计其总量。

(10) 净重(Net Weight)

填写每件货物的实际重量并计其总量。

(11) 尺码(Measurement)

填写每件包装的体积,并标明总尺码。

(12) 签章(Signature)

出单人签章应与商业发票相符,如果信用证规定中性包装,此栏可不填。

上海在野岛进出口公司

SHANGHAI ZYD I/E CORPORATION

1321 ZHONGSHAN ROAD SHANGHAI, CHINA

TEL:021-65788123　FAX:021-65788124

PACKING LIST

INV NO.:TX201522

DATE:JUN. 01,2015

S/C NO.:ZYD1264

L/C NO.:XT2015173

TO: M/S

TOKYO CORPORATION

6-7,KAWARA MACH OSAKA JAPAN

GOODS DESCRIPTION & PACKING	QTY (KGS)	CTNS	G. W (KGS)	N. W (KGS)	MEAS (M³)
CHINESE GREEN TEA					
ART NO. 555	200	40	7/140	5/200	0. 2/8
ART NO. 666	220	44	6. 5/132	5/220	0. 2/8. 8
ART NO. 777	240	48	6/144	5/240	0. 2/9. 6
PACKED IN CARTON OF 5 KILOGRAMS EACH					
TOTAL	660	132	832	660	26. 4

SAY TOTAL SIXTY SIX CARTONS ONLY

MARKS & NOS

TOKYO

ZYD1264

OSAKA

C/NO. 1-132

SHANGHAI ZYD I/E CORPORATIONT

SHANGHA[illegible]ONT

LI LI

评析：

- 装箱单的编号、日期通常采用发票号码和日期，便于业务管理。
- 商品的规格、数量、包装数量、毛重、净重和体积等应层次分明，横竖整齐，简洁美观。
- 总包装数量应用英文大写表示，比较规范。
- 装箱单是办理订舱手续的随附单据，是进口地海关和收货人核对货物的依据。

相关知识链接

信用证装箱单条款释疑

1. 信用证规定装箱单用中性纸缮制，即无抬头单据。缮制装箱单时，应如何制单？
出口商可用白纸缮制装箱单，不要客户名称和出单人签字。
2. 信用证规定："Weight notes in triplicate"。缮制重量单时，应如何制单？
按《UCP600》规定，如信用证未要求签字盖章，重量单可以不签字盖章。
3. 信用证规定："Signed Packing List In Duplicate"，应如何制单？
两份装箱单必须手签，且不能以影印的签字代替手签。

3. 缮制订舱委托书

订舱委托书无统一格式，各货运代理公司制作的内容大致相同。其主要缮制方法如下：

(1) 经营单位

通常缮制出口商名称，并与发票同项内容一致。

(2) 编号

订舱委托书编号由货运代理公司提供，并由其缮制。

(3) 发货人

缮制实际发货人的名称。

(4) 收货人

应根据信用证的规定缮制。

(5) 通知人

通常缮制进口商名称，并注明地址和通信号码。

(6) 海洋运费

CFR 和 CIF 选择预付，FOB 选择到付。

(7) 毛重

缮制本批货物总的毛重数量。

（8）尺码

缮制本批货物总的体积数。

金发货运订舱委托书

经营单位（托运人）	上海在野岛进出口公司	金发编号	JF0388811

提单B/L项目要求	
	发货人：上海在野岛进出口公司 Shipper：
	收货人：TO ORDER OF SHIPPER Consignee：
	通知人：TOKYO TRADE CORPORATION Notify Party：6-7,KAWARA MACH OSAKA,JAPAN

海洋运费（√）Sea freight	预付（√）或（ ）到付 Prepaid or Collect	提单份数	3	提单寄送地址	上海市中山路1321号

起运港	SHANGHAI	目的港	OSAKA	可否转船	否	可否分批	否
集装箱预配数	20’×1　40’×			装运期限	2015.6.20	有效期限	2015.6.20

标记唛码	包装件数	中英文货号 Description of goods	毛重（千克）	尺码（立方米）	成交条件（总价）
TOKYO ZYD1264 OSAKA C/NO. 1-132	132箱	中国绿茶 CHINESE GREEN TEA	832	26.4	USD 95 600.00
			特种货物 □冷藏货 □危险品	重件：每件重量	
				大件（长×宽×高）	

内装箱（CFS）地址	上海逸仙路2960号三号门 电话：68206820×215	特种集装箱：（ ）	
门对门装箱地址	上海市中山路1321号	物资备妥日期	2015年6月8日
外币结算账号	3106684321337	物资进栈：自送（ ）或金发派送（√）	
声明事项		人民币结算单位账号	009988877766
		托运人签章	
		电话	65788123
		传真	65788124
		联系人	李莉
		地址	上海市中山路1321号
		制单日期：	2015年6月1日

评析：

- 订舱委托书是托运人委托货运代理公司办理订舱的协议书。
- 订舱委托书是货运代理公司向船公司办理订舱和缮制运输单据的依据。
- 订舱委托书中的发货人、收货人和通知人应按照信用证或合同的规定缮制。

缮制装箱单、订舱委托书体验活动

1. 操作资料

进 口 商：WIN TRADING CORPORATION
10 VTRA SEMARANG INDONESIA

合同号码：NJ201508

信用证号：NB4567

发票编号：SG123

发票日期：2015 年 10 月 10 日

装 运 港：连云港

目 的 港：印度尼西亚

货名规格：电动钻头(Electric Drill)No. TY242

数　　量：1 800 套

包　　装：每 10 套装一个纸箱

重量体积：毛重为 10 KGS/箱、 净重为 8 KGS/箱、体积为 0.2 M^3/箱

单　　价：CFR INDONESIA 每套 USD 4.20

物资备妥日期：2015 年 10 月 20 日

委托书编号：AF0387124

2. 业务要求

请你以“单证员”的身份，根据上述资料并结合自己学习到的外贸业务知识拟订一份销售确认书。

任务五　报检与报关委托及单证缮制

业务导入

出口商应按我国检验检疫法律法规和海关法的有关规定，在货物装运前办理报检和报关手续，也可委托货运代理公司代办。上海在野岛进出口公司办妥出口货物运输手续后，委托金发国际货运代理公司代理报检和报关业务。为此，李莉缮制报检委托书、代理报关委托与委托报关协议，并随附合同、商业发票、装箱单、非木质包装证明和通关单等单据。

一、出口货物代理报检、报关业务程序

出口货物代理报检、报关业务程序如图 2－5 所示。

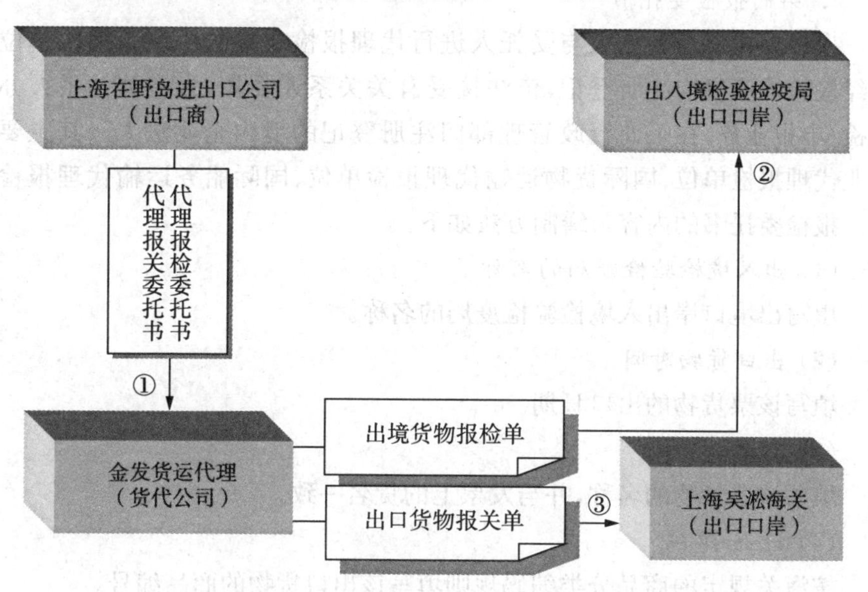

图 2－5　出口货物报检、报关和装运程序

评析：

- 出口商在货物装运前委托货运代理公司代办报检和报关手续，缮制报检委托书和报关委托书，并随附商业发票、装箱单、合同等有关单据。
- 货运代理公司缮制出境货物报检单，向出入境检验检疫局办理报检手续。
- 货运代理公司办妥报检手续后，缮制报关单并随附商业发票、装箱单、合同和通关单或检验检疫证书等有关单据，向当地的海关办理出口货物报关手续。
- 海关核准无误后，收讫关税，在报关单和装货单上盖放行章。
- 港口凭盖有放行章的装货单作为装船的依据，并进行装船。

二、上海在野岛进出口公司委托报检报关实例

上海在野岛进出口公司李莉填制报检委托书和报关委托书，并随附商业发票、装箱单、合同等有关单据委托金发货代公司代办报检、报关手续。

1. 缮制报检委托书

报检委托书是委托人与受托人进行代理报检业务的协议。报检单位是指经检验检疫机构注册登记，依法接受有关关系人委托，为有关关系人办理报检/申报业务，在工商行政管理部门注册登记的境内企业法人。其主要有专业代理报检单位、国际货物运输代理报检单位、国际船务运输代理报检单位。报检委托书的内容与缮制方法如下：

(1) 出入境检验检疫局的名称

填写出境口岸出入境检验检疫局的名称。

(2) 出口货物时间

填写该票货物的出口日期。

(3) 品名

填写该票货物的名称，并与发票上的货名一致。

(4) H. S. 编码

按海关规定的商品分类编码规则填写该出口货物的商品编号。

(5) 数(重)量

填写该票货物的数量或重量，并与其他单据同项内容一致。

(6) 合同号

填写该票货物的编号。

(7) 信用证号

填写该票货物的信用证编号。

(8) 审批文件

根据有关法律法规的规定，将该出口货物报检时必须提供的文件名称填入此栏。

(9) 其他特殊要求

委托人在报检中必须达到的要求，在此注明。

(10) 受托单位

填写受理该报检业务单位的名称。

(11) 代理内容

选择代理报检业务事宜，在相关事宜前的"□"内打"√"。

(12) 委托人签章

委托人签名盖章，并注明日期。

(13) 受托人签章

受托人签名盖章，并注明日期。

报检委托书

<u>上海市</u>出入境检验检疫局：

本委托人郑重声明，保证遵守出入境检验检疫法律、法规的规定。如有违法行为，自愿接受检验检疫机构的处罚并负法律责任。

本委托人委托受委托人向检验检疫机构提交“报检申请单”和各种随附单据。具体委托情况如下：

本单位将于 2015 年 6 月间出口如下货物：

品名	中国绿茶	H. S. 编码	09021090
数(重)量	132 箱	合同号	ZYD1264
信用证号	XT2015173	审批文件	
其他特殊要求			

特委托 金发国际货运代理公司 （单位/注册登记号），代理本公司办理下列出入境检验检疫事宜：

☑1. 办理代理报检手续；

☑2. 代缴检验检疫费；

☑3. 负责与检验检疫机构联系和验货；

☑4. 领取检验检疫证书；

□5. 其他与报检有关的事宜。

请贵局按有关法律法规规定予以办理。

上海在野岛进出口公司
业务专用章

委托人(公章)：

李莉

2015 年 6 月 11 日

金发国际货运代理公司
业务专用章

受委托人(公章)：

李眛

2015 年 6 月 11 日

评析：

- 报检委托书是委托人与受委托人之间的一份协议，规定了双方的义务。
- 委托人缮制报检委托书各项栏目的内容必须真实，且不得有误。
- 报检委托书必须由双方签章，否则不能生效。

相关知识链接

代理报检单位的义务

1. 代理报检单位在代理报检业务时，须遵守出入境检验检疫法律、法规和规定，对代理报检的内容和提交的有关文件的真实性、合法性负责，并承担相应的法律责任。

2. 代理报检单位从事代理报检业务时，须提交委托人的《报检委托书》，载明委托人与代理报检单位的名称、地址、联系电话、代理事项，以及双方责任、权利和代理期限等内容，由法定代表人签字，并加盖双方公章。

3. 代理报检单位应按规定填制报检申请单，加盖代理报检单位的合法印章，并提供检验检疫机构要求的必要单证，在规定的期限、地点办理报检手续。

4. 代理报检单位应切实履行代理报检职责，负责与委托人联系，协助检验检疫机构落实检验检疫的时间、地点，配合检验检疫机构实施检验检疫，并提供必要的工作条件。对已完成检验检疫工作的，应及时领取检验检疫证单和通关证明。

5. 代理报检单位应积极配合检验检疫机构对其所代理报检业务有关事宜的调查和处理。

6. 代理报检单位应按检验检疫机构的要求聘用报检员，对其进行管理，并对其报检行为承担法律责任。如果报检员被解聘或不再从事报检工作、或离开本单位，代理报检单位应及时申请办理注销手续，否则，承担由此产生的法律责任。

2. 缮制代理报关委托书与委托报关协议

自2005年5月1日起在全国正式启用《代理报关委托书/委托报关协议》，明确了委托双方法律地位和各自责任。其由中国报关协会负责向企业提供，也可由企业按照规范格式在A4空白纸上打印自用。其主要缮制方法如下：

(1) 代理报关委托书的编号

编号事先已印制。

(2) 委托对象

由委托方缮制受理该业务的报关公司或国际货运代理公司的名称。

(3) 委托方式

由委托方根据本公司业务情况选择逐票或长期委托，在空白处注明方式。

(4) 委托内容

由委托方根据业务在A、B、C、D、E、F、G、H中选择委托代理报关项目，并在空白处注明。

(5) 委托书有效期

由委托方根据逐票或长期的委托方式进行决定。

(6) 委托方(盖章)

由委托方法定代表人或其授权人签字盖章，并注明日期。

(7) 委托方

由委托方缮制经营单位的名称。

(8) 主要货物名称

由委托方缮制该票货物的名称，并与发票上的货名一致。

(9) H. S. 编码

由委托方按海关规定的商品分类编码规则缮制该出口货物的商品编号。

(10) 货物总价

由委托方缮制该票货物的总额，并与发票上的总金额一致。

(11) 进出口日期

由委托方缮制该票货物的出口日期。

(12) 提单号

由委托方缮制该票货物的提单编号，即配舱回单的编号。

(13) 贸易方式

由委托方根据实际情况缮制相应的贸易方式，通常为一般贸易。

(14) 原产地/货源地

由委托方缮制该票货物的实际生产地名称，如“上海”。

(15) 其他要求

委托方如对代理业务有其他要求，可在此注明。

(16) 委托方业务签章

由委托方在此栏盖本公司法人章。

(17) 经办人签章

由委托方的具体经办人在此签章。

(18) 被委托方

由被委托方缮制受理该代理业务的报关公司或国际货运代理公司的名称。

(19) 报关单编码

此栏留空。

(20) 收到单证日期

由被委托方缮制具体收到单证的日期。

(21) 收到单证情况

由被委托方根据收到单据的名称，在其前的“□”内打“√”。

(22) 报关收费

由被委托方按约定费用缮制。

(23) 承诺说明

由被委托方在此栏缮制保证文句。

(24) 被委托方业务签章

由被委托方在此栏盖本公司法人章。

(25) 经办报关员签章

由被委托方的报关员在此栏签章。

代理报关委托书

编号:2200004510

金发国际货运代理公司:

我单位现__A__(A. 逐票 B. 长期)委托贵公司代理__A E__等通关事宜(A. 报关查验 B. 垫缴税款 C. 办理海关证明联 D. 审批手册 E. 核销手册 F. 申办减免税手续 G. 其他),详见《委托报关协议》。

我单位保证遵守《海关法》和国家有关法规,保证所提供的情况真实、完整、单货相符。否则,愿承担相关法律责任。

本委托书有效期自签字之日起至 2015 年 6 月 30 日止。

委托方(签章): 上海在野岛进出口公司 业务专用章

法定代表人或其授权签署《代理报关委托书》的人(签字):李莉

2015 年 6 月 11 日

委托报关协议

为明确委托报关具体事项和各自责任,双方经平等协商,拟订协议如下:

委托方	上海在野岛进出口公司
主要货物名称	中国绿茶
H. S. 编码	09021090
进出口日期	2015 年 6 月 25 日
提单号	
贸易方式	一般贸易
原产地/货源地	上海
传真号码	65788876
其他要求:	
背面所列通用条款是本协议不可分割的一部分,对本协议的签署构成了对背面条款的同意。	
委托方业务签章: 上海在野岛进出口公司 业务专用章 经办人签章:李莉 2015 年 6 月 11 日 联系电话:65788877	

被委托人	金发国际货运代理公司	
*报关单编号	NO.	
收到单证日期	2015 年 6 月 11 日	
收到单证情况	合同☑	发票☑
	装箱清单☑	提(运)单□
	加工贸易手册□	许可证件☑
	其他	
报关收费	人民币: 元	
承诺说明:		
背面所列通用条款是本协议不可分割的一部分,对本协议的签署构成了对背面条款的同意。		
被委托方业务签章: 金发国际货运代理公司 业务专用章 经办报关员签章:王莉 2015 年 6 月 11 日 联系电话:56987452		

(白联:海关留存;黄联:被委托方留存;红联:委托方留存) 中国报关协会监制

评析：

- 代理报关委托和委托报关协议是由中国报关协会负责统一印制，也可由企业按规范格式打印自用。
- 代理报关委托和委托报关协议是委托人与受委托人之间的一份合同，规定了双方的权利与义务。
- 委托人缮制代理报关委托和委托报关协议各项栏目的内容必须真实，且不得有误。
- 委托人根据业务需要在A、B、C、D、E、F、G、H中，选择委托代理报关项目。
- 代理报关委托和委托报关协议必须由双方签章，否则不能生效。

相关知识链接

委托报关协议通用条款

委托方责任

委托方应及时提供报关报检所需的全部单证，并对单证的真实性、准确性和完整性负责。

委托方负责在报关企业办结海关手续后，及时履约，支付代理报关费用，支付垫支费用，以及因委托方责任产生的滞报金、滞纳金和海关等执法单位依法处以的各种罚款。

负责按照海关要求将货物运抵指定场所。

负责与被委托方报关员一同协助海关进行查验，回答海关的询问，配合相关调查，并承担产生的相关费用。

在被委托方无法做到报关前提取货样的情况下，承担单货相符的责任。

被委托方责任

负责解答委托方有关向海关申报的疑问。

负责对委托方提供的货物情况和单证的真实性、完整性进行"合理审查"，审查内容包括：(1)证明进出口货物实际情况的资料，包括进出口货物的品名、规格、用途、产地、贸易方式等；(2)有关进出口货物的合同、发票、运输单据、装箱单等商业单据；(3)进出口所需的许可证件及随附单证；(4)海关要求的加工贸易(纸质或电子数据的)及其他进出口单证。

因确定货物的品名、归类等原因，经海关批准，可以看货或提取货样。

在接到委托方交付齐备的随附单证后，负责依据委托方提供的单证，按照《中华人民共和国海关进出口报关单填制规范》认真填制报关单，承担"单单相符"的责任，在海关规定和本委托报关协议中约定的时间内报关，办理海关手续。

负责及时通知委托方共同协助海关进行查验，并配合海关开展相关调查。

负责支付因报关企业的责任给委托方造成的直接经济损失，所产生的滞报金、滞纳金和海关等执法单位依法负责在本委托书约定的时间内将办结海关手续的有关委托内容的单证、文件交还委托方或其指定的人员（详见《委托报关协议》“其他要求”栏）。

赔偿原则：被委托方不承担因不可抗力给委托方造成损失的责任。因其他过失造成的损失，由双方自行约定或按国家有关法律法规的规定办理。由此造成的风险，委托方可以投保方式自行规避。

不承担的责任：签约双方各自不承担因另外一方原因造成的直接经济损失，以及滞报金、滞纳金和相关罚款。

收费原则：一般货物报关收费原则上按当地《报关行业收费指导价格》规定执行。特殊商品可由双方另行商定。

法律强制：本《委托报关协议》的任一条款与《海关法》及有关法律、法规不一致时，应以法律、法规为准。但不影响《委托报关协议》其他条款的有效。

协商解决事项：变更、中止本协议或双方发生争议时，按照《中华人民共和国合同法》有关规定及程序处理。因签约双方以外的原因产生的问题或报关业务需要修改协议条款，应协商订立补充协议。双方可以在法律、行政法规准许的范围内另行签署补充条款，但补充条款不得与本协议的内容相抵触。

3. 缮制非木质包装证明

美国、加拿大、欧盟和日本等国为保护本国的资源，对进口商品木质包装必须提供进行过除害处理的官方熏蒸证书，如不是木质包装，也要出口商出具非木质包装证明。非木质包装证明在委托订舱、代理报检、代理报关时需随附有关单据一起提供，为此李莉缮制非木质包装证明。

Declaration of no-wooden
Packing material

TO：

THE SERVICE OF JAPAN ENTRY & EXIT INSPECTION AND QUARANTINE
IT IS DECLARED THAT THIS SHIPMENT
COMMODITY：CHINESE GREEN TEA
QUANTITY/WEIGHT：132 CARTONS
INVOICE NUMBER：TX0522
DOES NOT CONTAIN WOOD PACKING MATERIALS.

上海在野岛进出口公司
业务专用章

2015.6.11

评析：

● 非木质包装证明没有固定格式，内容也无统一规定，其主要内容有货名、数量、合同号或发票号，最重要的是有“本商品未用木质材料”证明文句。

4. 出入境检验检疫机构签发出境货物通关单

法定检验检疫出境货物必须获得检验检疫机构签发的出境货物通关单，货主或其代理人凭其向海关报关。

中华人民共和国出入境检验检疫
出境货物通关单

编号：060688

<table>
<tr><td colspan="2">1. 收货人　TOKYO TRADE CORPORATION</td><td colspan="2" rowspan="3">5. 标记及唛码
TOKYO
ZYD1264
OSAKA
C/NO. 1-132</td></tr>
<tr><td colspan="2">2. 发货人　上海在野岛进出口公司</td></tr>
<tr><td>3. 合同/提(运)单号
ZYD1264</td><td>4. 输出国家或地区
日本</td></tr>
<tr><td>6. 运输工具名称及号码
PUDONG V. 503</td><td>7. 目的地
大阪</td><td colspan="2">8. 集装箱规格及数量
20’× 1</td></tr>
<tr><td>9. 货物名称及规格

CHINESE
GREEN TEA</td><td>10. H. S. 编码

0902. 1090</td><td>11. 申报总值

65 600. 0 美元</td><td>12. 数/重量、包装数量及种类

660 千克
132 箱</td></tr>
<tr><td colspan="4">13. 证明
上述货物业已报检/申报，请海关予以放行。
本通关单有效期至　2015 年 7 月 4 日
中华人民共和国 上海 出入境检验检疫局 ENTRY-EXIT INSPECTION AND QUARANTINE OF THE PEOPLE'S REPUBLIC OF CHINA
签字：丁鸣　　　　日期：2015 年 6 月 14 日</td></tr>
<tr><td colspan="4">14. 备注</td></tr>
</table>

任务六　提单确认及装运通知缮制

业务导入

集装箱码头堆场获悉通关放行后拖箱入港，交接集装箱。货物装船后，船公司或船代向金发国际货代公司收取运费及有关费用后签发提单确认。金发国际货代公司向上海在野岛进出口公司收取运费及有关费用后进行返单确认。上海在野岛进出口公司对提单核准无误后确认签章，从船公司获取正式正本提单，并向东京商社发出装运通知。为此，李莉必须了解有关提单的知识和装运通知的缮制要求。

一、出口货物代理报检、报关业务程序

提单确认业务流程如图 2－6 所示。

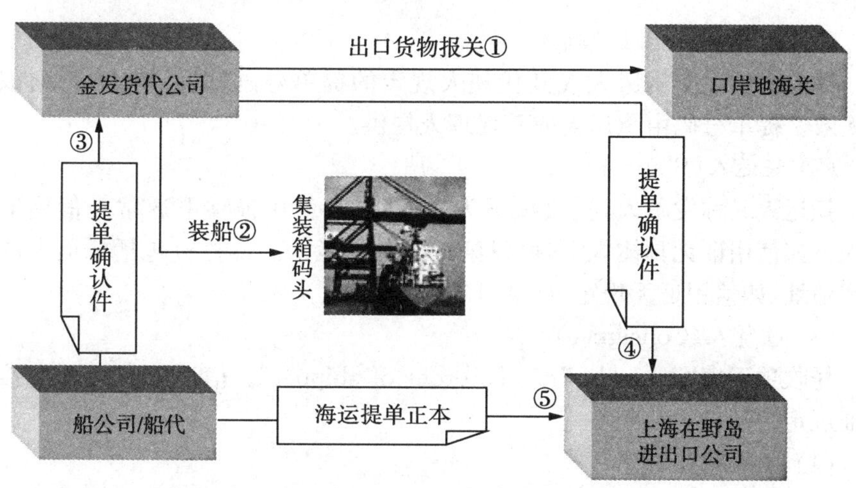

图 2－6　提单确认业务流程

评析：

- 国际货运代理公司收到场站收据后，在装箱前 24 小时内向口岸地出入境海关办理出口货物报关手续。海关在场站收据上加盖放行章后方可

装箱。

- 集装箱码头堆场获悉通关放行后拖箱入港，交接集装箱。外轮理货人员在承运人指定的场站和船边理箱并监督装船。
- 货物装船后，船公司或船代向国际货代公司收取运费及有关费用后提供提单确认件进行确认。
- 国际货代公司向托运人收取运费及有关费用后提供提单确认件进行确认。
- 船公司或船代向国际货代公司或托运人寄送提单正本。

二、上海在野岛进出口公司确认提单实例

1. 掌握缮制海运提单的方法

海运提单(Bill of Lading)简称提单，是由船公司或其代理人收到承运货物时或将其装船后，向托运人签发的货物收据，是运输合同的证明，是物权凭证。

海运提单因船公司而异，有着不同的格式，但其各栏目和内容基本一致，通常包括正面的记载事项和背面印就的运输条款。其主要内容和缮制方法如下：

(1) 提单编号(B/L No.)

提单必须注明承运人或其代理人规定的提单号码，以便核查，否则该提单无效。提单号码由承运人或其代理人提供。

(2) 托运人(Shipper)

托运人又称发货人，托收项下为合同卖方，信用证项下通常是信用证受益人。如信用证无具体规定，可以第三方为托运人。本栏应包括托运人的全称和地址，如信用证无规定，地址可省略。

(3) 收货人(Consignee)

托收项下填"To order"或"To order of shipper"。信用证方式下应按信用证规定缮制。

(4) 被通知人

被通知人是收货人的代理人，托收项下的提单可填合同的买方，信用证方式下，应按信用证要求填制。如信用证未作规定，为确保单证一致，此栏可留空，但提交给船公司的副本必须详细记载被通知人全称、地址和电话等。

(5) 首程运输工具(Pre-carriage by)

如货物需转运，此栏填入第一程船名。无须转运，可留空不填。

(6) 收货地点(Place of Receipt)

如货物需转运,缮制收货港名称。无须转运,此栏可留空。

(7) 船名(Ocean Vessel)

填实际货运船名,如为班轮,应加注航次号。

(8) 装运港(Port of Loading)

托收项下,应按合同规定填制。信用证支付方式下,应符合信用证要求。如果信用证笼统地规定为"Chinese Port",本栏则填具体港口名称。

(9) 卸货港(Port of Discharge)

卸货港一般是目的港。信用证支付方式下,应按来证规定填制。如卸货港有两个以上选择港(例如,London/Hamburg/Rotterdam),只能选择其中一个港口名称;如中途转运,应填转船地名。

(10) 最后目的港(Final Destination)

此栏为当次运输的运费截止地。在货物直达运输条件下,目的港就是卸货港,此栏可不填。

(11) 运费缴付地点(Freight Payable at)

如是FOB成交价格,应填目的港名称;如是CFR或CIF成交价格,则填装运港名称,此栏也可留空。

(12) 提单正本份数(Number of Original Bs/L)

承运人一般签发提单正本两份,也可应收货人的要求签发两份以上,本栏应用英文大写注明(如TWO、THREE)。每份正本提单效力相同,如其中一份提货,其他各份均为失效。

(13) 唛头(Marks & Nos.)

按信用证或合同规定缮制,应与发票等单据内容相同。

(14) 件数、包装种类(Number and Kind of Packages)

填包装数量和包装单位。如为散装货,用"In bulk"表示;如为裸装货,应加件数(例如100头牛,填100 heads);如为多种包装,应分别注明件数和包装单位,并计算其总数。

(15) 货名(Description of Goods)

按信用证或合同描述的货名缮制,并与其他单据中的货名相同。

(16) 毛重(Gross Weight)

填写货物总毛重量,以千克表示。如为裸装货物,应在净重前加注N. W. 。

(17) 尺码(Measurement)

填货物的体积,小数点以下保留三位。

(18) 运费和费用(Freight Clause)

除非信用证特别规定以外,本栏只填运费是否支付情况。CIF 和 CFR 条件下填"Freight Paid"或"Freight Prepaid";FOB 与 FAS 条件下,填"Freight Collect";全程租船运输时,填"As Arranged"。

(19) 大写件数(Total Packages <in words>)

用英文大写表示,应与第 14 栏内容相同。

(20) 运费和费用(Freight and Charges)

除非信用证明确规定填具体运费与费率外,一般此栏不填。

(21) 签单地点和日期(Place and Date of Issue)

提单的签发地应为装运地。提单签发日则是装运日期,不能迟于信用证或合同规定的最迟装运时间。

(22) 承运人签字(Signed for the Carried)

提单必须由承运人或其代理人签字方能生效。如信用证要求手签,应按规定执行并需表明其身份。

除上述以外,提单必须按信用证要求作背书转让,如来证要求显示特殊文句等,可在空白处予以注明,否则导致单证不符,银行将予以拒收。

2. 海运提单确认的方法

海运提单确认的方法如下:

(1) 海运提单确认的依据

海运提单确认的依据主要是订舱委托书、贸易合同和信用证有关规定或内容。

(2) 海运提单确认的内容

海运提单确认的内容主要是:托运人、被通知人的全称和地址;收货人的表述;船名航次号、装运港与卸货港的名称;提单正本份数;包装件数;运费和费用是否为"Freight Paid"或"Freight Prepaid";签单地点和日期。

(3) 海运提单的确认形式

李莉根据订舱委托书、贸易合同和信用证有关规定或内容,重点审核上述内容,如有错误,必须提出修改,如果正确无误,在提单确认件上签章表示同意,并对其承担责任。

<table>
<tr><td colspan="2">Shipper
SHANGHAI ZYD I/E CORPORATION
1321 ZHONGSHAN ROAD SHANGHAI CHINA</td><td colspan="2" rowspan="6">B/L NO. HJSHBI 142939 ORIGINAL
中国对外贸易运输总公司
CHINA NATIONAL FOREIGN TRADE TRANSPORT CORPORATION
直运或转船提单
BILL OF LADING DIRECT OR WITH TRANSHIPMENT
SHIPPED on board in apparent good order and condition (unless otherwise indicated) the goods or packages specified herein and to be discharged or the mentioned port of discharge of as near there as the vessel may safely get and be always afloat.
THE WEIGHT, measure, marks and numbers quality, contents and value, being particulars furnished by the Shipper, are not checked by the Carrier on loading.
THE SHIPPER, Consignee and the Holder of this Bill of Lading hereby expressly accept and agree to all printed, written or stamped provisions, exceptions and conditions of this Bill of Loading, including those on the back hereof.
IN WITNESS where of the number of original Bill of Loading stated below have been signed, one of which being accomplished, the other(s) to be void.</td></tr>
<tr><td colspan="2">Consignee or order
TO ORDER OF SHIPPER</td></tr>
<tr><td colspan="2">Notify address
TOKYO TRADE CORPORATION
6-7 KAWARA MACH OSAKA JAPAN</td></tr>
<tr><td>Pre-carriage by</td><td>Port of loading
SHANGHAI</td></tr>
<tr><td>Vessel
PUDONG V. 503</td><td>Port of transshipment</td></tr>
<tr><td>Port of discharge
OSAKA</td><td>Frail destination</td></tr>
<tr><td>Container Seal No. or marks and Nos.</td><td>Number and kind of packages Designation of goods</td><td>Gross weight (kgs.)</td><td>Measurement (m^3)</td></tr>
<tr><td>GATU0506118
TOKYO
TXT264
OSAKA
ZYD1264</td><td>CHINESE GREEN TEA
SAY SIXTY SIX (132) CARTONS ONLY
TOTAL ONE 20' CONTAINER
CY TO CY
FREIGHT PREPAID</td><td>832KGS</td><td>26. 4CBM</td></tr>
<tr><td colspan="2">REGARDING TRANSHIPMENT
INFORMATION PLEASE CONTACT</td><td colspan="2">Freight and charge
FREIGHT PREPAID</td></tr>
<tr><td rowspan="2">Ex. rate</td><td>Prepaid at</td><td>Freight payable at
SHANGHAI</td><td>Place and date of issue
SHANGHAI JUN. 20, 2015</td></tr>
<tr><td>Total Prepaid</td><td>Number of original Bs/L
THREE</td><td>Signed for or on behalf of the Master
丁毅 as Agent</td></tr>
</table>

相关知识链接　海运提单的种类

1. 已装船提单和备运提单

已装船提单(On Board B/L)是指货物装船后,由承运人签发给托运人的提单,它必须载明装货船名和装船日期。由于这种提单对收货人按时收货有保障,因此,在买卖合同和信用证中一般规定卖方须提供已装船提单。

备运提单(Received for Shipment B/L)又称收讫待运提单,是承运人在收到托运货物等待装船期间,向托运人签发的提单。由于这种提单没有确切的装船日期,且不注明装运船只的名称,因此,实际业务中一般不使用这种提单。

2. 清洁提单和不清洁提单

清洁提单(Clean B/L)是指交运货物的外表状况良好,承运人未加有关货损或包装不良之类批注的提单。开证行和进口方只接受清洁提单。

不清洁提单(Unclean B/L or Foul B/L)是指凡承运人加注了表明货物外表状况不良或存在缺陷之类批注的提单。对于不清洁提单,银行都不给予议付。

3. 记名提单、不记名提单和指示提单

记名提单(Straight B/L)是指发给指定收货人的提单,在提单中的收货人栏内,具体填写收货人的名称。这种提单只能是指定的收货人提货,不能转让,虽避免了转让带来的风险,但也失去了转让流通的便利,故银行不愿接受这种提单作为议付证件,因而在国际贸易实务中极少使用。

不记名提单(Black B/L or Open B/L)是指在提单上收货人一栏内不缮制收货人或指示人的名称而留空,或只缮制"来人"(Bearer)字样,该提单持有人可不作任何背书,就能凭提单转让货物所有权或提取货物。因其安全性极差,故实际业务中不用。

指示提单(Order B/L)是指在提单上收货人一栏内缮制"凭指定"(To Order)、"凭发货人指定"(To Order of Shipper)等字样的一种提单。指示提单可以通过背书的方法转让给他人,在国际贸易实务中使用得较为普遍。

4. 直达提单、转船提单、联运提单和联合运输单据

直达提单(Direct B/L)是指货物从装运港直接运抵目的港的提单。直达提单中只列有装运港和目的港名称,不得有"中途转船"、"在某港转船"等批注。

转船提单(Transshipment B/L)是指货物须经中途转船才能到达目的港而由承运人在装运港签发的全程提单。转船提单上一般注有"在某港转船"字样,甚至转船船名等。货物在中途港口转船换装,常常会增加货物受损及等候船舶延误到货时间的风险。因此,除另有约定外,进口方一般不允许转船。

联运提单(Through B. L)是指货物须经过海运和其他运输方式联合运输时,由第一程承运人所签发的,包括全程运输,并能在目的港或目的地凭以提货的提单。

5. 全式提单和略式提单

全式提单(Long Form B/L)是指提单上除有正面条款之外,还在背面印有承运人和托运人权利、义务等详细条款的提单。

略式提单(Short Form B/L)是指仅有提单正面内容如船名、货号、标志、件数、装运港和目的港等内容,而略去了提单背面全部条款的提单。

3. 缮制装运通知

装运通知的格式与内容没有统一规定，通常根据提单的内容进行缮制，其内容主要包括：货物名称、总箱数、货物总毛重、船名、航次、提单号、装船日期、装运港与目的港等。装运通知缮制后，通常需要签章。

SHANGHAI IMPORT & EXPORT CORPORATION

1321 ZHONGSHAN ROAD SHANGHAI，CHINA

SHIPPING ADVICE

TEL：021-65788877
FAX：021-65788876

INV NO.：TX201522
S/C NO.：ZYD1264
L/C NO.：XT2015173
DATE：JUN. 20，2015

TO MESSRS，

TOKYO TRADE CORPORATION
6-7 KAWARA MACH OSAKA JAPAN

DEAR SIRS，

WE HEREBY INFORM YOU THAT THE GOODS UNDER THE ABOVE MENTIONED CREDIT HAVE BEEN SHIPPED. THE DETAILS OF THE SHIPMENT ARE STATED BELOW.

COMMODITY： CHINESE GREEN TEA
NUMBER OF CTNS： 132 CARTONS
TOTAL GROSS WEIGHT： 832 KGS
OCEAN VESSEL： PUDONG V. 503
B/L NO.： HJSHBI142939
PORT OF LOADING： SHANGHAI
DATE OF DEPARTURE： JUN. 20，2015
DESTINATION： OSAKA PORT

SHIPPING MARKS

TOKYO
ZYD1264
OSAKA
C/NO. 1-132

上海在野岛进出口公司
业务专用章

李莉

评析：

- 根据《2010年国际贸易术语解释通则》的规定，出口商在货物装船后有义务及时向进口商发出装运通知书，以便其办理进口保险（CFR或CPT条件）和做好接受货物的准备。
- 装运通知书没有固定格式，内容也无统一规定，其主要内容包括货名、数量、重量、提运单号和装运时间等。

● 装运通知书通常可通过传真或电子邮件等方式在信用证规定的时间内发出，副本作为议付单据。在实际业务中，有些公司业务员也会在装船前发出，让进口商更早获取装运信息。

缮制装运通知体验活动

1. 业务资料

进 口 商：WIN TRADING CORPORATION
10 VTRA SEMARANG INDONESIA

合同号码：NJ201508

信用证号：NB4567

发票编号：SG123

装 运 港：连云港

目 的 港：印度尼西亚

货名规格：电动钻头(Electric Drill)No. TY242

数　　量：1 800 套

包　　装：每 10 套装一个纸箱

重量体积：毛重为 10 KGS/箱、 净重为 8 KGS/箱、体积为 0.2 M^3/箱

船名航次：PUJIANG V. 123

提单日期：2015. 10. 30

提 单 号：COS0215478

2. 业务要求

请你以"单证员"的身份，根据上述资料并结合自己学习到的外贸业务知识拟订一份销售确认书。

相关知识链接　信用证提单条款释疑

1. 信用证条款示例

(1) Full set of B/L.（全套提单，按惯例为 3 份正本提单。）

(2) Full set Less one Copy on board Bs/L.（全套提单，至少一份正本已装船提单。）

(3) 2/3 original clean on board Bs/L.（3 份正本已装船清洁提单，2 份议付。）

(4) Full set of B/L in triplicate with two non-negotiable Bs/L.（全套提单 3 份正本，2 份副本。）

(5) Bills of lading must evidence carrying steamer is not Israel and not calling at Israeli Port.（提单应证明载货船不属于以色列国籍，不停泊以色列港口。）

(6) 3/3 original +3 NN Copies clean on board marine bills of lading, issued to order and endorsed in blank marked "freight paid" notify applicant.(提供已装船清洁提单 3 份正本、3 份不能议付的副本,作空白抬头和空白背书,注明"运费已付",并通知申请人。)

(7) B/L must bear a written signature, if signed by a facsimile stamp they can not be acceptable.(提单必须手签,如果用印章签发,不予以接收。)

(8) Full set of clean shipped on board ocean bill of lading in triplicate, made out to order and endorsed in our favour, marked freight repaid and notify applicant.(全套已装船清洁提单一式三份,作空白抬头,并记名背书由我行受益,注明"运费已付",通知申请人。)

(9) Shipper must send one copies of shipping documents direct to buyer and certificate to this effect is required.(托运人寄给买方一份已装船提单副本,并应提供邮寄给买方副本的证明。)

(10) Full set clean "on board" ocean bill of lading consigned to Banco Paular Espanol-Barcelona, marked:"freight prepaid",notify:ABC Co. In case transhipment is effected. Name and sailing date of 2ND ocean vessel calling Rotterdam must be shown on B/L.(提供全套已装船清洁提单交巴塞罗那西班牙通用银行,注明"运费已付",通知 ABC 公司。如转船,至鹿特丹的第二程船名,日期必须在提单上显示。)

2. 疑难问题释疑

(1) 信用证规定:"Full set of B/L consigned to ABC Co. Ltd","Consignee"栏目如何缮制?

应缮制 ABC Co. Ltd. 公司的名称。

(2) 信用证规定:"B/L issued to order of Applicant","Consignee"栏目如何缮制?

应缮制 Applicant 的名称。

(3) 信用证规定:"Full set of B/L made out to order of issuing bank","Consignee"栏目如何缮制?

缮制开证行的名称。

(4) 信用证规定:"Full set of B/L made out to order","Consignee"栏目如何缮制?

只需缮制"To order"即可。

(5) 信用证规定:"Full set of B/L made out to order of shipper","Consignee"栏目如何缮制?

应缮制"To order of shipper"。

(6) 如国外来证规定:840M/T of cottonseed oil. Loading port: Guangzhou. Partial shipments are allowed in two lots, 460M/T to London not later than Sept 15,1994. 380M/T to Liverpool not later than Oct 15,1994. 我出口公司在交货和制单上应注意什么?

按该装运条款规定必须分两批装运,分两次制单与交单,并且要注意不要将"Guangzhou"理解成"广州市"或广州的"黄埔"港。

(7) 如何理解信用证中“Full set of”的含义?

根据惯例规定通常为两份,也可理解为三份。

(8) 如何理解信用证中“3/3 set of”的含义?

分母的数字表示应制作的份数,分子的数字表示应提交的份数。

(9) 如何理解“Original, Duplicate, Triplicate”的含义?

在有些公司出具提单时表示三份正本之意,易引起误解,慎用或最好不用。

(10) 提单中的下列说法是否构成“不清洁”的情形?

Shipper's Load and Seal.(不是)

Shipper's Load Count and Seal.(不是)

Said to Contain.(“不是”实际中经常缩写为“STC”)

2 bags torn/broken.(是)

insufficiently packing.(是)

Iron straps loosing/missing.(是)

10 cases short shipped.(是)

Contents exposed.(是)

Second hand drums.(不是)

polluted bags.(是)

Carriers are not responsible for rusty/breakage.(不是)

Port expenses at destination to be borne by the consignee. (不是)

The weight, measurement, quantity, content and value of the cargo not known. (不是)

(11) 提单上通常会出现哪些图章?

签发提单的公司印章,一般只出现一次,最多出现两处。

① 提单修改章。这是制作提单的公司对提单上微小错误(单词拼错)的一种补救方式,但习惯上同一张提单上的修改章不应超过三处,否则会被认作不清洁提单而拒付。

② 日期文字章。例如,“(Shipped) On Board”(已装船)。

(12) 提单的背书应注意哪些问题?

不是记名收货人的提单都可经背书转让。

当收货人一栏缮制“To order”时,由“shipper”背书。

收货人一栏缮制“To shipper's order”或“To order of shipper ”时,由“shipper”背书。

收货人一栏缮制凭申请人或其他商号公司指示时,由申请人或其他商号公司背书。

收货人一栏缮制“To order of ABC Bank”时,由“ABC Bank ” 背书。

(13) 对荷兰和比利时出口时,若目的港为“安特卫普”,外商开来的信用证的目的港为 Antwerpen。如果信用证中其他条款均符合合同规定,卖方是否有必要向对方提出修改信用证要求?

无必要,因荷兰和比利时的官方语言是荷兰语,“Antwerpen”是符合荷兰语的拼写规则的。

(14) 公司与泰国进口商订立一笔出口化工品的合同，对方开来的信用证规定目的港为"TPT or BMT Thailand"。对此，卖方可否接受？

要与船公司联系后再定。这种情形通常都是进口国港口的特殊规定，属指定港口卸货，只要能联系到船公司，且其能派船到该港挂靠，一般可接受。

(15) 信用证规定："1000 M/Tons of Large White Kidney Beans … Three sets of Shipping documents to be required as follows: One Set for 400 M/T, one set for 300 M/T, one set for 300 MT. Shipment not later than 31st March, 2004. Partial shipments are not allowed"。然后，信用证修改书改为："Partial shipment are permitted. All other credit terms and conditions remain unchanged."制单时应注意什么？

应注意：改证后允许分批装运，本批货物可分一批/两批/三批出运；整批货可只装一条船，也可分三条船装，但绝不可分四条甚至更多的批次；单据必须做三套。

(16) 信用证在单据条款中要求提供"full set of clear on board ocean bill of lading and one copy of non-negotiable b/l … And generalized system of preferences certificate of origin forma.","all documents except draft and invoice must not show the credit number and invoice number."对此，我们应如何处理？

应要求对方修改信用证，允许在普惠制原产地证上出现发票号码，否则不可盲目出运并制单。

(17) 信用证有关部分条款规定："300 M/T of Yellow Sesameseeds, shipment from Shanghai to Rotterdam not later than March 31, 2003. Partial shipment prohibited"，而信用证修改书的内容为"The shipment changed to 150 M/T of Yellow Sesameseeds from Shanghai to Rotterdam and 150 M/T of Yellow Sesameseeds from Shanghai to Amsterdam instead of original stipulation."制单和履行合同时，应注意哪些事项？

应注意：货物绝不可分批，货物应装同一条船，单据出具两份。

(18) 在 DOCUMENTS REQUIEMENT 中关于提单的 NOTIFY PARTY 有如下条款："notify party will be advised later by means of l/c amendment through opening bank upon instructions from the applicant"。但是，无论通知行如何催促，开证行仍未修改信用证中提单的被通知人，受益人该怎么办？

要遵循信用证不改好不装船的原则。不要急于发货，或等对方改证通知，不可相信对方口头承诺而发货。

(19) 信用证中有关部分条款规定："900 M/T of Frozen Pheasant, Male and female, including: 300 M/T of A grade, 2.5 kgs min Per brace, 300 M/T of B grade, 2.25 kgs min per brace. 300 M/T of C grade, 2 kgs min per brace. Packed in wooden cases. Shipment must be effected in two equal lots by separate vessel. The first lot to be effected not later than April 30, 2004. The second lot to be effected not later than May 15, 2004."对此，我方应如何理解？

分两批装不同的船，每批只能装450公吨，且三种规格的货物均应等量出运，单据亦相应制作。

(20) 信用证规定目的港有两个，如“Shipment from China to Kobe/Osaka”。应如何制单？

可任意选择一个，而不可按照信用证同时打上几个可供选择的港口。

(21) 信用证规定：“Shipment must be effected not prior to 31st May, 2007. The Draft must be negotiated not later than 30th June, 2007”。对此，我方应注意什么？

货物必须在2007年6月1日后开始装运，提单的签署人必须与提单上承运人的名称相符。

(22) 国外来证规定：“200M/Tons of Groundnut Kernels from Dalian to London before April 1, 2007”。对此，我方应如何理解？

最迟装运期应为3月31日或在31日前装运，如为4月1日的提单就构成单证不符。

(23) 某出口公司单证员在提单本栏不具体标示出唛头，打上“As per Invoice No. ××”，这种做法是否可以？

不可以，应按照发票中的实际唛头填入。

任务七　出口商办理交单结汇及单证缮制

业务导入

交单结汇是指出口商在信用证有效和交单期限内向指定银行提交符合信用证条款规定的单据，银行按照信用证条款的规定对单据进行审核，确认无误后在收到单据次日起不超过5个银行工作日办理出口结汇，并按当日外汇买入价购入，结算成人民币支付给出口商。上海在野岛进出口公司获取海运提单后，李莉缮制商业汇票，并随附商业发票、装箱单、非木质包装证明、提单和装运通知等全套议付单据向中国银行上海分行进行议付。

一、交单结汇业务程序

交单结汇业务程序如图2-7所示。

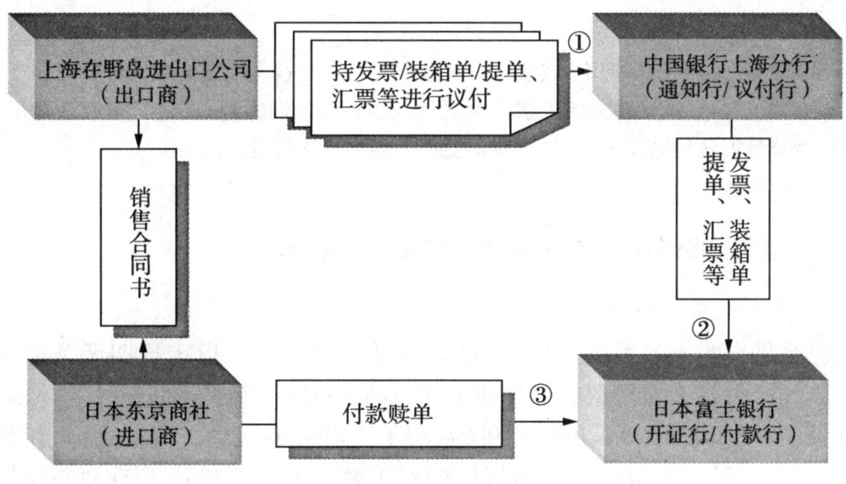

图 2－7　交单结汇业务程序

评析：

- 出口商缮制商业汇票并持信用证规定的全套单据送至议付行进行议付，结算货款是交易的目的。因此，必须做到单证一致、单单一致和单同一致。
- 议付行对议汇单据进行审核，核准无误后给予议付，如有不符点，必须修正。
- 付款行对议汇单据进行审核，核准无误后按照信用证规定的索偿路线进行付款转账，如有不符点可拒付。
- 进口商审核单据无误后付款赎单。然后，办理进口货物报检、报关及提货手续。

相关知识链接　**信用证业务出口结汇方法**

1. 收妥结汇

收妥结汇又称“先收后结”，是指出口地银行对受益人提交的单据进行审核无误后，将单据寄给付款行索偿。当付款行收到货款划给出口地银行后，由出口地银行按当日外汇牌价结算成人民币，贷记受益人账户或交付受益人。

2. 定期结汇

定期结汇是指出口地银行对受益人提交的单据进行审核无误后，将单据寄给付款行索偿，从交单日至事先规定的期限内，将货款按当日外汇牌价结算成人民币，贷记受益人账户或交付受益人。

3.买单结汇

买单结汇又称"出口押汇"或议付。其指议付行对受益人提交的单据进行审核无误后，按有关规定，买入受益人的汇票或单据，按照票面金额扣除从议付日至收款日的利息，按当日外汇牌价结算成人民币，贷记受益人账户或交付受益人。

二、上海在野岛进出口公司办理结汇业务实例

1. 缮制汇票的方法

汇票是出票人签发的，委托付款人在见票时或者在指定日期无条件支付确定金额给收款人或持票人的票据。汇票是一种代替现金的支付工具，一般有两张正本（即 First Exchange 和 Second Exchange），具有同等效力，付款人付一不付二，付二不付一，先到先付，后到无效。汇票有银行汇票和商业汇票两种形式，在信用证和托收方式业务中，大多使用出口商出具的商业汇票。

信用证项下汇票的主要内容和缮制方法如下：

(1) 编号(No.)

汇票编号是本套单据的发票号码。

(2) 出票日期与地点(Date and Place of Issue)

信用证项下的出票日期是议付日期，出票地点是议付地或出票人所在地，通常出口商大多委托议付行在办理议付时代填。值得注意的是，汇票出票不得早于其他单据日期，也不得晚于信用证有效期和提单日期后第 21 天。

(3) 汇票金额(Amount)

汇票金额用数字小写和英文大写分别表明。小写金额位于 Exchange for 后，可保留 2 位小数，由货币名称缩写和阿拉伯数字组成。例如，USD1 450.80；大写金额位于 The sum of 后，习惯上句首加"SAY"，意指"计"，句尾由"ONLY"示意为"整"，小数点用 POINT 或 SENTS 表示。例如，SAY U.S DOLLARS ONE THOUSAND FOUR HUNDRED AND FIFTY POINT EIGHT ONLY。大小写金额与币制必须相符。通常汇票金额和发票金额一致，如果信用证规定汇票按发票价值 95%或以"贷记通知单"(Credit Note)方法扣佣时，应以发票中扣除上述金额后的余额作为汇票金额。汇票金额不得超过信用证金额，除非信用证另有规定。

(4) 付款期限(Tenor)

必须按信用证的规定缮制。

即期付款在 At 与 Sight 之间填上"*"符号，变成 At ***** Sight，表示

见票即付。

远期付款主要有见票后若干天付款，出票日后若干天付款，提单日后若干天付款和定日付款。例如：信用证规定见票后 90 天付款(Available against your drafts drawn on us at 90 days after sight)，在 at 与 sight 之间填入 90 days after，意为从承兑日后第 90 天为付款期；信用证规定出票日后 80 天付款(Available against presentation of the documents detailed herein and of your drafts at 80 days after date of the draft)，则在 at 后填入 80 days after date，将汇票上印就的“sight”划掉，其意为汇票出票日后 80 天付款；信用证规定提单日后 70 天付款(Available by beneficiary's drafts at 70 days after on board B/L date)，则在 at 后填入 70 days after date of B/L，删去 sight，意为提单日后第 70 天付款。

另有一种远期汇票，即信用证汇票条款中规定远期汇票(如，Available by your drafts at 80 days after sight on us…)，在特殊条款中又规定受益人可即期收款(如，The negotiating bank is authorized to negotiate the insurance drafts on sight bases, as acceptance commission, discount charges and interest are for account by buyer.)，仍按远期(80 days after)填制，但可向议付行即期收款，其贴息由开证人负担。

(5) 受款人(Payee)

汇票受款人又称抬头人或收款人，是指接受票款的当事人。汇票常见的抬头表示方式如下：

① 指示性抬头。即在受款人栏目中缮制 Pay to the order of …，意为付给……人的指定人。在我国实际业务中多以中国银行等议付行为收款人，如 Pay to the bank of China。以议付行为收款人，议付行要在汇票背面进行背书。

② 限制性抬头。即在收款人栏目中缮制 Pay to…only 或 Pay to … not transferable，意为仅付……人或限付给……人，不许转让。使用这种方式大多是付款人不愿将本债务和债权关系转移给第三者。

③ 持票人抬头。又称来人式抬头，即在收款人栏目中缮制 Pay to bearer，意为付给持票人。这种方式下不用背书就可转让，风险较大，现极少使用。

(6) 出票条款(Drawn Clause)

出票条款必须按信用证的描述填于 Drawn under 后，如信用证没有出票条款，其分别缮制开证行名称、地址、信用证编号和开证日期。

信用证如有利息条款，例如，“Payable with interest at 5 per cent annum

from date hereof to approximate date of arrival of cover in Tokyo"，或信用证要求汇票注明"Documents against payment "（货单付款），必须在出票条款后将其列出。

(7) 付款人(Drawee)

汇票付款人即受票人，包括付款人名称和地址，在汇票中以 To…(致……)表示。付款人必须按信用证规定填制，通常为开证行。如果信用证规定"Draft drawn on applicant"或"drawn on us"或未规定付款人时，在 to 后都打上开证行名称和地址。

如果信用证规定以开证申请人为付款人时，银行将视该汇票为一份附加的票据。

(8) 出票人签章(Signature of the Drawer)

出票人为信用证受益人，也就是出口商。通常在右下角空白处打上出口商全称，由经办人签名，该汇票才正式生效。如果信用证规定汇票必须手签，应照办。

No. TX0522

For USD 65600.00 **BILL OF EXCHANGE** SHANGHAI, JUN. 21, 2015

Date

At * * * * sight of this SECOND BILL of EXCHANGE (first of the same tenor and date unpaid) pay to the order of BANK OF CHINA SHANGHAI BRANCH the sum of

SAY U. S. DOLLARS THIRTY TWO THOUSAND EIGHT HUNDRED ONLY.

Drawn under FUJI BANK

L/C No. TH2003 Dated MAY 10, 2015

To. FUJI BANK

13 SAKULA OTOLIKINGZA MACHI OSAKA JAPAN

上海在野岛进出口公司

专用章

SHANGHAI ZYI

李莉

评析：

- 汇票是由各银行印制，内容大致相同，是支付货款的凭证，属于有价证券。

- 汇票中的大小金额和币制必须一致，信用证项下的应按其内容进行缮制。
- 信用证项下的汇票应做到单证一致、单单一致，要整洁美观，不得有涂改现象。
- 注意信用证支付方式项下与托收方式项下的汇票在填制要求方面有所不同。

2. 汇集议付单据

汇集的议付单据主要包括：商业发票一式四份、装箱单一式四份、提单一式三份、装运通知一份，并随附汇票向中国银行上海分行进行议付。

相关知识链接　单证工作的基本要求

1. 正确

正确是单证工作的前提，信用证项下单据必须符合单证一致、单单一致的相符合原则，这是开证行付款的依据。托收项下单据应做到单同一致、单单一致和单货一致，否则有可能被进口商借故拒付或延期付款。

2. 完整

系指单据的内容、种类及其份数的完备。银行在议付或委托付款时，一般要求出口商提供的单据种类齐全和每种单据的份数符合信用证或合同的有关规定。

3. 及时

一是出单及时。具体说每种单据的出单日期不能超过信用证、合同规定的时间或商业习惯的合理日期。二是交单及时。在信用证支付条件下，应在信用证有效期和交单期内，向银行交单，办理结汇，如果信用证没有规定交单的时间，应在信用证有效期内，并不得晚于提单签发日后第 21 天进行交单。

4. 简洁

单据内容应按照信用证规定填制，力求简明扼要，有利于提高工作效率和单证的质量。

5. 清晰

系指单据表面要清洁，不准涂改，内容要清晰易认，主次有序，字迹清晰。

缮制商业汇票体验活动

1. 业务资料

进 口 商：WIN TRADING CORPORATION

10 VTRA SEMARANG INDONESIA

信用证号：NB4567

发票编号：SG123

提单日期：2015.10.30

议付银行：中国银行南京分行

2. 业务要求

请你以“单证员”的身份，根据上述资料并结合自己学习到的外贸业务知识拟订一份销售确认书。

相关知识链接 信用证汇票条款释疑

1. 信用证条款示例

(1) Drawn on us at 90 days sight.

开证行见单90天后付款。

(2) Payable with us at sight.

开证行即期付款。

(3) Your drafts at sight drawn on Bank of China.

中国银行即期付款，如在中行交单，可不用做汇票。

(4) Against Beneficiary's Draft Drawn on applicant at sight.

开证申请人即期付款。

(5) Signed drafts on us at…45 days from B/L date…

开证行在提单签发日后45天付款。

(6) Drafts at 60 days date.

汇票签发日后60天。

(7) Documentary Credit available with yourselves by payment against presentation of the documents detailed here in…

由通知行凭受益人提交的证内单据付款，则不需要提供汇票。

(8) Credit available with any bank, by negotiation, against presentation of beneficiary's draft(s) at sight, drawn on applicant in duplicate to order of ourselves.

信用证要求出具即期汇票，以开证人为付款人并由议付行作记名指示背书。

(9) Draft (s) so drawn must be in scribed with the number and date of this L/C.

汇票须注明本证的号码与日期。

(10) Drafts are to be drawn in duplicate to our order bearing the clause "Drawn under United Malayan Banking Corp. Bhd. Irrevocable Letter of Credit No. … dated Jan 30,2007".

汇票一式两份，以我行为抬头，并注明"根据马来亚联合银行 2007 年 1 月 30 日第……号不可撤销信用证项下开立"。

(11) Drafts in duplicate at sight bearing the clauses "Drawn under…L/C No. …dated …"

即期汇票一式两份，注明根据"某银行信用证某号某日"的信用证开具。

2. 释疑

(1) 信用证中规定："The beneficiary's drafts drawing at 60 days after sight and negotiable on sight basis with interest added at the rate of 14% per annum from date hereof to approximate date of receipt of remittance in Tokyo for account of the accountee"。对此应如何理解？

此为假远期信用证，卖方应按规定开出 60 天远期汇票，但卖方可即期得货款。付款到期日前的 14%年利由买方承担。在 60 days 后须注明"Negotiable on sight basis"字样。

(2) 信用证中规定："Pay to ABC Co. providing the goods they supply are in strict compliance with the contract the sum of ten thousand US dollars only"，该支付命令是否能接受？

可以接受。

(3) 信用证中规定："Pay to ABC Co. or order the sum of ten thousand US dollars only"，该支付命令是否能接受？

不可以接受。

(4) 信用证中规定："Pay to ABC Co. ten thousand US dollars for value received"，该支付命令是否能接受？

不可以接受。

(5) 信用证中规定："In case you receive the goods, pls pay to XYZ Co. the sum of ten thousand US dollars"，该支付命令是否能接受？

不可以接受。

(6) 信用证中规定："We would pay ABC Co. the sum of ten thousand US dollars upon your approval"，该支付命令是否能接受？

不可以接受。

(7) 信用证中规定："Pay to the order of ABC Co. the sum of ten thousand US dollars converted into sterling equivalent at current selling rate of exchange"，该支付命令是否能接受？

可以接受。

(8) 信用证中规定:“Draft drawn on applicant”,汇票中的“TO”栏目如何缮制?

应填开证申请人名称。

(9) 信用证中规定:“You are authorized to drawn on us/ourselves”,汇票中的“TO”栏目如何缮制?

应填开证行名称。

(10) 信用证中规定:“You are authorized to drawn on Bank of China, Pudong Br”,汇票中的“TO”栏目如何缮制?

应填“Bank of China, Pudong Br”。

(11) 信用证中规定:“You are authorized to drawn on us a/c Lucky Co. Ltd., Thailand”,汇票中的“TO”栏目如何缮制?

应填开证行和开证申请人名称。

(12) 信用证中规定:“Drawn or value or issued on you or yourselves”,汇票中的“TO”栏目如何缮制?

应填通知行名称。

(13) 信用证中规定:“Drawn on accountee /accreditor /principal /opener /them /themselves”,汇票中的“TO”栏目如何缮制?

应填进口商名称。

(14) 信用证中的出票条款规定:“Drawn on Bank of China, Shanghai”,应如何理解?

信用证指定的付款人是中行上海分行,受益人可不开立汇票。

(15) 信用证中的出票条款规定:“Available at sight in our books against presentation commercial invoice in four folds…/Available at sight at your counters against presentation of following documents”,应如何理解?

这类信用证通常要求受益人以提交单据代替汇票,因这些国家的汇票要付印花税。

(16) 远期汇票中表明“30 days after sight of draft”和“30 days after date of draft”的含义是否一样?

前者指付款人见票承兑后 30 天付款,后者指汇票出票日后起算 30 天付款,两者内容不同。

任务八　出口商办理出口收汇核销

业务导入

出口收汇核销单实行逐级核发、专人负责制。出口企业根据所需核销单的份数，通过“中国电子口岸出口收汇系统”向外汇管理局提出领取核销单的申请，凭本企业操作员 IC 卡及其他规定的凭证到外汇管理局领取有编号与“条形码”的并加盖“国家外汇管理局监制章”的纸质核销单。外汇管理局将根据出口企业的申请予以发放，并将核销单电子底账数据传送至“中国电子口岸”数据中心。

上海在野岛进出口公司根据《出口收结汇联网核查办法》的规定，在银行开立出口收汇核销待查账户，当日本东京商社的货款到达该账户后，向国家外汇管理局领取出口收汇核销单，得知按照合同、发票的有关内容进行填制，并持该笔业务的有关单据向国家外汇管理局办理核销手续。

一、出口收汇核销业务流程

出口收汇核销业务流程如图 2－8 所示。

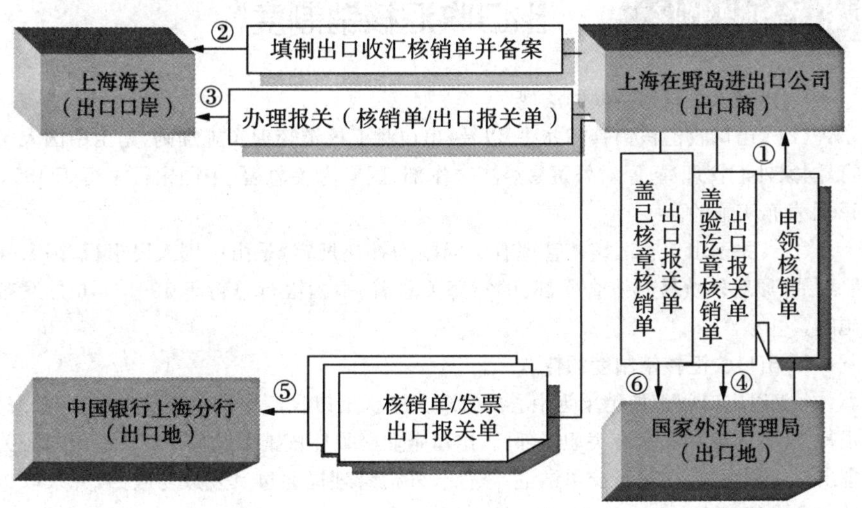

图 2－8　出口收汇核销业务流程

评析：

- 出口企业上网申请所需核销单的份数，凭操作员IC卡、核销单领取证和操作员身份证到外汇管理局领取有编号的纸质核销单。
- 出口企业在报关前须上网向海关进行核销单备案，并于领单90天内凭已缮制的核销单、注明核销单编号的出口报关单和其他有关单据向海关报关。
- 海关核查无误后，将加盖"验讫章"的核销单与报关单退还出口企业。
- 在货物出口后，出口企业必须上网将已用于出口报关的核销单、出口报关单和发票向外汇管理局交单备案。
- 出口企业在汇票和发票上注明核销单编号，持全套结汇单据向银行办理托收或议付。外汇到达银行出口收汇待核查账户后，在出口收汇核销结水单或收账通知上注明核销单号交出口企业。出口企业填写出口收汇说明和支取凭条，到指定的银行柜台打印"银行核注明细信息表"，去结算柜台结汇。
- 出口企业持经海关签章的收汇核销专用联、结水单或收账通知及报关单到外汇管理局办理核销。如为即期支付，应在出口报关之日起100天内办理出口收汇核销手续，如为远期支付，应当在合同规定收汇日起10天内办理出口收汇核销手续。外汇管理局在核销单上加盖"已核销"章后，将核销单和报关单(出口退税专用)给出口企业。

相关知识链接　**出口收汇核销制度**

1. 出口收汇核销制度的法规

(1)《出口收汇核销管理办法》以及《出口收汇核销管理实施细则》是由中国人民银行、国家外汇管理局、原对外贸易经济合作部、国家海关总署、中国银行总行于1990年12月发布实施的。

(2)《关于出口收汇核销管理有关问题的补充规定》是由中国人民银行、国家外汇管理局、原对外贸易经济合作部、国家海关总署、中国银行总行于1991年6月发布实施的。

2. 出口收汇核销制度的特点

(1) 以出口收汇核销单为中心的管理方法。出口收汇核销单涉及出口企业、海关、银行、外贸运输和国家有关职能部门，出口企业必须凭核销单及其他有关单据向海关办理出口货物报关，向银行交单结汇。对此，外汇管理局通过其发放与收回，并采取核销的方法来管理出口收汇的工作。

(2) 实行先收汇后核销的方法。出口企业待货物装运后，向银行结汇，凭银行收款通知单才可以办理核销手续，提高了收汇管理工作的效率。

(3) 以提高收汇率为目的。出口收汇核销制度实行全方位的管理，准确及时地掌握出口收汇的情况，加强对逾期收汇的监督，保证了收汇的安全。

3. 出口收汇核销的原则、对象与范围

(1) 出口收汇核销的原则。属地管理原则，由出口单位向其注册所在地的外管部门申领核销单，在何地申领就在该地办理核销；谁"单"谁用原则，核销单不得相互借用，其核销、作废、遗失和注销等手续也必须由原申领单位向其所在地的外管部门办理；领用衔接原则，多用多发，不用不发，且与已用核销单相一致；单单对应原则，一份核销单对应一份报关单，报关单、核销单、发票、汇票副本上的有关栏目的内容应互相一致，如有变动，应附有关更改单或凭证。

(2) 出口收汇核销的对象。经原外经贸部及其授权单位批准的具有进出口贸易业务经营权的公司或企业；外商投资企业。

(3) 出口收汇核销的范围。包括一切出口贸易方式，如一般贸易、加工贸易、补偿贸易、易货贸易和寄售等。

二、进出口公司办理出口收汇核销业务实例

1. 缮制出口收汇核销单

出口收汇核销单是由国家外汇管理局统一印制，由出口企业和银行分别缮制，海关凭其受理报关，各级外汇管理部门将其作为核销外汇的凭证。它由核销单存根、出口收汇核销单及其出口退税专用联三联构成。其内容和缮制的要点如下：

(1) 核销单存根联的缮制方法

核销单存根联的填制应以本套结汇单据的发票和出口报关单为依据，在出口报关后交当地外汇管理局备案。

① 编号

编号事先已由国家外汇管理局统一印就。

② 出口单位名称

注明合同的出口方全称，并加盖公章，应与出口货物报关单、发票同项内容一致。

③ 单位代码

此栏填出口单位的税务登记 9 位数代码。

④ 出口币种总价

按收汇的原币种填入该批货物的应收总额，通常与商业发票总金额相同。

⑤ 收汇方式

根据合同的规定填制收汇方式。如 L/C、D/D、D/A 或 T/T 等。

⑥ 预计收款日期

根据具体的收汇方式，推算出可能收到汇款的日期，填入此栏。具体的推算方法有：即期信用证或托收项下的货款，属近洋的地区，为寄单日后第 25 天，如远洋地区则为 35 天；远期信用证或托收项下的货款，属近洋地区，为付款日后第 35 天，如远洋地区则为 45 天；分期付款，要注明每次收款日期和金额；寄售项下的货款最迟在报关日起 360 天之内结汇；自寄单据项下的货款，自报关日起 50 天内结算。

⑦ 报关日期

按海关放行日期填写。

⑧ 备注

填写收汇方面需要说明的事项。例如，委托代理方式下，代理出口企业必须注明委托单位名称，并加盖代理出口企业的公章；属联合对外出口，应注明其他单位名称及其出口金额，并加盖报关单位公章；原出口商品如发生变更，要填原核销单的编号等。

⑨ 此单报关有效期截止到

通常填写出口货物的装运日期。

(2) 核销单的缮制方法

核销单的内容除与存根联同项内容以外，还有下列栏目：

① 银行签注栏

由银行填写商品的类别号、货币名称和金额，注明日期，并加盖公章。

② 海关签注栏

此栏由海关批注有关内容，加盖公章。

③ 外汇局签注栏

由外汇管理局在本栏批注有关内容，填制日期，加盖公章。

(3) 核销单出口退税专用联的缮制方法

出口收汇核销单出口退税专用联的栏目除与上述二联相同的以外，还有如下内容：

① 货物名称

填实际出口货物名称，并与发票、出口货物报关单的品名一致。

② 数量

按包装方式的件数填写，应与报关单同项内容相符。

③ 币种总价

按发票或报关单的总金额和币种填写。

④ 报关单编号

按出口货物报关单的实际编号填入。

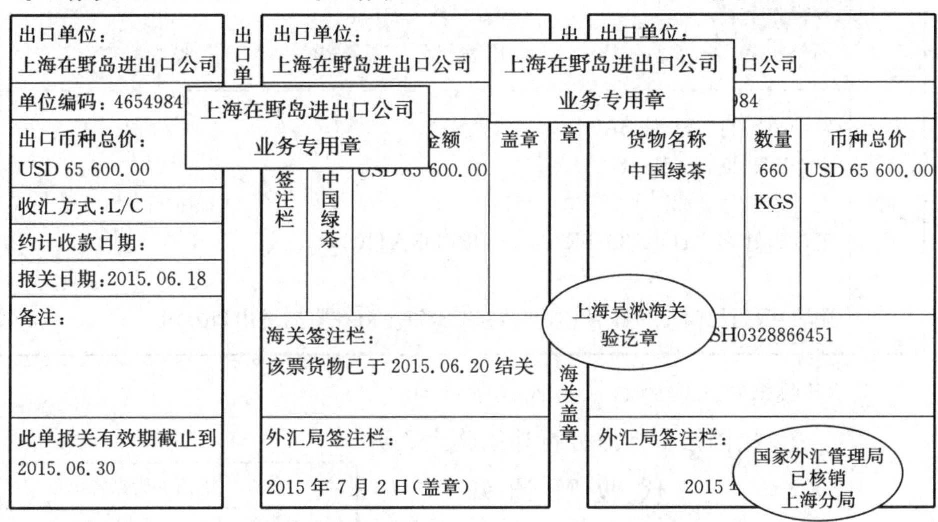

出口收汇核销单
存根
(沪)编号：325623454

出口单位：上海在野岛进出口公司
单位编码：4654984
出口币种总价：USD 65 600.00
收汇方式：L/C
约计收款日期：
报关日期：2015.06.18
备注：
此单报关有效期截止到 2015.06.30

出口收汇核销单
(沪)编号：325623454

出口单位：上海在野岛进出口公司

银行签注栏	类别	金额	盖章
	中国绿茶	USD 65 600.00	

海关签注栏：该票货物已于2015.06.20结关

外汇局签注栏：2015年7月2日(盖章)

出口收汇核销单
出口退税专用
(沪)编号：325623454

出口单位：上海在野岛进出口公司

货物名称	数量	币种总价
中国绿茶	660 KGS	USD 65 600.00

报关单编号：SH0328866451

外汇局签注栏：2015年

评析：

- 空白核销单长期有效，使用前，应当加盖单位名称及组织机构代码条形章，在骑缝处加盖单位公章。
- 核销单发生全额退关、填错等情况的，出口单位应当在三个月内到外汇局办理核销单注销手续。
- 出口单位如不再经营出口业务，应在一个月内将未使用的核销单退回外汇局注销，对已经报关出口的核销单应当按规定继续办理核销手续。

2. 中国银行上海分行发出入账通知书

中国银行上海分行

结汇水单/收账通知

入账通知书

2015 年 8 月 16 日

收款人名称：SHANGHAI IMPORT & EXPORT CORPORATION

收款人账号：3106684321337

申报单号：

外汇金额	结汇牌价	入账金额
USD 65 600.00	0.000000	USD 65 600.00

摘要	
	业务编号： 发票号：TX0522 我行扣费： 核销单号：325623454 国外扣费： 手续费 邮电费 不符费 偿付费
	发报行：FUJI BANK 汇出日期：2015-08-16 汇款人账号：987600287304 汇款人姓名：TOKYO TRADE CORPORATION 中国银行上海分行 业务专用章 （92） 附言：我行已贷记贵账号：3106684321337(上海在野岛进出口公司)

3. 中国银行上海分行发出代收账通知

中国银行上海分行外汇兑换证明

代收账通知

2015 年 8 月 16 日

收款单位	名称	上海在野岛进出口公司
	账号	3106684321337

	外汇金额	结汇牌价	人民币金额(入账金额)
购入	USD 65 600.00	T 68.20 %	4 473 920.00

摘要		外汇扣款	
	业务编号：		国外扣款
	发票号：TX0522		我行扣款
	核销单号：325623454		其他
外汇项目	中国银行上海分行 业务专用章 （127）		

复核 夏敏　　　　经办 历化

4. 缮制出口收汇说明

出口企业可以从银行领取出口收汇说明，也可参照银行提供的出口收汇说明进行制作。其无统一的内容与格式，但主要内容和填制方法如下：

(1) 企业名称

填写办理出口收汇核销的出口企业全称。

(2) 企业组织机构代码

填写办理出口收汇核销的出口企业的企业组织机构代码。

(3) 划出资金金额合计

根据实际情况，打"√"选择出口收汇待核查账户或结汇，并填写划出资金的总金额。

(4) 划入账户名称、划入账号

填写划入账户的名称和划入的账号。

(5) 一般贸易项下

一般贸易系指海关监管贸易方式为"0110 一般贸易"。填写一般贸易项下的总金额。

(6) 进料加工贸易项下

进料加工贸易系指海关监管贸易方式为"0615 进料对口"、"0654 进料深加工"、"0664 进料料件复出"、"0700 进料料件退换"、"0715 进料非对口"、"0864 进料边角料复出"。填写进料加工贸易项下的总金额。

(7) 其他贸易项下

其他贸易系指海关监管贸易方式为"0130 易货贸易"、"0513 补偿贸易"、"3010 货样广告品 A"、"3422 对外承包出口"、"3910 有权军事装备"、"3939 无权军事装备"、"4019 边境小额"、"4039 对台小额"、"4561 退运货物"、"1110 对台贸易"、"1215 保税工厂"、"1427 出料加工"、"1500 租赁不满一年"、"1523 租赁贸易"、"1616 寄售代销"。填写相应贸易项下的总金额。

(8) 来料加工贸易项下

来料加工贸易系指海关监管贸易方式为"0214 来料加工"和"0255 来料深加工"。填写来料加工贸易项下的总金额。

(9) 预收货款项下

填写预收货款的总额，并注明外汇局依企业申请核准预收货款金额。

(10) 无货物报关项下

无货物报关系指未达到海关规定申报金额的邮寄出口货物，其填写无货物报关项下的总金额。

(11) 是否为延期收款

根据实际情况,打"√"选择是或否。

(12) 是否为关联方交易

关联方系指一方控制、共同控制另一方或对另一方施加重大影响,以及两方或两方以上同受一方控制、共同控制或重大影响的,构成关联方。控制是指有权决定一个企业的财务和经营政策,并能据以从该企业的经营活动中获取利益。共同控制是指按照合同约定对某项经济活动所共有的控制,仅在与该项经济活动相关的重要财务和经营决策需要分享控制权的投资方一致同意时存在。重大影响是指对一个企业的财务和经营政策有参与决策的权力,但并不能够控制或者与其他方一起共同控制这些政策的制定。根据实际情况,打"√"选择是或否。

(13) 签章

填报人签名并加盖单位公章,注明日期。

出口收汇说明

企业名称:上海在野岛进出口公司		企业组织机构代码:310387462342
从出口收汇待核查账户□ 结汇□ 划出资金金额合计:USD 65 600.00 划入账户名称:外汇账户 划入账号:3106684321337		
一般贸易项下:(币种、金额) USD 65 600.00		
进料加工贸易项下:(币种、金额)		
其他贸易项下:(币种、金额) 其中2014年7月13日前出口但7月14日后收汇的金额:		
来料加工贸易项下:(币种、金额) 其中实际收汇比例:		
预收货款项下:(币种、金额) USD 65 600.00 其中外汇局依企业申请核准预收货款金额:USD 65 600.00		
无货物报关项下:(币种、金额)		
是否为延期收款	□是	□否
是否为关联方交易	□是	□否
本企业声明:本表所填内容真实无误。如有虚假,视为违反外汇管理规定,将承担相应后果。		

单位公章 上海在野岛进出口公司 业务专用章 填报人:李莉 2015年8月16日

5. 缮制支取凭条

支取凭条由公司财务根据收账通知的有关内容填写。

□818 活期外汇存款
(借方)□824 外汇专户活期存款
□946 其他金融机构往来

支 取 凭 条
DRAWING SLIP

中国银行台照 To BANK OF CHINA	账号 Account No. 3106684321337
	日期 Date 2015-08-16
请付 Pay SAY US DOLLARS SIXTY FIVE THOUSAND AND SIX HUNDRED ONLY.	
小写金额 In figures USD 65 600.00	签章 Signature 李莉 上海在野岛进出口公司 业务专用章

主管 夏单　会计 王毅　出纳 单华　复核 丁学　记账 韩一　核对印鉴 林立

6. 提交商业发票

上海在野岛进出口公司

SHANGHAI ZYD I/E CORPORATION

1321 ZHONGSHAN ROAD SHANGHAI, CHINA

TEL:021-65788123　FAX:021-65788124

税务登记号:310928374655

出口专用

COMMERCIAL INVOICE

发票代码:1310008204222

INV NO.:TX201522

DATE: JUN. 01,2015

S/C NO.:ZYD1264

L/C NO.: XT2015173

TO: M/S

TOKYO CORPORATION

6-7,KAWARA MACH OSAKA JAPAN

FROM SHANGHAI PORT　TO OSAKA PORT

MARKS & NO.	DESCRIPTIONS OF GOODS	QUANTITY	U/ PRICE	AMOUNT
TOKYO	CHINESE GREEN TEA		CFR OSAKA	
ZYD1264	ART NO. 555	200 KGS	USD 110.00	USD 22 000.00
OSAKA	ART NO. 666	220 KGS	USD 100.00	USD 22 000.00
C/NO. 1-132	ART NO. 777	240 KGS	USD 90.00	USD 21 600.00
	PACKED IN CARTON 5 KILOGRAMS EACH			USD 65 600.00

第四联：退税联

TOTAL AMOUNT: SAY US DOLLARS SIXTY FIVE THOUSAND AND SIX HUNDRED ONLY.

WE HEREBY CERTIFY THAT THE CONTENTS OF INVOICE HEREIN ARE TRUE AND CORRECT.

SHANGHAI ZYD I/E

LI LI

上海在野岛进出口公司
310928374655
发票专用章

7. 提交出口货物报关单收汇核销联

中华人民共和国海关出口货物报关单

收汇核销联

预录入编号：662898732　　　　海关编号：22[illegible]

出口口岸	备案号	出口日期	申报日期
吴淞海关 2202		2015-06-20	2015-06-18

经营单位（0387124666）	运输方式	运输工具名称	提运单号
上海在野岛进出口公司	江海运输	PUDONG V. 503	HJSHBI 142939

发货单位	贸易方式	征免性质	结汇方式
上海在野岛进出口公司	一般贸易	一般征税	信用证

许可证号	运抵国(地区)	指运港	境内货源地
06AB122433	日本	大阪	苏州

批准文号	成交方式	运费	保费	杂费
	CFR	502/815/3		

合同协议号	件数	包装种类	毛重(千克)	净重(千克)
ZYD1264	132	纸箱	832	660

集装箱号	随附单据	生产厂家
GATU0506118/20/2280	Y：XK0511266	苏州茶叶有限公司

标记唛码及备注　TOKYO
ZYD12644
OSAKA
C/NO. 1-32

项号	商品编号	商品名称、规格型号	数量及单位	最终目的国(地区)	单价	总价	币制	征免
	0902.1090	中国绿茶		日本			502	照章
01		ART NO. 555	200 千克		110.00	22 000.00		
02		ART NO. 666	220 千克		100.00	22 000.00		
03		ART NO. 777	240 千克		90.00	21 600.00		

税费征收情况

录入员　录入单位	兹声明以上申报无讹并承担法律责任	海关审单批注及放行日期(签章)
3101042233 报关员　王　莉	申报单位(签章) 金发国际货运代理公司 报关专用章 （上海）	2015-06-19 张　玲 审单　　审价
单位地址　上海中山路 1321 号		征税　　统计 上海吴淞海关 验讫章 查验　　放行
邮编　　电话　56987452	填制日期　201[illegible]	2015-06-19 张　华

8. 打印出口核销专用联(境外收入)

出口核销专用联(境外收入)

<table>
<tr><td colspan="2">核销收汇专用号码</td><td colspan="3">3100000 0001 090611 P228</td></tr>
<tr><td colspan="2">收货人名称</td><td colspan="3">上海在野岛进出口公司</td></tr>
<tr><td colspan="2">■ 对公</td><td colspan="3">企业组织机构代码 310387462342</td></tr>
<tr><td colspan="2">■ 对私</td><td colspan="3"></td></tr>
<tr><td colspan="2">结算方式</td><td colspan="3">● 信用证 ○托收 ○保函 ○电汇 ○票汇 ○信汇 ○其他</td></tr>
<tr><td colspan="2">收入款币种及金额</td><td>USD 65 600.00</td><td>结汇汇率</td><td>0.0000000</td></tr>
<tr><td rowspan="3">其中</td><td>结汇金额</td><td>USD 65 600.00</td><td>账号/银行卡号</td><td>800113445608114343</td></tr>
<tr><td>现汇金额</td><td>0</td><td>账号/银行卡号</td><td></td></tr>
<tr><td>其他金额</td><td>0</td><td>账号/银行卡号</td><td></td></tr>
<tr><td colspan="2">国内银行扣费币种及金额</td><td>0</td><td>国内银行扣费币种及金额</td><td>0</td></tr>
<tr><td colspan="2">付款人名称</td><td colspan="3">TOKYO TRADE CORPORATION</td></tr>
<tr><td colspan="2">付款人常驻国家(地区)名称及代码</td><td>USA 美利坚合众国</td><td>收账/结汇日期</td><td>2015-08-16</td></tr>
<tr><td colspan="2">本笔款为预收货款:</td><td colspan="3">■ 预收货款</td></tr>
<tr><td colspan="2" rowspan="2">交易编码</td><td>101010</td><td>相应币种及金额</td><td>USD 65 600.00</td></tr>
<tr><td></td><td>相应币种及金额</td><td></td></tr>
<tr><td colspan="2" rowspan="2">交易附言</td><td colspan="3">中国绿茶</td></tr>
<tr><td colspan="3">中国银行上海分行
业务专用章
(28)</td></tr>
<tr><td colspan="5">出口收汇核销单号码 325623454　　国家外汇管理局
已核销
上海分局</td></tr>
<tr><td colspan="3">收汇总金额中用于出口核销的金额</td><td colspan="2">USD 65 600.00</td></tr>
</table>

出口收汇核销专用联

银行经办人签章 张力　银行业务章　银行业务编码 T032A9483　打印日期 2015-08-20

缮制出口收汇核销单体验活动

1. 业务资料

卖　　方：WIN TRADING CORPORATION
10 VTRA SEMARANG INDONESIA

电　　话：025-23501111

单位编码：1920987678

货　　名：电动钻头(Electric Drill)

商品编码：8204.1100

规格数量：规格数量：No. TY242　1 800 套

单　　价：CFR INDONESIA 每套 USD 4.20

报关单编号：3049568744

报关日期：2015.10.26

出口日期：2015.10.30

2. 业务要求

请你以“单证员”的身份，根据上述资料填写出口收汇核销单。

单证制作技能训练

一、单证制作技能训练 1

1. 业务背景

立达先生应聘于上海永胜进出口公司。该公司是一家专业进出口贸易公司，主要经营棉纺织品等的进出口业务，深受欧洲、北美和亚洲地区国家的客户欢迎。近日，上海永胜进出口公司得知英国 MANDARS IMPORTS CO. LTD 对纯棉女裙产品感兴趣。于是，立达先生与 MANDARS IMPORTS CO. LTD 公司的 SMITH 经理进行交易磋商，采取信用证支付方式，签订销售合同。当上海永胜进出口公司收到 MANDARS IMPORTS CO. LTD 开立的信用证后，进行审证，委托金友国际货代公司办理托运、报检和报关手续，确保合同的履行。

2. 操作资料

(1) 合同

上 海 永 胜 进 出 口 公 司

SHANGHAI YONGSHENG IMP. & EXP. CO.

21 WEST ZHONGSHAN ROAD SHANGHAI CHINA

售 货 确 认 书

TEL:(021) 64500003　　　　S/C No.: TXT200710

FAX:(021) 64500002　　**SALES CONFIRMATION**　　DATE: MAR. 15,2015

To Messrs:

MANDARS IMPORTS CO. LTD.
38 QUEENSWAY,2008 UK

谨启者:兹确认售予你方下列货品,其成交条款如下:/Dear Sirs, We hereby confirm having sold to you the following goods on terms and conditions as specified below:

唛 头 SHIPPING MARK	商品名称、规格及包装 NAME OF COMMODITY AND SPECIFICATIONS,PACKING	数 量 QUANTITY	单 价 UNIT PRICE	总 值 TOTAL AMOUNT
MANDARS TXT200710 LONDON C/NO.:1-UP	LADIES DENIM SKIRT FABRIC: 99% COTTON 1% ELASTIC AS PER SAMPLE PACKING: FLAT PACK WITHOUT FOLDING 6 PIECES ASSORTED SIZES PER POLYBAG, 3 POLYBAGS IN A MASTER POLYBAG AND THEN INTO AN EXPORT CARTON	18 000PCS	CFR LONDON USD 7.00	USD 126 000.00

装 运 港: SHANGHAI
LOADING PORT:

目 的 港: LONDON
DESTINATION:

装运期限: LATEST DATE OF SHIPMENT 150530
TIME OF SHIPMENT:

分批装运: ALLOWED
PARTIAL SHIPMENT:

转　　船: ALLOWED
TRANSHIPMENT:

付款条件: BY L/C AT 60 DAYS SIGHT AFTER B/L
TERMS OF PAYMENT:

唛头:☑由卖方指定。/☑Shipping mark: To be designated by the sellers.

买方须于 2015 年 5 月 10 日前开出本批交易的信用证（或通知售方进口许可证号码），否则，售方有权不经过通知取消本确认书，或向买方提出索赔。/ The Buyer shall establish the covering Letter of Credit (or notify the Import License Number) before May 10,2015 , falling which the Seller reserves the right to rescind without further notice, or to accept whole or any part of this Sales Confirmation non-fulfilled by the Buyer ,or ,to lodge claim for direct losses sustained, if any.

凡以 CIF 条件成交的业务，保额为发票价的 110%，投保险别以售货确认书中所开列的为限，买方如果要求增加保额或保险范围，应于装船前经卖方同意，因此而增加的保险费由买方负责。/ For transactions conclude on C. I. F basis, it is understood that the insurance amount will be for 110% of the invoice value against the risks specified in Sales Confirmation. If additional insurance amount or coverage is required, the buyer must have consent of the Seller before Shipment, and the additional premium is to be borne by the Buyer.

装运单据：卖方应向议付行提供下列单据：/ Shipping documents: The sellers shall present the following documents to the negotiating bank for payment:

(1) 全套清洁已装船空白抬头空白背书提单，注明运费已付。/ Full set clean on board of shipped Bills of Lading made out to order and blank endorsed, mark "Freight Prepaid".

(2) 商业发票 6 份。/ Commercial invoice in 6 copies.

(3) 装箱单或重量单 5 份。/ The packing list or weight list in 5 copies.

数量异议：如买方提出索赔，凡属品质异议，须于货到目的口岸之 60 日内提出，凡属数量异议，须于货到目的口岸之 30 日内提出，对所装货物所提任何异议属于保险公司、轮船公司等其他有关运输或邮递机构责任者，卖方不负任何责任。/ QUALITY / QUANTITY DISCREPANCY: In case of quality discrepancy, claim should be filed by the Buyer within 60 days after the arrival of the goods at port of destination; while for quantity discrepancy, claim should be filed by the Buyer within 30 days after the arrival of the goods at port of destination. It is understood that the seller shall not be liable for any discrepancy of the goods shipped due to causes for which the Insurance Company, Shipped Company other transportation organization/or Post Office are liable.

本确认书内所述全部或部分商品，如因人力不可抗拒的原因，以致不能履约或延迟交货，卖方概不负责。/ The Seller shall not be held liable for failure of delay in delivery of the entire lot or a portion of the goods under this Sales Confirmation in consequence of any Force Majeure incidents.

买方在开给卖方的信用证上请填注本确认书号码。/ The Buyer is requested always to quote The Number Of This Sales Confirmation in the letter of Credit to be opened in favour of the Seller.

买方收到本售货确认书后请立即签回一份，如买方对本确认书有异议，应于收到后五天内提出，否则认为买方已同意接受本确认书所规定的各项条款。/ The buyer is requested to sign and return one copy of the Sales Confirmation immediately after the receipt of same, Objection, if any, should be raised by the Buyer within five days after the receipt of this Sales Confirmation, in the absence of which it is understood that the Buyer has accepted the terms and condition of the sales confirmation.

买 方： THE BUYER：	MANDARS IMPORTS CO. LTD MANDARS	卖 方： THE SELLER：	上海永胜进出口公司 合同专用章 立达

（2）信用证

IRREVOCABLE DOCUMENTARY CREDIT

SEQUENCE OF TOTAL	*27：1 / 1
FORM OF DOC. CREDIT	*40A：IRREVOCABLE
DOC. CREDIT NUMBER	*20：XT370
DATE OF ISSUE	31C：150430
APPLICABLE RULES	40E：UCP LATEST VERSION
DATE AND PLACE OF EXPIRY	*31D：DATE 110630 IN BENEFICIARY'S COUNTER
APPLICANT	*50：MANDARS IMPORTS CO. LTD. 38 QUEENSWAY，2008 UK
BENEFICIARY	*59：SHANGHAI YONGSHENG IMP. & EXP. CO. 21 WEST ZHONGSHAN ROAD SHANGHAI CHINA
AMOUNT	*32B：CURRENCY USD AMOUNT 126 000. 00
AVAILABLE WITH / BY	*41D：BANK OF CHINA，SHANGHAI BRANCH BY NEGOTIATION
DRAFTS AT ...	42C：DRAFTS AT 60 DAYS SIGHT AFTER B/L FOR FULL INVOICE COST
DRAWEE	42A：BKCHCNBJ300 RENEIVER'S NAME：BANK OF LONDON RENEIVER'S ADDRESS：205 QUEENWAY，LONDON UK
PARTIAL SHIPMENTS	43P：ALLOWED
TRANSSHIPMENT	43T：ALLOWED
PORT OF LOADING/ AIRPORT OF DEPARTURE	44 E：SHANGHAI PORT
PORT OF LOADING/ AIRPORT OF DEPARTURE	44B：LONDON PORT
LATEST DATE OF SHIPMENT	44C：150530
DESCRIPT OF GOODS	45A：LADIES DENIM SKIRT AS PER S/C NO. TXT200710
DOCUMENTS REQUIRED	46A：

\+ SIGNED COMMERCIAL INVOICE，2 ORIGINAL AND 4 COPIES.

\+ PACKING LIST，1 ORIGINAL AND 4 COPIES.

\+ FULL SET OF B/L CLEAN ON BOARD，MADE OUT TO ORDER OF SHIPPER AND BLANK ENDORSED AND MARKED"FREIGHT PREPAID"AND NOTIFY APPLICANT.

CHARGES	71B：ALL BANKING CHARGES OUTSIDEUK ARE FOR ACCOUNT OF BENEFICIARY.
PERIOD FOR PRESENTATION	48：DOCUMENTS MUST BE PRESENTED WITHIN 15 DAYS AFTER THE DATE OF SHIPMENT BUT WITHIN THE VALIDITY OF THE CREDIT.

(3) 补充资料

发票号码：TX370

类别号：27

协议年度：2011

贸易方式：一般贸易

商品编码：63025900

注册号：88559966

海洋运费：3 000 美元

重量体积：每箱毛重为 7 千克、净重为 5 千克、体积为 0.02 M^3

包装：18 条装一纸箱，计一个 40 英尺集装箱(集装箱号：TEU43609187)

物资进栈：派送

生产单位：南通服装有限公司(联系人电话为 0513－8836420)

船名航次：DONGFANG　V. 190

收款银行：中国银行上海分行

需要证单：品质证书、数量证书

征免性质：一般征税

单位编码：4578444

报关单编号：SH0523426436

经营单位号：3122668874

物资备妥日期：2015 年 5 月 20 日

订舱委托书编号：JY20110520

货代公司名称：上海金友国际货运代理公司(业务经理李明)

收到单证情况：合同、发票、装箱单

提单签发日期：2011 年 5 月 30 日

外币结算账号：THY6684321337

提单寄送地址：上海中山西路 21 号

代理报关的形式：A 逐票

申请单位签字：黄伟

生产制造商代码：CNSHANGHAI3N

出入境检验检疫机构：上海市出入境检验检疫局

代理报检注册登记号：3453109876

代理报关委托编号：2231458800540

人民币结算单位账号：SZR80066686

上海永胜进出口公司代码：3100729039727

3. 操作要求

请你以“单证员”的身份，根据上述信用证和补充资料的内容缮制下列单据：

（1）商业发票

SHANGHAI YONGSHENG IMP. & EXP. CO.

21 WEST ZHONGSHAN ROAD SHANGHAI, CHINA

TEL：(021) 64500003　FAX: (021) 64500002

COMMERCIAL INVOICE

TO：

INV NO. :________

DATE：________

S/C NO. :________

L/C NO. :________

FROM ____________________ TO ____________________

MARKS & NO.	DESCRIPTIONS OF GOODS	QUANTITY	U/ PRICE	AMOUNT

TOTAL AMOUNT：

WE HEREBY CERTIFY THAT THE CONTENTS OF INVOICE HEREIN ARE TRUE AND CORRECT.

____

(2) 装箱单

SHANGHAI YONGSHENG IMP. & EXP. CO.

21 WEST ZHONGSHAN ROAD SHANGHAI, CHINA

PACKING LIST

TO: M/S

INV NO.: ________

DATE: ________

S/C NO.: ________

L/C NO.: ________

GOODS DESCRIPTION & PACKING	QTY (SET)	CTNS	G. W (KGS)	N. W (KGS)	MEAS (M^3)
TOTAL					

SAY TOTAL

____

（3）货运订舱委托书

货运订舱委托书

经营单位（托运人）				编 号	
提单项目要求	发货人： Shipper：				
	收货人： Consignee：				
	通知人： Notify Party：				
海洋运费(√) Sea freight	预付(√)或( )到付 Prepaid or Collect	提单份数		提单寄送地址	
起运港		目的港		可否转船	
				可否分批	
集装箱预配数	20'× 40'×	装运期限		有效期限	
标记唛码	包装件数	中英文货号 Description of goods	毛重（千克）	尺码（立方米）	成交条件（总 价）

内装箱（CFS）地址	上海市逸仙路2960号三号门 电话：68206820×215	特种货物 ☐ 冷藏货 ☐ 危险品	重 件：每件重量 大 件（长×宽×高）
		特种集装箱：（ ）	
门对门装箱地址	南京市中山路1321号	物资备妥日期	
		物资进栈：自送（ ）或派送（ ）	
外币结算账号		人民币结算单位账号	
声明事项		托运人签章	
		电 话	
		传 真	
		联系人	
		地 址	
		制单日期：	

(4) 代理报检委托书

代理报检委托书

__________出入境检验检疫局：　　　　　　　　　　　　　　　　　　　　编号：

本委托人(备案号/组织机构代码________________)保证遵守国家有关检验检疫法律、法规的规定，保证所提供的委托报检事项真实、单货相符。否则，愿承担相关法律责任。具体委托情况如下：

本委托人将于________年________月间进口/出口如下货物：

品　名		H. S. 编码	
数(重)量		包装情况	
信用证/合同号		许可文件号	
进口货物 收货单位及地址		进口货物提运单号	
其他特殊要求			

特委托________________________________(代理报检注册登记号________________________________)，代表本委托人办理上述货物的下列出入境检验检疫事宜：

□1. 办理报检手续；

□2. 代缴纳检验检疫费；

□3. 联系和配合检验检疫机构实施检验检疫；

□4. 领取检验检疫证单。

□5. 其他与报检有关的事宜________________________________

联 系 人：________________

联系电话：________________

本委托书有效期至________年____月____日　　　　委托人(加盖公章)

年　　月　　日

受托人确认声明

本企业完全接受本委托书。保证履行以下职责：

1. 对委托人提供的货物情况和单证的真实性、完整性进行核实；

2. 根据检验检疫有关法律法规规定办理上述货物的检验检疫事宜；

3. 及时将办结检验检疫手续的有关委托内容的单证、文件移交委托人或其指定的人员；

4. 如实告知委托人检验检疫部门对货物的后续检验检疫及监管要求。

如在委托事项中发生违法或违规行为，愿承担相关法律和行政责任。

联 系 人：________________

联系电话：________________　　　　受托人(加盖公章)

年　　月　　日

(5) 代理报关委托及委托报关协议

代理报关委托

编号：

____________________：

我单位现　　　(A. 逐票　B. 长期)委托贵公司代理　　　等通关事宜(A. 报关查验　B. 垫缴税款　C. 办理海关证明联　D. 审批手册　E. 核销手册　F. 申办减免税手续　G. 其他)，详见《委托报关协议》。

我单位保证遵守《海关法》和国家有关法规，保证所提供的情况真实、完整、单货相符。否则，愿承担相关法律责任。

本委托书有效期自签字之日起至　　　年　　月　　日止。

委托方(签章)：

法定代表人或其授权签署《代理报关委托书》的人(签字)：

年　　月　　日

委 托 报 关 协 议

为明确委托报关具体事项和各自责任，双方经平等协商，拟订协议如下：

委托方		被委托人		
主要货物名称		*报关单编号	NO.	
H. S. 编码		收到单证日期		
进出口日期		收到单证情况	合同□	发票□
提单号			装箱清单□	提(运)单□
贸易方式			加工贸易手册□	许可证件□
原产地/货源地			其他	
传真号码		报关收费	人民币：　　　元	
其他要求：		承诺说明：		
背面所列通用条款是本协议不可分割的一部分，对本协议的签署构成了对背面条款的同意。		背面所列通用条款是本协议不可分割的一部分，对本协议的签署构成了对背面条款的同意。		
委托方业务签章： 经办人签章：　　　年　月　日 联系电话：		被委托方业务签章： 经办报关员签章：　　　年　月　日 联系电话：		

(白联：海关留存；黄联：被委托方留存；红联：委托方留存)　　　中国报关协会监制

（6）海运提单确认

Shipper SHANHAI YONGSHENG IMP. & EXP. CO. 21WEST ZHONGSHAN ROAD SHANGHAI CHINA	B/L NO. HJSHBI1520876 ***ORIGINAL*** **中国对外贸易运输总公司** CHINA NATIONAL FOREIGN TRADE TRANSPORT CORPORATION **直运或转船提单** **BILL OF LADING DIRECT OR WITH TRANSHIPMENT**
Consignee or order TO ORDER OF SHIPPER	
Notify address MANDARS IMPORTS CO. LTD. 38 QUEENSWAY，2008UK	

Pre-carriage by	Port of loading SHANGHAI
Vessel DONGFANG V. 190	Port of transshipment
Port of discharge LONDON	Frail destination

SHIPPED on board in apparent good order and condition (unless otherwise indicated) the goods or packages specified herein and to be discharged or the mentioned port of discharge of as near there as the vessel may safely get and be always afloat.

THE WEIGHT, measure, marks and numbers quality, contents and value, being particulars furnished by the Shipper, are not checked by the Carrier on loading.

THE SHIPPER, Consignee and the Holder of this Bill of Lading hereby expressly accept and agree to all printed, written or stamped provisions, exceptions and conditions of this Bill of Loading, including those on the back hereof.

IN WITNESS where of the number of original Bill of Loading stated below have been signed, one of which being accomplished, the other(s) to be void.

Container Seal No. or marks and Nos.	Number and kind of packages Designation of goods	Gross weight (kgs.)	Measurement (m^3)
MANDARS TXT200710 LONDON C/NO. :1-1000	LADIES DENIM SKIRT SAY ONE THOUSAND CARTONS ONLY TOTAL ONE 20' CONTAINER CFS TO CFS FREIGHT PREPAID	7 000KGS	20CBM

REGARDING TRANSHIPMENT INFORMATION PLEASE CONTACT			Freight and charge FREIGHT PREPAID
Ex. rate	Prepaid at	Freight payable at SHANGHAI	Place and date of issue SHANGHAI MAY 30. 2011
	Total Prepaid	Number of original Bs/L THREE	Signed for or on behalf of the Master as Agent 丁毅

（7）装运通知

SHANGHAI YONGSHENG IMP. & EXP. CO.

21WEST ZHONGSHAN ROAD，SHANGHAI，CHINA

SHIPPING ADVICE

TEL：________ INV NO.：________

FAX：________ S/C NO.：________

L/C NO.：________

TOMESSRS： DATE：________

DEAR SIRS，

WE HEREBY INFORM YOU THAT THE GOODS UNDER THE ABOVE MENTIONED CREDIT HAVE BEEN SHIPPED. THE DETAILS OF THE SHIPMENT ARE STATED BELOW.

COMMODITY：________ SHIPPING MARKS：

NUMBER OF CTNS：________

TOTAL GROSS WEIGHT：________

OCEAN VESSEL：________

B/L NO.：________

PORT OF LOADING：________

DATE OF DEPARTURE：________

DESTINATION：________

____

（8）商业汇票

No. ________

For ________ **BILL OF EXCHANGE** ________

Date

At ________ sight of this SECOND BILL of EXCHANGE (first of the same tenor and date unpaid) pay to the order of ________ the sum of

____

Drawn under ________

L/C No. ________ Dated ________

To. ________

____

____

二、单证制作技能训练2

1. 业务背景

方正进出口公司主要经营各种服装进出口业务，在日本、欧美等国际市场上有一定的声誉。本年度华交会上获悉日本高田商社对全棉色织T恤衫感兴趣,双方就交易条件进行磋商,达成一致意见后签订销售确认书。高田商社按合同规定开出信用证,方正进出口公司收到信用证后进行审核。核准无误后,缮制有关单据,并办理订舱、报检、报关等手续,确保合同的履行。

2. 操作资料

(1) 合同

方正进出口公司

FANGZHENG IMPORT & EXPORT CORPORATION

222 ZHONGSHAN ROAD SHANGHAI CHINA

TEL:(021) 65788877 **销 售 确 认 书** S/C S/C No.:TXT264

FAX:(021) 65788876 Sales Confirmation DATE: Apr. 10,2015

To Messrs:

TKAMLA CORPORATION

6-7,KAWARA MACH OSAKA JAPAN

谨启者:兹确认售予你方下列货品,其成交条款如下:/Dear Sirs, We hereby confirm having sold to you the following goods on terms and conditions as specified below:

唛 头 SHIPPING MARK	货物描述及包装 DESCRIPTIONS OF GOODS,PACKING	数 量 QUANTITY	单 价 UNIT PRICE	总 值 TOTAL AMOUNT
T. C TXT264 OSAKA C/NO. 1-UP	100% COTTON COLOUR WEAVE T-SHIRT TM111 TM222 TM333 TM444 PACKED IN ONE CARTON 20 PCS OF EACH	 2 000 PCS 2 000 PCS 1 000 PCS 1 000 PCS	CRF OSAKA USD 11. 00 USD 10. 00 USD 9. 50 USD 8. 50	 USD 22 000. 00 USD 20 000. 00 USD 9 500. 00 USD 8 500. 00

装运港: SHANGHAI PORT

LOADING PORT:

目的港: OSAKA PORT

DESTINATION:

装运期限: LATEST DATE OF SHIPMENT 150630

TIME OF SHIPMENT:

分批装运: PROHIBITED

PARTIAL SHIPMENT:

转　　船：PROHIBITED

TRANSSHIPMENT：

付款条件：L/C AT SIGHT

TERMS OF PAYMENT：

买方须于 2015 年 5 月 20 日前开出本批交易的信用证(或通知售方进口许可证号码),否则,售方有权不经过通知取消本确认书,或向买方提出索赔。/ The Buyer shall establish the covering Letter of Credit (or notify the Import License Number) before May 20,2015, falling which the Seller reserves the right to rescind without further notice, or to accept whole or any part of this Sales Confirmation non-fulfilled by the Buyer, or, to lodge claim for direct losses sustained, if any.

品质/数量异议:如买方提出索赔,凡属品质异议,须于货到目的口岸之 60 日内提出,凡属数量异议,须于货到目的口岸之 30 日内提出,对所装货物所提任何异议属于保险公司、轮船公司等其他有关运输或邮递机构责任者,卖方不负任何责任。/ QUALITY / QUANTITY DISCREPANCY: In case of quality discrepancy, claim should be filed by the Buyer within 60 days after the arrival of the goods at port of destination; while for quantity discrepancy, claim should be filed by the Buyer within 30 days after the arrival of the goods at port of destination. It is understood that the seller shall not be liable for any discrepancy of the goods shipped due to causes for which the Insurance Company, Shipped Company other transportation organization/or Post Office are liable.

本确认书内所述全部或部分商品,如因人力不可抗拒的原因,以致不能履约或延迟交货,卖方概不负责。/ The Seller shall not be held liable for failure of delay in delivery of the entire lot or a portion of the goods under this Sales Confirmation in consequence of any Force Majeure incidents.

买方在开给卖方的信用证上请填注本确认书号码。/ The Buyer is requested always to quote THE NUMBER OF THIS SALES CONFIRMATION in the letter of Credit to be opened in favour of the Seller.

买方收到本售货确认书后请立即签回一份,如买方对本确认书有异议,应于收到后五天内提出,否则认为买方已同意接受本确认书所规定的各项条款。/ The buyer is requested to sign and return one copy of the Sales Confirmation immediately after the receipt of same, Objection, if any, should be raised by the Buyer within five days after the receipt of this Sales Confirmation, in the absence of which it is understood that the Buyer has accepted the terms and condition of the sales confirmation.

买方:高田　　　　　　　　　　卖方:方正

THE BUYER:　　　　　　　　　　THE SELLER:

(2) 信用证

IRREVOCABLE DOCUMENTARY CREDIT

FORM OF DOC. CREDIT	*40 A: IRREVOCABLE
DOC. CREDIT NUMBER	*20: XT173
DATE OF ISSUE	31 C: 150430
APPLICABLE RULES	*40 E: UCP LATEST VERSION
DATE AND PLACE OF EXPIRY	*31 D: DATE 150620 AT BENEFICIARY'S COUNTRY
APPLICANT	*50: TKAMLA CORPORATION 6 KAWARA MACH OSAKA JAPAN ISSUING BANK
	52A: FUJI BANK 66 SAKULA OTOLIKINGZA MACHI OSAKA JAPAN
BENEFICIARY	*59: FANGZHENG I/ E TRADE CORPORATION 222 ZHONGSHAN ROAD SHANGHAI CHINA
AMOUNT	*32 B: CURRENCY USD AMOUNT 60 00. 00
AVAILABLE WITH / BY	*41 D: ANY BANK IN CHINA BY NEGOTIATION
DRAFTS AT ...	42 C: DRAFTS AT SIGHT FOR FULL INVOICE COST
DRAWEE	42 A: FUJI BANK
PARTIAL SHIPMENTS	43 P: ALLOWED
TRANSSHIPMENT	43 T: NOT ALLOWED
LOADING ON BOARD	44 A: SUZHOU PORT
FOR TRANSPORTATION TO ...	44 B: OSAKA PORT
LATEST DATE OF SHIPMENT	44 C: 150620
DESCRIPT OF GOODS	45 A: T-SHIRT AS PER S/C NO. TXT2642 CFR OSAKA
DOCUMENTS REQUIRED	46 A:

+ SIGNED COMMERCIAL INVOICE, 2 ORIGINAL AND 4 COPIES.
+ PACKING LIST, 1 ORIGINAL AND 4 COPIES.
+ FULL SET OF B/L CLEAN ON BOARD, MADE OUT TO ORDER OF SHIPPER AND BLANK ENDORSED AND MARKED" FREIGHT PREPAID "AND NOTIFY APPLICANT.
+ QUALITY INSPECTION TO BE EFFECTED BEFORE SHIPMENT AND THE RELATIVE CERTIFICATE IS REQUIRED FROM THE INPECTING AGENCY DESIGNATED BY THE BUYER.

CHARGES	71B: ALL BANKING CHARGES OUTSIDE ISSUING BANK ARE FOR ACCOUNT OF BENEFICIARY.
PERIOD FOR PRESENTATION	48: DOCUMENTS MUST BE PRESENTED WITHIN 15 DAYS AFTER THE DATE OF SHIPMENT BUT WITHIN THE VALIDITY OF THE CREDIT.

(3) 补充资料

重量体积：每箱毛重 11 千克、每箱净重 10 千克、每箱体积 0.22 M^3

金发编号：JF0388811

提单份数：3 份

集装箱预配数：40 英尺集装箱一个

物资进栈：自送

外币结算账号：THY6684321337

人民币结算单位账号　SZR80066686

注册号：88559966

生产单位：上海针织服装厂(生产单位联系人电话 62478885)

H.S.税目号：5210.4100

受委托人：金发国际货运代理公司

检验检疫机构：上海出入境检验检疫局

船名航次：DONGFANG V.035

委托办理检验事宜：代理报检手续、代缴检验检疫费、负责与检验检疫机构联系和验货、领取检验检疫证书

代理报关委托书编号：2200004510

委托办理报关事宜：逐票、填单申报、辅助查验、办理海关证明联

收到单证名称：合同、发票、装箱清单

集装箱运输交接方式：CY TO CY

收款银行：中国银行上海分行

3. 操作要求

请你以"单证员"的身份审核编号为 XT173 信用证，并根据上述资料缮制下列单据：

(1)审证与改证

1) ……

2) ……

3) ……

4) ……

5) ……

6) ……

7) ……

(2) 缮制发票

方正进出口公司

FANGZHENG IMPORT & EXPORT CORPORATION

222 ZHONGSHAN ROAD SHANGHAI CHINA

TEL: 021-65788877 FAX: 021-65788876

税务登记号: 310928374655

出口专用

COMMERCIAL INVOICE

发票代码: 1310008204222

TO:

INV NO.: TX0522

DATE: ________

S/C NO.: ________

L/C NO.: ________

FROM ____________ TO ____________

MARKS & NO.	DESCRIPTIONS OF GOODS	QUANTITY	U/ PRICE	AMOUNT

TOTAL AMOUNT:

WE HEREBY CERTIFY THAT THE CONTENTS OF INVOICE HEREIN ARE TRUE AND CORRECT.

方正进出口公司
310928374655
发票专用章

FANGZHENG IMPORT & EXPORT CORPORATIONT

（3）缮制装箱单

方正进出口公司

FANGZHENG IMPORT & EXPORT CORPORATION

222 ZHONGSHAN ROAD SHANGHAI CHINA

PACKING LIST

TEL:________

FAX:________

INV NO. :________

DATE:__________

S/C NO. :________

MARKS & NOS

TO:

C/NOS	GOODS DESCRIPTION & PACKING	QTY (PCS)	G. W (KGS)	N. W (KGS)	MEAS (M³)
TOTAL					

SAY TOTAL:

FANGZHENG IMPORT & E... CORPORATIONT

（4）缮制订舱委托书

金发货运订舱委托书

<table>
<tr><td colspan="2">经营单位
（托运人）</td><td colspan="3"></td><td>金　发
编　号</td><td colspan="2"></td></tr>
<tr><td rowspan="3">提单B/L项目要求</td><td colspan="7">发 货 人：
Shipper：</td></tr>
<tr><td colspan="7">收 货 人：
Consignee：</td></tr>
<tr><td colspan="7">通 知 人：
Notify Party：</td></tr>
<tr><td colspan="2">海洋运费(√)
Sea freight</td><td>预付(　)或(　)到付
Prepaid　or　Collect</td><td>提单
份数</td><td></td><td>提单寄送
地　　址</td><td colspan="2"></td></tr>
<tr><td>起运港</td><td></td><td>目的港</td><td></td><td>可否转船</td><td></td><td>可否分批</td><td></td></tr>
<tr><td colspan="2">集装箱预配数</td><td colspan="2">20’×　40’×</td><td>装运期限</td><td></td><td>有效期限</td><td></td></tr>
<tr><td>标记唛码</td><td>包装
件数</td><td colspan="2">中英文货号
Description of goods</td><td>毛重
（千克）</td><td>尺码
（立方米）</td><td colspan="2">成交条件
（总　价）</td></tr>
<tr><td rowspan="2"></td><td rowspan="2"></td><td colspan="2" rowspan="2"></td><td></td><td></td><td colspan="2"></td></tr>
<tr><td rowspan="2">特种货物
□ 冷藏货
□ 危险品</td><td colspan="3">重　件：每件重量</td></tr>
<tr><td>内装箱（CFS）
地址</td><td colspan="3">上海市逸仙路 2960 号三号门
电话：68206820×215</td><td colspan="2">大　　件
（长×宽×高）</td><td></td></tr>
<tr><td colspan="2" rowspan="2">门对门装箱地址</td><td colspan="2" rowspan="2">上海市中山路 1321 号</td><td colspan="4">特种集装箱：（　　　　　）</td></tr>
<tr><td colspan="2">物资备妥日期</td><td colspan="2"></td></tr>
<tr><td colspan="2" rowspan="2">外币结算账号</td><td colspan="2" rowspan="2"></td><td colspan="4">物资进栈：自送（　）或金发派送（　）</td></tr>
<tr><td colspan="3">人民币结算单位账号</td><td></td></tr>
<tr><td colspan="4" rowspan="6">声明事项</td><td>托运人签章</td><td colspan="3"></td></tr>
<tr><td>电　话</td><td colspan="3"></td></tr>
<tr><td>传　真</td><td colspan="3"></td></tr>
<tr><td>联系人</td><td colspan="3"></td></tr>
<tr><td>地　址</td><td colspan="3"></td></tr>
<tr><td colspan="4">制单日期：</td></tr>
</table>

（5）缮制报检委托书

报检委托书

________ 出入境检验检疫局：

本委托人郑重声明，保证遵守出入境检验检疫法律、法规的规定。如有违法行为，自愿接受检验检疫机构的处罚并负法律责任。

本委托人委托受委托人向检验检疫机构提交“报检申请单”和各种随附单据。具体委托情况如下：

本单位将于______ 年______月间进口/出口如下货物：

品　名		H. S. 编码	
数(重)量		合同号	
信用证号		审批文件	
其他特殊要求			

特委托__________（单位/注册登记号），代理本公司办理下列出入境检验检疫事宜：

□1. 办理代理报检手续；

□2. 代缴检验检疫费；

□3. 负责与检验检疫机构联系和验货；

□4. 领取检验检疫证书；

□5. 其他与报检有关的事宜。

请贵局按有关法律法规规定予以办理。

委托人(公章)：　　　　　　　　受委托人(公章)：

年　　月　　日　　　　　　　　年　　月　　日

本委托书有效期至__________ 年 ______月 ____ 日

(6) 缮制代理报关委托与委托报关协议

代理报关委托书

编号：

______________：

我单位现　　　（A. 逐票　B. 长期）委托贵公司代理　　　等通关事宜（A. 报关查验　B. 垫缴税款　C. 办理海关证明联　D. 审批手册　E. 核销手册　F. 申办减免税手续　G. 其他），详见《委托报关协议》。

我单位保证遵守《海关法》和国家有关法规，保证所提供的情况真实、完整、单货相符。否则，愿承担相关法律责任。

本委托书有效期自签字之日起至　　　年　月　日止。

委托方（签章）：

法定代表人或其授权签署《代理报关委托书》的人（签字）：

年　　月　　日

委 托 报 关 协 议

为明确委托报关具体事项和各自责任，双方经平等协商，拟订协议如下：

委托方	
主要货物名称	
H. S. 编码	
进出口日期	
提单号	
贸易方式	
原产地/货源地	
传真号码	
其他要求：	
背面所列通用条款是本协议不可分割的一部分，对本协议的签署构成了对背面条款的同意。	
委托方业务签章： 经办人签章：　　年　月　日 联系电话：	

被委托人		
*报关单编号	NO.	
收到单证日期		
收到单证情况	合同□	发票□
	装箱清单□	提（运）单□
	加工贸易手册□	许可证件□
	其他	
报关收费	人民币：　　元	
承诺说明：		
背面所列通用条款是本协议不可分割的一部分，对本协议的签署构成了对背面条款的同意。		
被委托方业务签章： 经办报关员签章：　　年　月　日 联系电话：		

（白联：海关留存；黄联：被委托方留存；红联：委托方留存）　　中国报关协会监制

（7）缮制装运通知

SHIPPING ADVICE

TEL:________ INV NO.:________

FAX:________ S/C NO.:________

L/C NO.:________

TOMESSRS: DATE:________

DEAR SIRS,

WE HEREBY INFORM YOU THAT THE GOODS UNDER THE ABOVE MENTIONED CREDIT HAVE BEEN SHIPPED. THE DETAILS OF THE SHIPMENT ARE STATED BELOW.

COMMODITY:________ SHIPPING MARKS:

NUMBER OF CTNS:________

TOTAL GROSS WEIGHT:________

OCEAN VESSEL:________

B/L NO.:________

PORT OF LOADING:________

DATE OF DEPARTURE:________

DESTINATION:________

(8) 确认提单

Shipper FANGZHENG IMPORT & EXPORT CORPORATION 222 ZHONGSHAN ROAD SHANGHAI CHINA		B/L NO. HJSHBI 142939 ***ORIGINAL*** **中国对外贸易运输总公司** CHINA NATIONAL FOREIGN TRADE TRANSPORT CORPORATION **直运或转船提单** **BILL OF LADING DIRECT OR WITH TRANSSHIPMENT**
Consignee or order TO ORDER OF SHIPPER		SHIPPED on board in apparent good order and condition (unless otherwise indicated) the goods or packages specified herein and to be discharged or the mentioned port of discharge of as near there as the vessel may safely get and be always afloat.
Notify address TKAMLA TRADE CORPORATION 6-7 KAWARA MACH OSAKA JAPAN		THE WEIGHT, measure, marks and numbers quality, contents and value, being particulars furnished by the Shipper, are not checked by the Carrier on loading.
Pre-carriage by	Port of loading SHANGHAI	THE SHIPPER, Consignee and the Holder of this Bill of Lading hereby expressly accept and agree to all printed, written or stamped provisions, exceptions and conditions of this Bill of Loading, including those on the back hereof.
Vessel PUDONG V. 503	Port of transshipment	IN WITNESS where of the number of original Bill of Loading stated below have been signed, one of which being accomplished, the other(s) to be void.
Port of discharge OSAKA	Final destination	

Container Seal No. or marks and Nos.	Number and kind of packages Designation of goods	Gross weight (kgs.)	Measurement (m^3)
GATU0506118 T. C TXT264 OSAKA C/NO. 1-300	100% COTTON COLOUR WEAVE T-SHIRT SAY THREE HUNDRED (300) CARTONS ONLY TOTAL ONE 40' CONTAINER CY TO CY FREIGHT PREPAID	3 300KGS	66CBM

REGARDING TRANSSHIPMENT INFORMATION PLEASE CONTACT			Freight and charge FREIGHT PREPAID
Ex. rate	Prepaid at	Freight payable at SHANGHAI	Place and date of issue SHANGHAI JUN. 25, 2011
	Total Prepaid	Number of original Bs/L THREE	Signed for or on behalf of the Master 丁毅 as Agent

(9) 缮制商业汇票

No. ____________

For ____________ **BILL OF EXCHANGE** ____________

Date

At ____________ sight of this SECOND BILL of EXCHANGE (first of the same tenor and date unpaid) pay to the order of ____________ the sum of

____

Drawn under ____________

L/C No. ____________ Dated ____________

To. ____________

____

____

项目三　出口贸易电汇业务支付方式下单证缮制

学习与考证要求

- 了解电汇业务程序及其内容
- 熟悉航空货物运输业务程序及其内容
- 明确原产地证书的作用和签发程序
- 掌握国际货物托运书、航空货运单、报检单、报关单等单据的缮制方法
- 具备电汇支付方式下出口单据的缮制技能和处理能力

项目导入

王嫔小姐毕业于苏州对外贸易大学，现应聘于江苏进出口贸易公司，在今年春季华交会上向加拿大皮特贸易公司的 PITER 先生就本公司展览的上海牌 26 英寸和 28 英寸山地自行车进行了热情详细的介绍，并呈送了大量的资料。数日后，王嫔小姐向皮特贸易公司发出发盘。该公司经理 PITER 先生经过研究接受该发盘的全部交易条件，并与江苏进出口贸易公司签订了贸易合同，采用电汇结算方式。

江苏进出口贸易公司在收到皮特贸易公司的预付货款后开始备货，申请签发原产地证书，办理订舱、报检、报关和结汇等有关手续。

任务一　对外贸易洽谈

业务导入

近日，江苏进出口贸易公司王嫔小姐用邮件向皮特贸易公司发盘，采用前 T/T30 %和 70 %结算方式，加拿大客商皮特贸易公司认为上海牌 26 英寸和 28 英寸山地自行车款式新颖、价格合理，且本地的市场需求较大，于是接受了江苏进出口贸易公司的全部交易条件。为此，王嫔小姐拟订了书面销售合同书，将双方确定的交易条件予以规定，经双方签章后生效。

一、对外业务洽谈的流程

对外洽谈业务流程如图 3－1 所示。

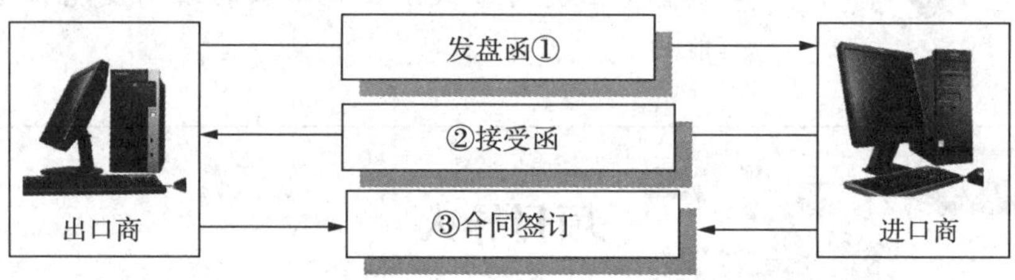

图 3－1　对外洽谈业务流程

评析：

- 发盘可由出口商发出，也可由进口商发出。
- 接受必须与发盘条件一致。
- 接受到达发盘人，合同即告成立，实际业务中需要签订合同。

二、江苏进出口贸易公司对外洽谈实例

1. 江苏进出口贸易公司发盘

发送　保存草稿　保存到[已发送]

收件人：PITER 123 @ hotmail.com　　抄送　密送　分送

主　题：QFFER

上传附件（可上传10M）

B　字体　字号　信纸　使用明信片　使用魔法信书　纯文本

DEAR MR. PITER,

We are pleased to receive your inquiry of APR. 05, 2015 and to hear that you are interested in our product.

We would like to quote as follows:

SHANGHAI COUNTRY BICYCLEART: SH28INCH USD 100/PC SH26INCH USD 80.00/PC

CPT SEMARANG.MONTREAL. PACKED IN ONE CARTON OF 10 PCS EACH.

SHIPMENT: NOT LATER THAN MAY 5, 2015

PAYMENT: BY 30% T/T IN ADVANCESHIPMENT, 70% D/P 60 DAYS AFTER SIGHT OF THE B/L DATE

WE ARE LOOKING FORWARD TO YOUR INITIAL ORDER.

YOURS TRULY,

JIANGSU IMPORT & EXPORT TRADE CORPORATION

WANGPIN

APR.08, 2015

评析：

- 发盘对品质、价格、数量、包装、装运和支付方式等主要交易条件必须确定。
- 发盘通常规定有效期，有利于进口方尽快商谈并订货。

2. 皮特贸易公司接受

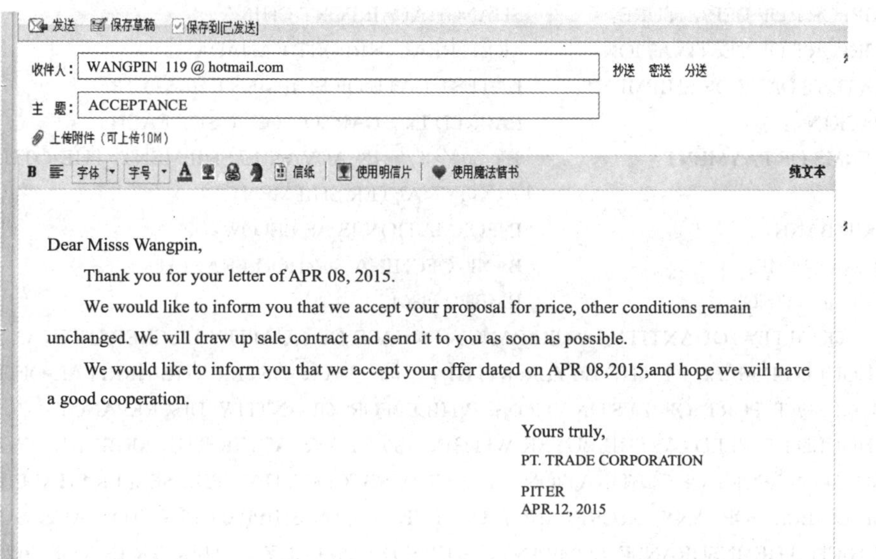

发送　保存草稿　保存到[已发送]

收件人：WANGPIN 119 @ hotmail.com　　抄送　密送　分送

主　题：ACCEPTANCE

上传附件（可上传10M）

B　字体　字号　信纸　使用明信片　使用魔法信书　纯文本

Dear Misss Wangpin,

Thank you for your letter of APR 08, 2015.

We would like to inform you that we accept your proposal for price, other conditions remain unchanged. We will draw up sale contract and send it to you as soon as possible.

We would like to inform you that we accept your offer dated on APR 08,2015,and hope we will have a good cooperation.

Yours truly,

PT. TRADE CORPORATION

PITER

APR.12, 2015

评析：

- 接受必须在发盘的有效期内做出肯定确切的表示。
- 一旦接受合同即告成立，任何一方都不得单方面撤销。

3. 销售确认书签订

JIANGSU IMPORT & EXPORT TRADE CORPORATION

333 ZHONGHUA ROAD SUZHOU CHINA

SALES CONFIRMATION

TEL：0512-65788888　　　　S/C No.：TXT06081

FAX：0512-65788899　　　　DATE：APR. 14，2015

To Messrs，

PT. TRADE CORPORATION

310 VTRAMONTREAL CANADA

Dear Sirs，

We hereby confirm having sold to you the following goods on terms and conditions as specified below：

SHIPPING MARK	NAME OF COMMODITY AND SPECIFICATIONS，PACKING	QUANTITY	UNIT PRICE	TOTAL AMOUNT
PT TXT06081 MONTREAL C/NO. 1-UP	SHANGHAI COUNTRY BICYCLE ART SH28INCH ART SH26INCH	 300 PCS 400 PCS	CPT MONTREAL USD 100. 00 USD 80. 00	 USD 30 000. 00 USD 32 000. 00

AIRPORT OF DEPARTURE：　SHANGHAI AIRPORT CHINA

AIRPORT OF DESTINATION：　MONTREAL AIRPORT CANADA

LATEST DATE OF SHIPMENT：　LATEST DATE OF SHIPMENT 2015. 05. 31

PACKING：　PACKED IN 1 CARTON OF 10 SET EACH

TERMS OF PAYMENT：　BY 30% T/T IN ADVANCE SHIPMENT，THE OTHERS 70% T/T AFTER SHIPMENT.

OUR BANK：　INFORMATION IS AS BELOW：

BANK NAME：　BANK OFCHINA SUZHOU BRANCH

ACCOUNT NO.：　RMB80456861

QUALITY /QUANTITY DISCREPANCY：IN CASE OF QUALITY DISCREPANCY，CLAIM SHOULD BE FILED BY THE BUYER WITHIN 60 DAYS AFTER THE ARRIVAL OF THE GOODS AT PORT OF DESTINATION；WHILE FOR QUANTITY DISCREPANCY，CLAIM SHOULD BE FILED BY THE BUYER WITHIN 30 DAYS AFTER THE ARRIVAL OF THE GOODS AT PORT OF DESTINATION. IT IS UNDERSTOOD THAT THE SELLER SHALL NOT BE LIABLE FOR ANY DISCREPANCY OF THE GOODS SHIPPED DUE TO CAUSES FOR WHICH THE INSURANCE COMPANY，SHIPPED COMPANY OTHER TRANSPORTATION

ORGANIZATION/OR POST OFFICE ARE LIABLE.

THE SELLER SHALL NOT BE HELD LIABLE FOR FAILURE OF DELAY IN DELIVERY OF THE ENTIRELOT OR A PORTION OF THE GOODS UNDER THIS SALES CONFIRMATION IN CONSEQUENCE OF ANY FORCE MAJEURE INCIDENTS.

THE BUYER IS REQUESTED ALWAYS TO QUOTE THE NUMBER OF THIS SALES CONFIRMATION IN THE LETTER OF CREDIT TO BE OPENED IN FAVOUR OF THE SELLER.

THE BUYER IS REQUESTED TO SIGN AND RETURN ONE COPY OF THE SALES CONFIRMATION IMMEDIATELY AFTER THE RECEIPT OF SAME, OBJECTION, IF ANY, SHOULD BE RAISED BY THE BUYER WITHIN FIVE DAYS AFTER THE RECEIPT OF THIS SALES CONFIRMATION, IN THE ABSENCE OF WHICH IT IS UNDERSTOOD THAT THE BUYER HAS ACCEPTED THE TERMS AND CONDITION OF THE SALES CONFIRMATION.

THE BUYER: PT. TRADE CORPORATION　　THE SELLER: JIANGSU I&E TRADE CORPORATION

PT. TRADE
CORPORATION

PT　　　　王嫔

拟订销售确认书体验活动

1. 业务资料

卖　　方：NINGBO IMPORT & EXPORT TRADE CORPORATION
　　　　1321 ZHONGSHAN ROAD NINGBO, CHINA

电　　话：(0574) 65788877

传　　真：(0574) 65788876

买　　方：XINQIAO TRADE CORPORATION
　　　　N0. 206KAWARA MACH OSAKA JAPAN

电　　话：0081-028-76911

传　　真：0081-028-76912

货　　名：全棉 T 恤衫(100% COTTON T-SHIRT)

规格数量：No. 1A　2 000PCS、No. 2A　2 000PCS、No. 3A　1 000PCS、No. 4A 1 000PCS

单　　价：No. 1A　USD 11.00、No. 2A USD 10.00、No. 3A　USD 9.50　No. 4A USD 8.50 CPTOSAKA

包　　装：每 50 件装 1 箱(PACKED IN CARTON OF 50 SET EACH)

支付方式：电汇(BY T/T)

装 运 地：中国宁波机场(NINGBO AIRPORT CHINA)
目 的 地：大阪机场(OSAKA AIRPORT JAPAN)
分批装运：不允许(PROHIBITED)
装运期限：最迟不晚于 2015 年 10 月 31 日(NOT LATER THAN OCT. 31, 2015)
开户银行：中国银行宁波分行(BANK OF CHINA NINGBO BRANCH)
银行账号：ZYW14804568
合 同 号：ST061032
合同日期：090810

2. 业务要求

请你以业务员的身份，根据上述资料并结合自己学习到的外贸业务知识，拟订一份销售确认书。

任务二　产地证申办及单证缮制

业务导入

中华人民共和国原产地证书(Certificate of Origin of The People's Republic of China)简称一般原产地证书，是证明本批出口商品的生产地，并符合《中华人民共和国出口货物原产地规则》的一种文件。它由商务部统一规定和印制，并由国家质量监督检验总局或中国国际贸易促进委员会签发。如果信用证或合同对签证机构未作具体规定，一般由检验检疫机构出具。

江苏进出口贸易公司根据进口商的要求向中国贸促会江苏分会申请签发一般原产地证书。为此，王嫔小姐缮制商业发票、一般原产地证书申请书和一般原产地证书。

一、申请签发一般原产地证书业务程序

一般原产地证书申请书流程如图 3-2 所示。

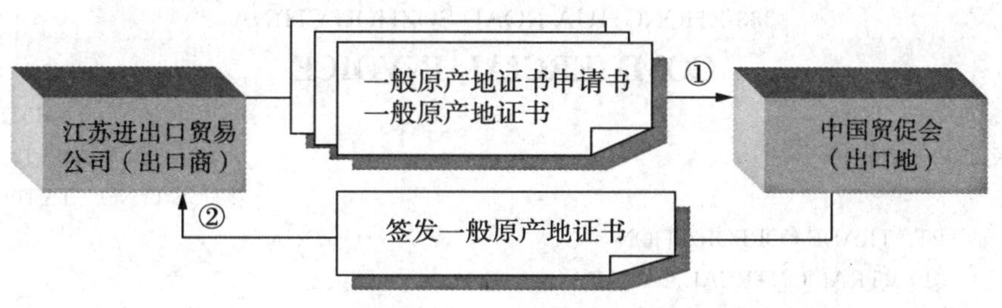

图 3-2　申请一般原产地证书程序

评析：

- 凡申请办理一般原产地证书的单位，必须持有关批件、营业执照、协议等文件在当地检验检疫机构办理注册登记手续。
- 出口商最迟在货物装运前三天向当地的中国贸易促进委员会分会(简称"贸促会")申请签发。
- 申请签发普惠制产地证书须提交已填制的《一般原产地证明书申请书》一份、《一般原产地证明书》一套和商业发票一份。
- 检验检疫机构在接受申请时，要查看单证资料是否齐全，填写是否完整，文字是否清晰，印章、签字有无错漏。如发现不符合规定，不接受申请。

二、江苏进出口贸易公司申领原产地证书实例

PT. TRADE CORPORATION 要求江苏进出口贸易公司提供一份一般原产地证书。为此，王嫔小姐向中国贸促会江苏分会办理申请签发手续，提供已填制的商业发票、一般原产地证书申请书和一般原产地证书各一份。

1. 缮制商业发票

江苏进出口贸易公司

JIANGSU IMPORT & EXPORT TRADE CORPORATION

333 ZHONGHUA ROAD SUZHOU CHINA

COMMERCIAL INVOICE

TEL:0512-65788888 INVOICE NO. :XH051111

FAX:0512-65788899 DATE: MAY 11,2015

TO: S/C NO. :TXT06081

PT. TRADE CORPORATION

310 VTRAMONTREAL CANADA

FROM SHANGHAI AIRPORT CHINA TO MONTREAL AIRPORT CANADA

MARKS	DESCRIPTIONS OF GOODS	QUANTITY	UNIT PRICE	AMOUNT
PT TXT06081 SEMARANG C/NO. 1-70	SHANGHAI COUNTRY BICYCLE ART SH28INCH ART SH26INCH PACKED IN 70 CARTONS	 300 PCS 400 PCS	CPTMONTREAL USD 100. 00 USD 80. 00	 USD 30 000. 00 USD 32 000. 00 USD 62 000. 00

TOTAL AMOUNT:SAY U. S. DOLLARS SIXTY TWO THOUSAND ONLY.

WE HEREBY CERTIFY THAT THE ABOVE MENTIONED GOODS ARE OF CHINESE ORIGIN

JIANGSU IMPORT & EXPORT TRAON

王嫔

评析：

- 除上海地区外，还没有要求发票上注明税务登记号。
- 除上海地区外，还没有要求必须在税务机构指定的印刷厂进行空白发票的印刷。

2. 缮制一般原产地证书申请书

一般原产地证书申请书的缮制方法如下：

(1) 商品名称

填入出口货物名称，并与发票同项内容一致。

(2) H. S. 编码

H. S. 是海关合作理事会《商品名称及编码协调制度》的英文缩写。商务部和海关总署根据 H. S. 分类编制了《中华人民共和国进出口商品的目录对照表》,规定了商品名称和编码。本栏应填入该商品的 H. S. 编码前八位数。

(3) 商品生产、制造、加工单位、地点

填入出口货物的生产或加工单位的名称和地点。

(4) 含进口成分产品主要制造加工工序

出口货物如含有进口成分,此栏注明主要制造或加工工序。

(5) 商品 FOB 总值

填入出口货物 FOB 总额,如为 CFR 条件成交,要减去运费额。

(6) 最终目的地国家/地区

填入出口货物到达的最终目的地国家或地区。

(7) 拟出运日期

填入出口货物拟出运日期,必须在合同或信用证规定的装运期内。

(8) 转口国(地区)

出口货物如有转口,则填入该国或地区的名称。

(9) 包装数量或毛重或其他数量

填入出口货物总包装件数,或总毛重数量。

(10) 贸易方式和企业性质

根据实际情况填入相应的贸易方式和企业性质。

中国贸促会江苏分会

中国国际商会江苏分会

一般原产地证明书/加工装配证明书

申 请 书

申请单位注册号：66742Q	证书号：	全部国产填上 P 含进口成分填上 W	P
申请人郑重声明：	发票号：XH051111		

本人被正式授权代表本企业办理和签署本申请书。

本申请书及一般原产地证明书/加工装配证明书所列内容正确无误，如发现弄虚作假，冒充证书所列货物，擅改证书，愿按《中华人民共和国出口货物原产地规则》有关规定受惩处并承担法律责任。现将有关情况申报如下：

<table>
<tr><td>商品名称</td><td>上海牌山地自行车</td><td>H. S. 编码(八位数)</td><td>8712. 0030</td></tr>
<tr><td colspan="2">商品生产、制造、加工单位、地点</td><td colspan="2">上海自行车厂
上海市人民路 123 号</td></tr>
<tr><td colspan="2">含进口成分产品的主要制造加工工序</td><td colspan="2"></td></tr>
<tr><td>商品 FOB 总值(以美元计)</td><td>61 270 美元</td><td>最终目的地国家/地区</td><td>加拿大</td></tr>
<tr><td>拟出运日期</td><td>2015 年 5 月 30 日</td><td>转口国(地区)</td><td></td></tr>
<tr><td>包装数量或毛重或其他数量</td><td colspan="3">70 箱</td></tr>
<tr><td colspan="4">贸易方式和企业性质</td></tr>
<tr><td colspan="2">贸易方式</td><td colspan="2">企业性质</td></tr>
<tr><td colspan="2">一般贸易</td><td colspan="2">国有企业</td></tr>
<tr><td colspan="4">现提交中国出口货物商业发票副本一份，报关单一份或合同/信用证影印件，一般原产地证明书/加工装配证明书一正三副，以及其他附件　份，请予审核签证。

申请单位盖章：
申领人(签名) 王　嫔
电话：
日期：2015 年 5 月 12 日</td></tr>
</table>

3. 缮制一般原产地证明书

原产地证明书共有 12 项内容，除按检验检疫局指定的号码填入证书编号(Certificate No.)以外，就其各栏目内容和缮制要点逐项介绍如下：

(1) Exporter(出口商)

此栏包括出口商的全称和地址。信用证项下的证书，一般为信用证受益人，托收项下的是卖方。

(2) Consignee(收货人)

填本批货物最终目的地的收货人全称和地址。信用证项下的证书一般为开证申请人,如信用证有具体规定,应按要求填写。

(3) Means of transport and route(运输方式和路线)

应填装运港和卸货港的名称,并说明运输方式。例如,From Shanghai to London by sea,如要转运,须注明转运地。例如,By s. s. from Shanghai to London W/T Hongkong。

(4) Country/Region of Destination Port(目的国家或地区)

按信用证或合同规定的目的国家或地区名称填制。

(5) For certifying authority use only (供签证机构使用)

本栏供检验检疫机构根据需要加注说明,如补发或后发证书等事项。

(6) Marks and numbers of packages (唛头及包装件数)

按信用证中规定的内容进行缮制,且与发票和提单的同项一致,不得留空。

(7) Description of Goods, number and kind of Packages (商品名称、包装件数及种类)

填写具体的商品名称、包装件数和种类,如散装货物用"In bulk"表示。

(8) H. S. code(H. S. 编码)

本栏应填入该商品的 H. S. 编码数。

(9) Quantity or weight(数量及重量)

依据发票和提单有关内容填写,重量应注明毛重和净重。

(10) Number and date of invoices (发票号码及日期)

按发票实际号码和日期填写,月份应用英文缩写表示。例如,DEC. 3,2007。

本栏内容填写完毕,从第 6 项开始用"*"符号打成横线表示结束。

(11) Declaration by the exporter(出口商声明)

出口商声明已事先印就。内容为:"下列签署人声明,以上各项及其陈述是正确的,全部货物均在中国生产,完全符合中华人民共和国原产地规则。"在本栏仅填入申报地点和日期,加盖申请单位公章,并由经办人签字,签字与图章不能重叠。

(12) Certification (签证机构证明)

签证机构证明事先已印制,内容为:"兹证明出口商声明是正确的。"签证机构在此注明签证日期和地点,并由授权人签名,加盖签证机构印章。两者不能重叠。

<table>
<tr><td colspan="3">1. Exporter (full name and address)
JIANGSU IMPORT & EXPORT TRADE CORPORATION
333 ZHONGHUA ROAD SUZHOU CHINA</td><td colspan="2" rowspan="2">CERTIFICATE No. : 500511266

CERTIFICATE OF ORIGIN
OF
THE PEOPLE'S REPUBLIC OF CHINA</td></tr>
<tr><td colspan="3">2. Consignee (full name, address, country)
PT. TRADE CORPORATION
310 VTRA MONTREAL CANADA</td></tr>
<tr><td colspan="3">3. Means of transport and route
FROM SUZHOU TO MONTREAL
BY AIR</td><td colspan="2" rowspan="2">5. For certifying authority use only</td></tr>
<tr><td colspan="3">4. Country/Region of Destination
CANADA</td></tr>
<tr><td>6. Marks and numbers of packages</td><td>7. Description of goods; number and kind of packages</td><td>8. H. S. code</td><td>9. Quantity or weight</td><td>10. Number and date of invoice</td></tr>
<tr><td>PT
TXT06081
MONTREAL
C/NO. 1-70</td><td>SHANGHAI COUNTRY BICYCLE

SAY TOTAL SEVENTY(70) CARTONS ONLY
*******************</td><td>8712.0030</td><td>700PCS</td><td>XH051111
MAY 11,2010</td></tr>
<tr><td colspan="2">11. Declaration by the exporter
The undersigned hereby declares that the above details and statements are correct; that all the goods were produced in China and that they comply with the Rules of Origin of the People's Republic of China.

SUZHOU MAY 12, 2015... 王嫔
Place and date. signature and stamp of authorized signatory</td><td colspan="3">12. Certification
It is hereby certified that the declaration by the exporter is correct.

SUZHOU MAY 17, 章毅
Place and date. signature and stamp of certifying authority</td></tr>
</table>

评析：

- 出口商和收货人的名称、地址、国别应分行表示，达到简洁美观的目的。
- 第5项栏目由签证机构注明事项之用。
- 第7项栏目的内容填完后，用"＊"符号打满，以防添加其他内容。
- 申请日不能早于发票日期，但可以是同日，月份应用英文缩写表示。
- 该证书主要是证明原产国，供进口国实施差别关税。

缮制一般原产地证书体验活动

1. 业务资料

卖　　方：NINGBO IMPORT & EXPORT TRADE CORPORATION
　　　　　1321 ZHONGSHAN ROAD NINGBO，CHINA

注 册 号：1456Q

买　　方：XINQIAO TRADE CORPORATION
　　　　　No. 206KAWARA MACH OSAKA JAPAN

商品编码：5210.4100

货　　名：全棉T恤衫(100% COTTON T-SHIRT)

规格数量：No. 1A　2 000PCS、No. 2A　2 000PCS、No. 3A　1 000PCS　No. 4A 1 000PCS

单　　价：No. 1A　USD 11.00、No. 2A USD 10.00、　No. 3A　USD 9.50　No. 4A USD 8.50

　　　　　CPT OSAKA

装运期限：最迟不晚于2015年10月31日(NOT LATER THAN OCT. 31，2015)

贸易方式：一般贸易

进口成分：无

加工单位：宁波服装有限公司(宁波市大欣路468号)

发 票 号：NT0708336

发票日期：2015-09-10

航空运费：1 000美元

装 运 地：宁波机场(NINGBO AIRPORT CHINA)

目 的 地：大阪机场(OSAKA AIRPORT JAPAN)

2. 业务要求

请你以"单证员"的身份，根据上述资料填写一般原产地证明书申请书和一般原产地证明书。

任务三　航空货物托运及单证缮制

业务导入

在 CPT 和 CIP 条件下，出口商应在合同和信用证规定的装运时间内办理好货物运输手续。江苏进出口贸易公司办理好一般原产地证书申请签发手续后，为了能在合同规定的装运期内交货，王嫔小姐缮制装箱单，并填写国际货物托运书，及时向江苏客货运输服务有限公司办理出口货物航空运输手续。

一、航空货物运输业务程序

办理航空货物运输业务流程如图 3－3 所示。

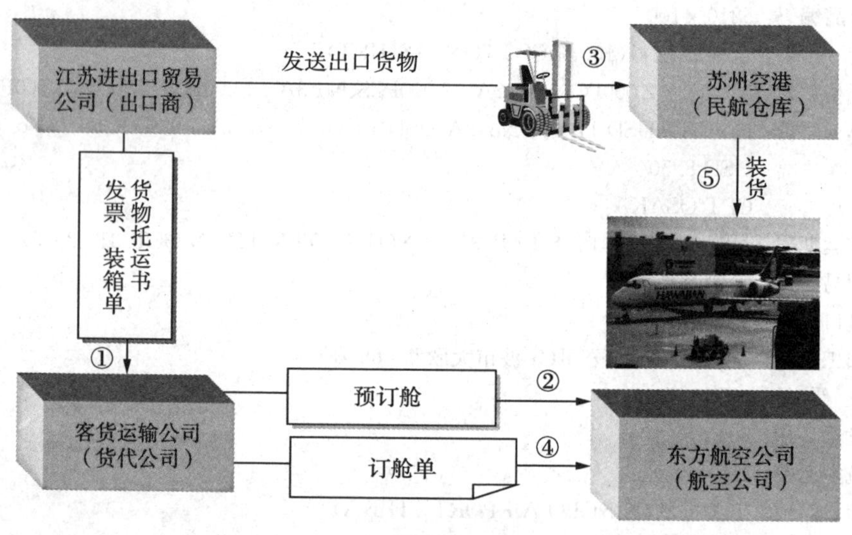

图 3－3　出口货物航空订舱业务流程

评析：

- 出口商选择货代公司，填写国际货运委托书，随附发票与装箱单办理航空货运。
- 货代公司根据客户要求制定预配舱方案，并为每票货物配上运单号，向航空公司预订舱。

- 航空公司制作交接单，按国际货运委托书缮制航空货运单。同时，出口商办理报检、报关或委托货代公司代办，并向指定的航空公司仓库发货。
- 货物报关后，由航空公司作业人员凭盖有放行章的航空货运单在指定时间内装货。

二、江苏进出口贸易公司办理航空货物托运

江苏进出口贸易公司在合同规定的装运期内及时委托江苏客货运输服务有限公司办理出口货物航空运输手续。为此，王嫔小姐缮制装箱单与国际货物托运书。

1. 缮制装箱单

JIANGSU IMPORT & EXPORT TRADE CORPORATION

333 ZHONGHUA ROAD SUZHOU CHINA

PACKING LIST

TEL：0512-65788888
FAX：0512-65788899

INVOICE NO.：XH051111
DATE：MAY 11，2015
S/C NO.：TXT06081

TO，
PT. TRADE CORPORATION
310 VTRAMONTREAL CANADA

SHIPPING MARKS
PT
TXT06081
MONTREAL
C/NO. 1-70

C/ NOS	GOODS DESCRIPTION & PACKING	QITY (PCS)	G. W (KGS)	N. W (KGS)	MEAS (M^3)
1-30 31-70	SHANGHAI COUNTRY BICYCLE ART SH28INCH ART SH26INCH PACKED IN 70 CARTONS OF 10 PCS EACH	300 400	@11/330 @10/400	@10/300 @9/360	@0.5/15 @0.4/16
TOTAL：		700	730	660	31

SAY TOTAL SEVENTY CARTONS ONLY.

JIANGSU IMPORT & EXPORT TRADE CORPORATION

王嫔

2. 缮制国际货物托运书

国际货物托运书的主要内容和缮制方法如下：

(1) AIRPORT DEPARTURE /始发站机场

填写货物始发站机场的英文名称，不得简写或使用代码。

(2) AIRPORT OF DESTINATION /目的地机场

填写货物目的地站机场的英文名称，不得简写或使用代码。如有必要，填写机场所属国家、州的名称或城市的全称。

(3) FOR CARRIER ONLY /供承运人用

此栏留空，由承运人根据需要填写。

(4) ROUTING AND DESTINATION /路线及到达站

此栏留空。

(5) FREIGHT/DAY/航班/日期

填写托运人事先预订的航班/日期。

(6) CONSIGNEE'S NAME AND ADDRESS /收货人姓名及地址

填写收货人的全称、地址，包括邮政编码和电话号码。此栏内不可填写"TO ORDER"字样。

(7) ALSO NOTIFY /另行通知

填写 SAME AS CONSIGNEE。

(8) SHIPPER'S ACCOUNT NUMBER /托运人账号

如果承运人需要，可填写托运人账号。

(9) SHIPPER'S NAME & ADDRESS /托运人姓名及地址

填写托运人的全称、地址，包括邮政编码和电话号码。

(10) SHIPPER'S DECLARED VALUE /托运人声明的价值

填写托运人向承运人办理货物声明价值的金额。托运人未办理货物声明价值，必须填写"NVD"字样。

(11) CHARGES /运费

填写托运人支付货物运费的方式等项内容。

(12) AMOUNT OF INSURANCE /保险金额

此栏不填，由中国民航部代理国际货物的保险业务机构填写。

(13) DOCUMENTS TO ACCOMPANY AIR WAYBILL/所附文件

填写随交承运人有关文件的名称。

(14) FOR CARRIAGE /供运输用

此栏留空。

(15) FOR CUSTOMS /供海关用

此栏留空。

(16) NO. OF PACKAGES /件数

填写货物的包装件数，如果使用不同的货物运价种类，应分别填写，并将总件数填入此栏。

(17) ACTUAL GROSS WEIGHT /实际毛重

填写货物的总毛重。

(18) RATE CLASS /运价类别

填写所使用的货物运价种类代号，如"M"代表起码运费；"N"代表45千克以下普通货物运价；"Q"代表45千克以上普通货物运价。

(19) CHARGEABLE WEIGHT /收费重量

此栏留空。

(20) RATE CHARGE /离岸

此栏留空。

(21) NATURE AND QUANTITY OF GOODS (INCL. DIMENSIONS OF VOLUME) /货物名称及重量(包括体积或尺寸)

填写具体货名与数量。货名不得用统称，危险物品应填写其标准学术名称；外包装要注明尺寸或体积，按长×宽×高×件数的顺序填写。

(22) SHIPPER'S INSTRUCTIONS IN CASE OF INABILITY TO DELIVER SHIPMENT AS CONSIGNED /在货物不能交于收货人时，托运人指示的处理方法

托运人根据需要做出指示。

(23) HANDLING INFORMATION (INCL. METHOD OF PACKING DENTIFYING MARKS AND NUMBERS, ETC.) /处理情况(包括包装方式、货物标志及号码等)

填写货物在运输、中转、装卸和仓储时需要注意的事项，如货物的包装形式、标志、名称、货物外包装所用的材料，并注明数量和包装种类。

(24) SIGNATURE OF SHIPPER, DATE /托运人签字、日期

由托运人或其代理人签字或盖章，并填写托运货物的日期。

(25) AGENT, DATE /经办人、日期

由承运人或其代理人的经办人签字，并填写日期。

江苏客货运输服务有限公司

JIANGSU EXPRESS SERVICE CO. LTD. **IATA**

国际货物托运书

SHIPPER'S LETTER OF INSTRUCTION REF. NO.：XY050401

始发站 AIRPORT DEPARTURE SUZHOU	到达站 AIRPORT OF DESTINATION MONTREAL	供承运人用 FOR CARRIER ONLY
路线及到达站 ROUTING AND DESTINATION	航班/日期 FREIGHT/DAY	航班/日期 FREIGHT/DAY

至 TO	第一承运人 BY FIRST CARRIER	至 TO	承运人 BY	至 TO	承运人 BY	至 TO	承运人 BY	已预留吨位 DOKKED

收货人姓名及地址 CONSIGNEE'S NAME AND ADDRESS	PT. TRADE CORPORATION 310 VIRA MONTREAL CANADA	运费：CHARGES：FREIGHT：PREPAID
另行通知 ALSO NOTIFY	SAME AS CONSIGNEE	

托运人账号 SHIPPER'S ACCOUNT NUMBER	80456861	托运人姓名及地址 SHIPPER'S NAME & ADDRESS	JIANGSU I/ E TRADE CORP. 333 ZHONGHUA ROAD SUZHOU

托运人声明的价值 SHIPPER'S DECLARED VALUE NVD		保险金额 AMOUNT OF INSURANCE	所附文件 DOCUMENTS TO ACCOMPANY AIR WAYBILL
供运输用 FOR CARRIAGE	供海关用 FOR CUSTOMS		

件数 NO. OF PACKAGES	实际毛重 ACTUAL GROSS WEIGHT(KG)	运价类别 RATE CLASS	收费重量 CHARGEABLE WEIGHT	离岸 RATE CHARGE	货物名称及重量(包括体积或尺寸) NATURE AND QUANTITY OF GOODS (INCL. DIMENSIONS OF VOLUME)
70CTNS	730				SHANGHAI COUNTRY BICYCLE 31 CBM

在货物不能交于收货人时，托运人指示的处理方法
SHIPPER'S INSTRUCTIONS IN CASE OF INABILITY TO DELIVER SHIPMENT AS CONSIGNED

处理情况(包括包装方式、货物标志及号码等)
HANDLING INFORMATION (INCL. METHOD OF PACKING DENTIFYING MARKS AND NUMBERS,ETC.)

托运人证实以上所填全部属实并愿遵守托运人的一切载运章程
THE SHIPPER CERTIFIES THAT PARTICULARS ON THE EACH HEREOF ARE CORRECT AND AGREES TO THE CONDITIONS OF CARRIAGE OF THE CARRIER

JIANGSU IMPORT & EXPORT TRADE CORPORATION 江苏进出口贸易公司

托运人签字 王 SIGNATURE OF SHIPPER　日期 2015. 05. 13 DATE　经手人 王民 AGENT　日期 2015. 05. 13 DATE

评析：

- 国际货运委托书没有固定格式，各航空公司委托书的内容大致相同。
- 国际货运委托书是由托运人用英文填写并签章，在中国香港地区除货名外可用中文。
- 国际货运委托书是货主委托货代公司承办航空货运出口货物的依据，是一份法律文书。

缮制国际货物托运书体验活动

1. 业务资料

卖　　方：NINGBO IMPORT & EXPORT TRADE CORPORATION
　　　　　1321 ZHONGSHAN ROAD NINGBO, CHINA

银行账号：ZYW14804568

装 运 地：宁波机场(NINGBO AIRPORT CHINA)

目 的 地：大阪机场(OSAKA AIRPORT JAPAN)

买　　方：XINQIAO TRADE CORPORATION
　　　　　No. 206 KAWARA MACH OSAKA JAPAN

银行账号：ZYW14804568

货　　名：全棉T恤衫(100% COTTON T-SHIRT)

规格数量：No. 1A　2 000PCS、No. 2A　2 000PCS、No. 3A　1 000PCS　No. 4A 1 000PCS

单　　价：No. 1A　USD 11.00、No. 2A USD 10.00、　No. 3A　USD 9.50　No. 4A USD 8.50
　　　　　CPTOSAKA

重量体积：G. W：20KGS/CTN　N. W：18KGS/CTN　MEAS：0.5 M^3/CTN

2. 业务要求

请你以“单证员”的身份，根据上述资料缮制国际货物托运书。

任务四　出境货物报检申报及单证缮制

业务导入

出境货物检验检疫的一般工作程序是先报检，后进行检验检疫，再通关。出境货物最迟应在出口报关或装运前7天报检，对于个别检验检疫周期较长的货物，应留有相应的检验检疫时间；需隔离检疫的出境动物在出境前60天预报，隔离前7天报检。如为法定检验检疫货物，除活动物需由口岸检验检疫机构检验检疫外，原则上实施产地检验检疫。

江苏进出口贸易公司向江苏客货运输服务有限公司办理出口货物航空运输手续后，由王嫔小姐缮制报检单，并随附合同、商业发票和装箱单等单据向苏州出入境检验检疫机构办理报检。

一、办理出口货物报检业务程序

办理出口货物报检业务流程如图3-4所示。

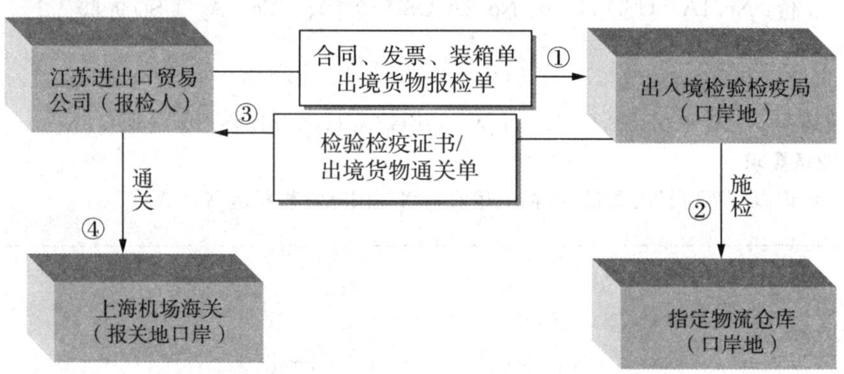

图3-4　出口货物报检业务程序

评析：

- 报检人应在规定时限内向当地出入境检疫机构报检。
- 报检时应提交出境货物报检单、合同、发票等有关单据，如为样品成交，还须提供样品。

● 海关凭出境货物通关单或检验检疫证书办理通关手续。

相关知识链接

出境检验检疫的报检范围

1. 法律与行政法规所规定的实施检验检疫的出境对象

根据《中华人民共和国进出口商品检验法》、《中华人民共和国进出境动植物检疫法》和《中华人民共和国国境卫生检疫法》及其实施细则以及《中华人民共和国食品卫生法》等有关法规的规定，下列入境对象须向检验检疫机构报检，由其实施检验检疫或鉴定工作。

(1) 列入《出入境检验检疫机构实施检验检疫的进出境商品目录》内的货物；

(2) 出口危险货物包装容器的性能检验和使用鉴定；

(3) 出境集装箱；

(4) 出境动植物、动植物产品和其他检疫物；

(5) 装载动植物、动植物产品和其他检疫物的装载容器、包装物、铺垫材料；

(6) 装载出境动植物、动植物产品及其他检疫物的运输工具；

(7) 出境人员、交通工具、运输设备以及可能传播检疫传染病的行李、货物和邮包等物品；

(8) 旅客携带物和携带伴侣动物；

(9) 国际邮寄物；

(10) 其他法律、行政法规规定需经检验检疫机构实施检验检疫的其他出境对象。

2. 输入国家或地区所规定须凭检验检疫机构出具证书方准入境的对象

某些国家发布法令或政府规定，对来自中国的动植物、动植物产品、食品，凭我国检验检疫机构签发的动植物检疫证书以及有关证书方可入境；有些国家或地区规定，从中国输入货物的木质包装，装运前要进行热处理、熏蒸或防腐等除害处理，并由我国检验检疫机构出具《熏蒸/消毒证书》，凭其验放货物。

3. 凡我国作为成员的国际条约、公约和协定所规定的实施检验检疫的出境货物

凡我国作为成员的国际条约、公约和协定所规定的，必须由我国检验检疫机构实施检验检疫的出境货物，该货主或其代理人须向检验检疫机构报检实施检验检疫。

4. 凡贸易合同约定的须凭检验检疫机构签发的证书进行交接、结算的入境货物

凡在进口贸易合同或协议中规定的出境货物，要以我国检验检疫机构签发的检验检疫证书作为交接、结算依据，该货主或其代理人须向检验检疫机构报检，由检验检疫机构按照合同、协议的要求实施检验检疫或鉴定，并签发检验检疫证书。

二、江苏进出口贸易公司办理报检实例

1. 缮制报检单

出境货物报检单的主要内容和缮制方法如下：

(1) 编号

由检验检疫机构报检受理人员填写，前6位为检验检疫机构代码，第7位为报检类代目，第8、第9位为年代码，第10至第15位为流水号。实行电子报检后，该编号可在受理电子报检的回执中自动生成。

(2) 报检单位

填写报检单位的全称，并盖报检单位印章。

(3) 报检单位登记号

填写报检单位在检验检疫机构备案或注册登记的代码。

(4) 联系人

填写报检人员姓名。

(5) 电话

填写报检人员的联系电话。

(6) 报检日期

检验检疫机构实际受理报检的日期，由检验检疫机构受理报检人员填写。

(7) 发货人

预检报检的，可填写生产单位；出口报检的，应填写外贸合同中的卖方。

(8) 收货人

填写外贸合同中的买方名称。

(9) 货物名称

填写出口贸易合同中规定的货物名称及规格。

(10) H.S.编码

填写本批货物的商品编码(8位数或10位数编码)，以当年海关公布的商品税则编码分类为准。

(11) 产地

填写本货物的生产或加工地的省、市和县名称。

(12) 数/重量

填写本货物实际申请检验检疫数/重量，重量还应注明毛重或净重。

(13) 货物总值

填写本批货物的总值及币种，应与出口贸易合同和发票上的货物总值

一致。

(14) 包装种类及数量

填写本批货物实际运输包装的种类及数量,应注明包装的材质。

(15) 运输工具名称及号码

填写装运本批货物的运输工具的名称和号码。

(16) 合同号

填写出口贸易合同、订单或形式发票的号码。

(17) 信用证号

填写本批货物的信用证编号。

(18) 贸易方式

根据实际情况填写一般贸易、来料加工、进料加工、易货贸易和补偿贸易等贸易方式。

(19) 货物存放地点

填写本批货物存放的具体地点或仓库。

(20) 发货日期

填写出口装运日期,预检报检可不填。

(21) 输往国家和地区

填写出口贸易合同中买方所在国家和地区,或合同注明的最终输往国家和地区。

(22) 许可证/审批号

如为实施许可/审批制度管理的货物,必须填写其编号,不得留空。

(23) 生产单位注册号

填写本批货物生产、加工的单位在检验检疫机构注册登记编号,如卫生注册登记号、

质量许可证号等。

(24) 启运地

填写装运本批货物离境交通工具的启运口岸/城市地区名称。

(25) 到达口岸

填写本批货物最终抵达目的地停靠口岸名称。

(26) 集装箱规格、数量及号码

货物若以集装箱运输,应填写集装箱的规格、数量及号码。

(27) 合同订立的特殊条款以及其他要求

填写在出口贸易合同中特别订立的有关质量、卫生等条款,或报检单位

对本批货物检验检疫的特别要求。

(28) 标记及号码

填写本批货物的标记及号码，如没有标记及号码，则填“N/M”，不得留空。

(29) 用途

根据实际情况，填写食用、奶用、观赏或演艺、伴侣动物、试验、药用、其他等用途。

(30) 随附单据

根据向检验检疫机构提供的实际单据，在该前“□”内打“√”，或在“□”后补填单据名称，在其“□”内打“√”。

(31) 需要证单名称

根据需要由检验检疫机构出具的证单，在对应的“□”内打“√”或补填，并注明所需证单的正副本数量。

(32) 报检人郑重声明

报检人员必须亲笔签名。

(33) 检验检疫费

由检验检疫机构计费人员填写。

(34) 领取证单

报检人在领取证单时，填写领证日期并签名。

中华人民共和国出入境检验检疫
出境货物报检单

江苏进出口贸易公司 JIANGSU IMPORT & EXPORT TRADE CORPORATION

报检单位(加 　　　　　　　　　　　　　　　　　　　　＊编号:________

报检单位登记号: 　联系人:王嫔　电话:65788888　报检日期:2015 年 5 月 14 日

发货人	(中文)江苏进出口贸易公司
	(外文)JIANGSU IMPORT & EXPORT TRADE CORPORATION
收货人	(中文)
	(外文)PT. TRADE CORPORATION

货物名称(中/外文)	H. S. 编码	产地	数/重量	货物总值	包装种类及数量
上海牌山地自行车 SHANGHAI COUNTRY BICYCLE	8712.0030	上海	700 辆	62 000 美元	70 箱

运输工具名称及号码	MU07530SY	贸易方式	一般贸易	货物存放地点	苏州市江苏路 9 号

合同号	TXT06081		信用证号		用途	
发货日期	2015.05.30	输往国家(地区)	加拿大	许可证/审批证	07AB122433	
启运地	苏州	到达口岸	MONTREAL	生产单位注册号		
集装箱规格、数量及号码	40 英尺普通集装箱一只　TEXU13248759432					

合同、信用证订立的检验检疫条款或特殊要求	标记及号码	随附单据(画"√"或补填)	
按照合同要求检验	PC TXT06081 MONTREAL C/NO. 1-70	☑ 合同 ☐ 信用证 ☑ 发票 ☐ 换证凭单 ☑ 装箱单 ☑ 厂检单	☐ 包装性能结果单 ☐ 许可/审批文件 ☐ ☐ ☐ ☐

需要单证名称(画"√"或补填)		＊检验检疫费	
☐ 品质证书　__正__副 ☐ 重量证书　__正__副 ☑ 数量证书　1 正 2 副 ☐ 兽医卫生证书　__正__副 ☐ 健康证书　__正__副 ☐ 卫生证书　__正__副 ☐ 动物卫生证书　__正__副	☐ 植物检疫证书　__正__副 ☐ 熏蒸/消毒证书　__正__副 ☐ 出境货物换证凭单　__正__副	总金额(人民币元)	
		计费人	
		收费人	

报检人郑重声明:	领取单证	
1. 本人被授权报检。 2. 上列填写内容正确属实,货物没有伪造或冒用他人的厂名、标志、认证标志,并承担货物质量责任。 签名: 王嫔	日期	
	签名	

注:有"＊"号栏由出入境检验检疫机构填写　　◆ 国家质量监督检验检疫总局制

评析：

- 报检单内容的填写必须正确，其是出入境检验检疫局进行检验检疫和出证的依据。
- 报检单填写的内容必须真实，否则要承担相关的法律责任。

2. 缮制非木质包装证明

Declaration of no-wooden
Packing material

TO：

THE SERVICE OF INDONESIA ENTRY & EXIT INSPECTION AND QUARANTINE

IT IS DECLARED THAT THIS SHIPMENT

COMMODITY：SHANGHAI COUNTRY BICYCLE

QUANTITY/WEIGHT：70 CARTONS

INVOICE NUMBER：XH051111

DOES NOT CONTAIN WOOD PACKING MATERIALS.

JIANGSU IMPORT & EXPORT TRADE CORPORATION

王嫔

3. 出入境检验检疫机构签发出境货物通关单

中华人民共和国出入境检验检疫
出境货物通关单

编号:07053088

<table>
<tr><td colspan="3">1. 收货人　PT. TRADE CORPORATION</td><td rowspan="3">5. 标记及唛码
PC
TXT06081
MONTREAL
C/NO. 1-70</td></tr>
<tr><td colspan="3">2. 发货人　江苏进出口贸易公司</td></tr>
<tr><td>3. 合同/提(运)单号
TXT06081</td><td colspan="2">4. 输出国家或地区
加拿大</td></tr>
<tr><td>6. 运输工具名称及号码
MU07530SY</td><td colspan="2">7. 目的地
MONTREAL</td><td>8. 集装箱规格及数量</td></tr>
<tr><td>9. 货物名称及规格
上海牌山地自行车
ART SH28INCH
ART SH26INCH</td><td>10. H. S. 编码
8712.0030</td><td>11. 申报总值
62 000 美元</td><td>12. 数/重量、包装数量及种类
700 辆
70 箱</td></tr>
<tr><td colspan="4">13. 证明
上述货物业已报检/申报,请海关予以放行。
本通关单有效期至　2015 年 6 月 20 日

签字:丁鸣　　　　日期:2015 年 5 月 20 日</td></tr>
<tr><td colspan="4">14. 备注</td></tr>
</table>

4. 出入境检验检疫机构签发

中华人民共和国出入境检验检疫

ENTRY-EXIT INSPECTION AND QUARANTINE OF THE PEOPLE'S REPUBLIC OF CHINA

数量检验证书

QUANTITY CERTIFICATE　　编号 No.：060697

发货人：JIANGSU IMPORT & EXPORT TRADE CORPORATION
Consignor

收货人：PT. TRADE CORPORATION
Consignee

品　名：SHANGHAI COUNTRY BICYCLE
Description of Goods

报验数量/重量：700PCS
Quantity Weight Declared

包装种类及数量：70 CARTONS
Number and Type of Packages

运输工具：MU07530SY
Means of Conveyance

标记及号码 Mark & No.
PC
TXT06081
MONTREAL
C/NO. 1-70

检验结果：Results of Inspection
SHANGHAI COUNTRY BICYCLE
PACKED IN 70 CARTONS OF 10 PCS EACH
TOTAL:700 PCS
TOTAL:70 CARTONS

我们已尽所知和最大能力实施上述检验，不能因我们签发本证书而免除卖方或其他方面根据合同和法律所承担的产品质量责任和其他责任。

All inspections are carried out conscientiously to the best of our knowledge and ability. This certificate does not in any respect absolve the seller and other related parties from his contractual and legal obligations especially when product quality is concerned.

印章 Official Stamp	签证地点 Place of Issue: SUZHOU	签证日期 Date of Issue: MAY 20, 2015	签名 Signature: 丁鸣

评析：

- 货物的包装件数或数量是数量检验证书的重要内容，应与贸易合同要求相符。
- 检验检疫的结果应符合合同的规定。
- 检验检疫证书中不宜有校正处。

缮制出境货物报检单、非木质包装证明体验活动

1. 业务资料

卖　　方：NINGBO IMPORT & EXPORT TRADE CORPORATION
1321 ZHONGSHAN ROAD NINGBO, CHINA

电　　话：(0574) 65788877

单位登记号：277345Q

买　　方：XINQIAO TRADE CORPORATION

货　　名：全棉 T 恤衫(100% COTTON T-SHIRT)

商品编码：5210.4100

规格数量：No.1A　2 000PCS、No.2A　2 000PCS、No.3A　1 000PCS　No.4A　1 000PCS

单　　价：No.1A　USD 11.00、No.2A USD 10.00、 No.3A　USD 9.50　No.4A USD 8.50
CPT OSAKA

包　　装：每 50 件套装 1 箱(PACKED IN CARTON OF 50 SET EACH)

航 班 号：CK594834R

贸易方式：一般贸易

货物存放地：宁波市华南路 321 号

合 同 号：ST061032

发货日期：2015 年 10 月 31 日

装 运 地：中国宁波机场(NINGBO AIRPORT CHINA)

目 的 地：大阪机场(OSAKA AIRPORT JAPAN)

集装箱规格、数量：40 英尺加高集装箱一只(号码为 TEXU1098734563)

许可证号：ZN07432288

品质证书：1 正 2 副

发 票 号：NT0708336

2. 业务要求

请你以“单证员”的身份，根据上述资料缮制出境货物报检单与非木质包装证明。

任务五　出口货物报关申报及单证缮制

业务导入

出口报关单(The Export Declaration)是由海关总署按统一格式印制,由出口商在装运前填制,经海关审核、签发后生效的法律文书。出口报关单是海关依法监管货物出口、征收关税、编制海关统计以及处理其他海关业务的重要凭证。

江苏进出口贸易公司在办理好报检手续后,王嫔小姐缮制报关单,并随附合同、商业发票、装箱单、非木质包装证明和核销单等单据向苏州海关办理报关。海关核准无误后征收关税,并在出口货物报关单上加盖放行章,航空货物运输公司才可将货物装机。

一、出口货物报关和装运业务程序

办理出口货物报关和装运业务流程如图 3－5 所示。

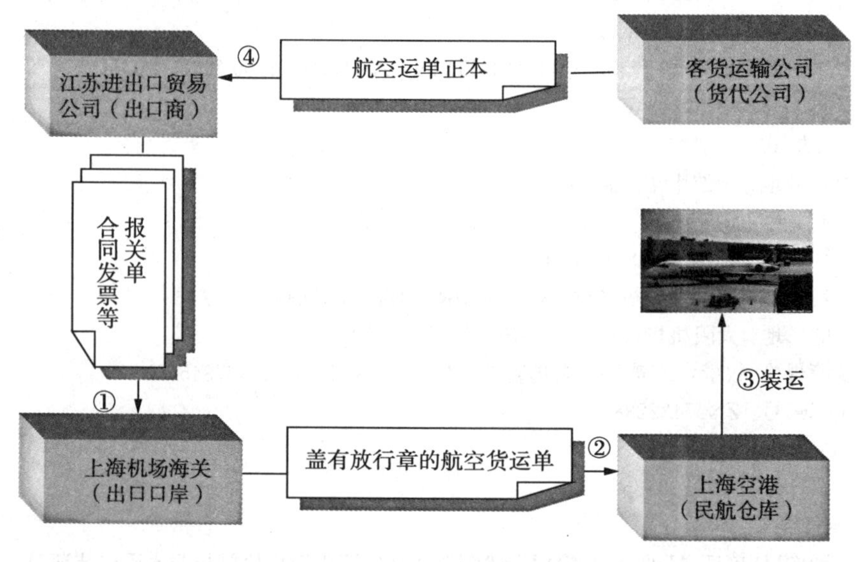

图 3－5　出口货物报关和装运程序

评析：

- 出口商在规定的时间内填写报关单，并随附商业发票、装箱单和合同等有关单据向出口地海关办理报关。
- 海关核准无误后，收讫关税，在报关单和航空货运单上盖放行章。
- 港口机场凭盖有放行章的航空货运单进行装机。
- 航空货运公司或货运代理公司签发航空运单。

二、江苏进出口贸易公司办理报关实例

出口商在货物装运前委托货运代理公司或自行办理报关，填写报关委托书或报关单，并随附商业发票、装箱单和合同等有关单据向出口地海关办理出口货物报关手续。

1. 缮制报关单

报关单根据业务性质的不同，分为一般贸易出口货物报关单、进料加工专用报关单、出口退税专用报关单、来料加工和补偿贸易专用报关单，其主要内容大致相同，填制方法略有差异。简介如下：

(1) 预录入编号

填写申报单位或预录入单位对该单位填制录入的报关单的编号，用于该单位与海关之间引用其申报后尚未批准放行的报关单。报关单录入凭单的编号规则由申报单位自行决定。预录入报关单及EDI报关单的预录入编号由接受申报的海关决定。

(2) 海关编号

海关接受申报时给予报关单的编号，一般为9位数码。此栏由海关填写。

(3) 出口口岸

注明货物实际出境口岸的海关名称和代码，按《海关名称及代码表》规定填制。如“上海海关2200”。倘若是在我国不同出口加工区之间转让的货物，则填报对方出口加工区海关名称及代码。其他无实际进出境的货物，填报接受申报的海关名称及代码。

(4) 备案号

如为一般贸易，此栏留空。如为加工贸易，填报《进料加工登记手册》、《出口货物免税证明》或其他有关备案审批文件的编号。

(5) 出口日期

填入申报货物运输工具出境的日期，顺序为年、月、日，如2006年8月10日填为2006.08.10。预录入报关单及EDI报关单均免于填报，无实际进出境

的报关单填报办理申报手续的日期。

(6) 申报日期

发货人办理货物出口报关手续的日期,年为4位,月、日各2位。

(7) 经营单位

应填报出口企业中文名称及单位编码(10位数字)。

(8) 运输方式

根据实际运输方式并按海关规定的“运输方式代码表”填报,如“江海2”。

(9) 运输工具名称

将载运货物出境运输工具的名称或运输工具编号填入此栏,一份报关单只允许填报一个运输工具名称。

(10) 运单号

填报出口货物提单或运单编号,一票货物多个提运单时,应分单填写。

(11) 发货单位

应填报出口货物在境内生产或销售单位的中文名称或海关注册编码。

(12) 贸易方式(监管方式)

按海关规定的“贸易方式代码表”填制相应的贸易方式简称及其代码,如“一般贸易0110”。

(13) 征免性质

按海关核发的《征免税证明》中批注的征免性质或海关规定的《征免性质代码表》填报相应的征免性质简称或其代码,如“一般征税101”。

(14) 结汇方式

依据合同和信用证规定,并按海关规定的“结汇方式代码表”填制,如“电汇2”。

(15) 许可证号

属申领出口许可证的货物,必须填出口货物许可证的编号,不得为空。

(16) 运抵国(地区)

根据出口货物直接运抵的国家(地区),并按海关规定的“国别/地区代码表”填写,如“日本116”。

(17) 指运港

填写出口货物运抵最终目的港及其海关规定的港口航线代码表,如“香港0110”。

(18) 境内货源地

注明出口货物在国内的产地或始发地,及其国内地区代码表,如“上海浦东新区 31222”。

(19) 批准文号

此栏应填报《出口收汇核销单》的编号。

(20) 成交方式

根据合同的成交条件,并按成交方式代码填写,如“FOB 3”。

(21) 运费

按成交价格中含有的国际运输费用的金额和货币代码填写。如“502/1100/3”,是指总运费为 1 100 美元(“1”表示运费率,“2”表示运费单价,“3”表示运费总价)。

(22) 保费

填报该批出口货物运输的保险费用和货币代码。如 10 000 港元保险费总价应填为“110/10000/3”(“1”表示保险费率,“3”表示保险费总价)。

(23) 杂费

按杂费总价或杂费率填报,如“303/500/3”(“1”表示杂费率,“3”表示杂费总价),其意为杂费总价为 500 英镑。杂费是指成交价以外应计入完税价格或应从完税价格中扣除的费用,诸如手续费、佣金和回扣等。

(24) 合同协议号

注明出口货物合同(协议)的全部字头和号码。

(25) 件数

按外包装的出口货物(如集装箱、托盘等)的实际件数填报,裸装货物填“1”。

(26) 包装种类

根据出口货物的实际外包装种类填制,如木箱、纸箱等。

(27) 毛重(千克)

按出口货物实际毛重(千克)填,不足 1 千克的应填“1”。

(28) 净重(千克)

填出口货物实际重量(千克),不足 1 千克的填“1”。

(29) 集装箱号

填报集装箱编号,如集装箱号为 TEXU5678021 的 20 英尺集装箱,应填为 TEXU5678021/20/2280(2280 是集装箱的自重量)。

(30) 随附单据

应填写与出口货物报关单一并向海关递交的单证的名称与代码,但合同、发票和装箱单等必备的随附单证可不填。

(31) 生产厂家

填出口货物境内生产企业的名称。

(32) 标记唛码及备注

填制唛头,限图形除外的文字和数字。

(33) 项号

第一行打印报关单中的商品排列序号,第二行专用于加工贸易等已备案的货物在“登记手册”中的项号。

(34) 商品编号

按海关规定的商品分类编码规则填写该出口货物的商品编号。

(35) 商品名称、规格型号

通常第一行写出口货物的中文名称,第二行表示规格型号。

(36) 数量及单位

注明出口商品的实际数量及计量单位。

(37) 最终目的国(地区)

填制出口货物的最终消费或进一步加工制造国家(地区)及其国别/地区的代码。

(38) 单价

填报同一项号出口货物实际成交的商品单位价格。

(39) 总价

填同一项号下出口货物实际成交的商品总价。

(40) 币制

按实际成交价格的币种的代码填入,如美元为“502”。

(41) 征免方式

按海关核发的“征免税证明”和征减免税方式的代码填写,如“全免 3”。

(42) 税费征收情况

此栏留空,供海关对出口货物的税费征收、减免情况进行批注。

(43) 录入员

用于预录入和 EDI 报关单,打印录入人员的姓名。

(44) 录入单位

用于预录入和 EDI 报关单,打印录入单位名称。

(45) 申报单位

注明向海关申报单位的全称和代码,如为委托代理报关,应填报代理报关企业名称及代码,由报关员填报。

(46) 填制日期

指报关单的填制日期,通常为申报日期。

(47) 海关审单批注栏

由海关人员填写。

中华人民共和国海关出口货物报关单

预录入编号： 海关编号：

出口口岸	备案号	出口日期	申报日期
苏州海关 2303		2015-05-30	2015-05-22

经营单位（0487124888）	运输方式	运输工具名称	提运单号
江苏进出口贸易公司	航空运输	MU07530SY	

发货单位	贸易方式	征免性质	结汇方式
江苏进出口贸易公司	一般贸易	一般征税	托收

许可证号	运抵国（地区）	指运港	境内货源地
07AB122433	加拿大	蒙特利尔	上海

批准文号	成交方式	运费	保费	杂费
	CPT	502/730/3		

合同协议号	件数	包装种类	毛重（千克）	净重（千克）
TXT06081	70	箱	730	660

集装箱号	随附单据	生产厂家
	B：07053088	上海自行车厂

标记唛码及备注 PC
TXT06081
MONTREAL
C/NO. 1-70

项号	商品编号	商品名称、规格型号	数量及单位	最终目的国（地区）	单价	总价	币制	征免
	87120030	上海牌山地自行车		加拿大			502	照章
01		ART SH28INCH	300 件 300KGS		100.00	30 000.00		
02		ART SH26INCH	400 件 360KGS		80.00	32 000.00		

税费征收情况

录入员 录入单位	兹声明以上申报无讹并承担法律责任	海关审单批注及放行日期（签章）
报关员 3121042266 王 嫔	申报单位（签章）	审单 审价
单位地址 苏州市中山路 333 号	江苏进出口贸易公司 报关专用章	征税 统计
邮编 312453 电话 65788888	填制日期 [illegible]5.22	查验 放行

评析：

- 报关企业和报关员必须真实、准确地填制报关单，不得虚报，否则承担相应法律责任。
- 对于不同贸易方式的货物，应填制相应的报关单。
- 不同合同的出口货物，不准填写在同一份报关单上。
- 同一份报关单上的不同商品不得超过五项。
- 可填写"出口货物报关单更改单申请"，对已填制的报关单的内容进行更改。

2. 航空公司签发航空货运单

航空货运单有 3 份正本，其内容和主要缮制方法如下：

(1) No. /编号

由航空公司编写，前 3 位数为国际航空公司代号(例如，999 为中国国际航空公司代号，131 为日航代号)。

(2) Air Waybill /空运单

空运单上注明"Not negotiable" (不可转让)，说明其是不可转让的运输单据。

(3) Shipper's Name and Address /收货人名称及地址

按信用证或合同规定填写，信用证项下一般为受益人，托收方式下通常为出口商。

(4) Shipper's Account Number /发货人账号

此栏通常留空不填。

(5) Consignee's Name and Address /收货人名称及地址

按信用证要求填收货人名称和地址。一般为开证行或开证人。托收方式下通常为进口商，如以代收行为收货人，须征得代收行的同意。

(6) Consignee's Account Number /收货人账号

除信用证特别要求外，通常不填。

(7) Issuing Carrier's Agent Name and City /签单承运人的代理人名称及城市

如由货运代理公司签发，此栏填实际名称和城市名。如承运人直接签发，此栏可不填。

(8) Agent's IATA Code /代理人的 IATA 代号

IATA 为国际航空运输协会的英文缩写，填写代理人在该协会的代号。

(9) Agent's Account No. /代理人账号

供承运人结算使用，由代理人填写，此栏留空。

(10) Airport of Departure and Requested Routing /起航机场和指定航线

填起航机场名称和实际航线。

(11) Accounting Information /会计结算情况

按信用证要求或实际情况填运费预付、运费到付等。

(12) Airport of Transhipment /转运机场

按信用证规定填，如无转运，此栏留空。

(13) Airport of Destination /目的地机场

按信用证或合同规定的目的地机场名称填。

(14) Flight/Date <For Carrier Use Only> /航班/日期<供承运人用>

填航次与实际起飞日期，但装运期应以空运单签发日为准。

(15) Currency and Charges Code /费用币制及费用代号

按货币国际标准电码表示，如 CNY(人民币)，费用代号通常不填。

(16) WT/VAL and Other /运费/声明价值费和其他费用

如果运费和声明价值费或其他费用预付，在 PPD 栏(Prepaid 缩写)打"X"；如为到付，则在 COLL 栏<collect 缩写>打"X"。

(17) Declared Value for Carriage /供运输使用声明价值

按国际公约规定，托运人在交付托运时声明货物价值者，如发生货损，承运人按其声明价值赔偿。如没有声明价值，按每千克统一规定的金额赔偿，但不超过该货到达后的价值。

声明价值必须注明币制，如不填声明价值，此栏用"N. V. D."(No Value Declared)示意无声明价值。

(18) Declared Value for Customs /供海关使用声明价值

此栏所填入价值为海关征税的依据。如果本地以商业发票或出口报关单申报价值为征税依据时，可留空不填；如作为样品等极少数量货物，可填 N. C. V (No Commercial Value)，示意无商业价值。

(19) Handing Information /处理情况

根据信用证要求注明被通知人，或随机的单证名称，或包装情况，或托运人对货物在途中的特别要求等，一般此栏不填。

(20) No. of Pieces /件数

填包装总件数。

(21) Gross Weight /毛重

填货物总毛重量。

(22) Kg. lb /千克或磅

按实际计量单位选择。

(23) Rate class /运价分类代号

运价分类代号如下：

"M"(Minimum Charge)为起码运价。

"N"(Normal Under 45kg Rate) 为 45 千克以下运价。

"Q"(Quantity Over 45kg) 为 45 千克以上运价，其中又分 100 千克、250 千克多个档次。

"C"(Special Commodity Rate) 为特种商品运价。

"R"(Reduced Class Rate，Less than Normal Rate) 为折扣运价，低于 45 千克普通货物运价的等价运价。

"S"(Surcharged Class Rate，More than Normal Rate) 为加价运价，高于 45 千克普通货物运价的等价运价。

(24) Commodity Item No. /商品编号

本栏留空，由航空公司按品名类别编号填写。

(25) Chargeable Weight /计费重量

以重量计费，此栏填毛重，其他可不填。

(26) Rate/Charge /费率

按实际计费的费率填入。

(27) Total /运费总额

填入按(计费重量 × 费率 ＝ 运费总额)公式计算的结果。

(28) Nature and Quantity of Goods ＜incl. Dimensions or Volume＞(货物的品名和数量＜包括体积或容积＞)

按信用证或合同规定填写。

(29) Weight Charge /以重量计算的运费额

将运费额按照实际情况，填入"预付"或"待付"栏中。

(30) Other Charges /其他费用

其他费用主要包括运单费、仓储费和危险货物费等，按实际情况填写。

(31) Total Other Charges Due Carrier /由承运人需要而产生其他费用总额

如运单费、仓储费等，按实际诸项费用相加填入。

(32) Total Prepaid /预付费用总额

由运费预付额与其他费用额构成。

(33) Signature of Shipper or His Agent /发货人或代理人签名

由发货人或代理人在本栏签名，保证该货并非危险物。

(34) Executed on (date)at (place), Signature of Issuing Carrier or its Agent /承运人或其代理人签字及签运单日期、地点

正本空运单必须由承运人或其代理人签章才生效，本栏签发日期不得晚于合同或信用证规定的最迟装运日期。

(35) Original /正本

按国际惯例，空运单正本为 3 份，分别由航空公司和发货人留存，以及随

机转给收货人。副本共 9 份，根据需要签发。

Shipper'S Name and Address	Shipper's Account Number	Not negotiable
	045686	**Air Waybill** 中国东方航空公司
JIANGSU IMPORT & EXPORT TRADE CORPORATION 333 ZHONGHUA ROAD SUZHOU JIANGSU CHINA		Issued by CHINA EASTERN AIRLINES 2250 HONGQIAO ROAD SHANGHAI CHINA
Consignee's Name and Address	Consignee's Account Number	Copies 1,2 and 3 this Air Waybill are originals and have the same validity
PT. TRADE CORPORATION 310 VIRA MONTREAL CANADA	SO099	It is agreed that goods described herein are accepted in apparent good order and condition (except as noted) for carriage SUBJECT TO THE CONDITIONS OF CONTRACT ON THE REVERSE HEREOF. ALL GOODS MAY BE CARRIED BY ANY OTHER MEANS INCLUDING ROAD OR ANY OTHER CARRIER UNLESS SPECIFIC CONTRARY INSTRUCTIONS ARE GIVEN HEREON BY THE SHIPPER, AND SHIPPER AGREES THAT THE SHIPMENT MAY BE CARRIED VIA INTERMEDIATE STOPPING PLACES WHICH THE CARRIER DEEMS APPROPRIATE. THE SHIPPER'S ATTENTION IS DRAWN TO THE NOTICE CONCERNING CARRIER'S LIMITATION OF LIABILITY. Shipper may increase such limitation of limitation of liability by declaring a higher value for carriage and paying a supplemental charge if required.
Issuing Carrier's Agent Name and City FUKANGWA EX3 (030-424) MONTREAL EXPRESS CO., LTD.		Accounting Information FREIGHT: PREPAID
Agents IATA Code 08321550	Account No.	
Airport of Departure (Addr. Of First Carrier) and Requested Routing SUZHOU		

To	By First Carrier	Routing and Destination	To	By	To	By	Currency	Chgs Code	WT/VAL PPD	WT/VAL COLL	Other PPD	Other COLL	Declared Value for Carrier	Declared Value for Customs
							USD		x x		x x		N.V.D	

Airport of Destination	Requested Flight/Date	Amount of Insurance	If shipper requests insurance in accordance with the conditions thereof indicate amount to be insures in figures in box marked "Amount of Insurance".
MONTREAL	MU0514/02		

Handing Information

AS PER REF. NO.: XY050401

No. of Place RCP	Gross Weight	kg lb		Rate Class Commodity Item No.	Chargeable Weight	Rate/Charge	Total	Nature and Quantity of Goods (Incl. Dimensions or Volume)
70	730	K	Q		730	1.00	730.00	SHANGHAI COUNTRY BICYCLE 31CBM

Prepaid	Weight Charge	Collect	Other Charges
2 400.00			
Valuation Charge			AWB FEE : 30.00
Tax			
Total other Charges Due Agent			Shipper certifies that particular's on the face hereof are correct and agrees THE CONDITIONS ON REVERSE HEREOF:
30.00			SUZHOU / AIR EXPORT 华彰
Total other Charges Due Carrier			Signature Shipper or his Agent
Total Prepaid	Total Collect		Carrier certifies that the goods described hereon are accepted for carriage subject to THE CONDITION OF CONTRACT ON THE REVERSE HEREOF. The goods then being in apparent good order and condition except as noted hereon.
700.00			MAY 28, 2015 SUZHOU, CHINA CHINA EASTERN AIRLINES
Currency Conversion Rate	CC Charges in Dest.. Currency		Executed on (date) at (place) Signature of issuing Carrier
For Carriers Use only at Destination	Charges at Destination	Total Collect Charges	789-3905 0933

评析：

- 空运单是承运人签发给托运人表示已收妥货物接受托运的货运单据。
- 空运单是承运人和托运人之间的运输合同。
- 空运单不是物权凭证，不能凭以提货或转让，其仅供收货人作为运费账单、核收货物的依据，也是承运人的计账凭证。

缮制出口货物报关单体验活动

1. 业务资料

卖　　方：宁波进出口贸易公司（海关注册号：321098765）
　　　　　1321 ZHONGSHAN ROAD NINGBO，CHINA

电　　话：(0574) 65788877

货　　名：全棉 T 恤衫（100% COTTON T-SHIRT）

规格数量：No. 1A　2 000PCS、No. 2A　2 000PCS、No. 3A　1 000PCS　No. 4A 1 000PCS

单　　价：No. 1A　USD 11. 00、No. 2A USD 10. 00、No. 3A　USD 9. 50　No. 4A USD 8. 50
　　　　　CPTOSAKA

包　　装：每 50 件套装 1 箱（PACKED IN CARTON OF 50 SET EACH）

支付方式：电汇（BY T/T）

装 运 地：中国宁波机场（NINGBO AIRPORT CHINA）

目 的 地：大阪机场（OSAKA AIRPORT JAPAN）

装运期限：最迟不晚于 2015 年 10 月 31 日（NOT LATER THAN OCT. 31，2015）

航 班 号：CK594834R

空运单号：CK43209-A4564

贸易方式：一般贸易

许可证号：ZN07432288

航空运费：1 000 美元

商品编码：5210. 4100

重量体积：G. W：20KGS/CTN　N. W：18KGS/CTN　MEAS：0. 5 M^3/CTN

通关单号：WQ09874323

加工单位：宁波服装有限公司（宁波市大欣路 468 号）

集装箱规格、数量：40 英尺加高集装箱一只（号码为 TEXU1098734563）

合 同 号：ST061032

发 票 号：NT0708336

2. 业务要求

请你以“单证员”的身份，根据上述资料缮制出口货物报关单。

任务六　结汇、核销、退税申报及单证缮制

业务导入

出口商在合同规定的装运期限内发货后，将航空货运单传真至进口商，并要求其通过电汇将货款或余款汇至指定银行。当日本高田商社的货款到达该账户后，向国家外汇管理局领取出口收汇核销单，按照合同、发票的有关内容进行填制，并持该笔业务的有关单据向国家外汇管理局办理核销手续。

江苏进出口贸易公司在出口货物装运后，传真发出装运通知和空运单，要求进口商将70%的余款汇至中国银行苏州分行。江苏进出口贸易公司收到货款后，王嫔再将商业发票、装箱单、一般原产地证书、非木质包装证明和航空运单等全套单据直接寄送给进口商。然后，填制出口收汇核销单，持该笔业务的有关单据向国家外汇管理局办理核销手续，并向国家税务局主管退税机关办理出口退税申报手续。

一、结汇业务程序

办理出口结汇业务流程如图3－6所示。

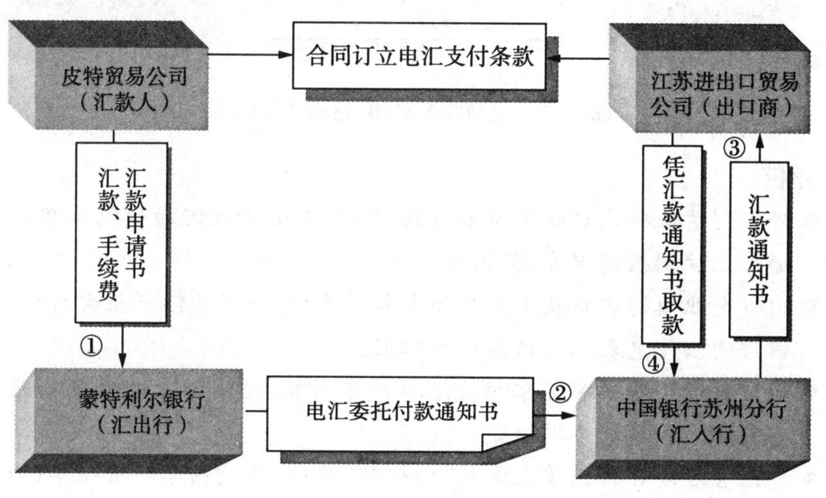

图3－6　出口结汇业务流程

评析：

- 电汇是由进口商委托银行采用 SWIFT 等电信手段发出付款委托通知书给收款人所在地的银行，委托其将款项解付给指定的收款人。
- 在国际贸易中，电汇结算方式通常用于预付货款(前 T/T)、交货后付款(后 T/T)、支付定金和佣金等业务。

在实际业务中，通常采用前 T/T 和后 T/T 相结合的支付方式，如前者为 30%，后者为 70%，将风险均摊于双方。

二、出口收汇核销、退税业务流程

出口收汇核销、退税业务流程如图 3-7 所示。

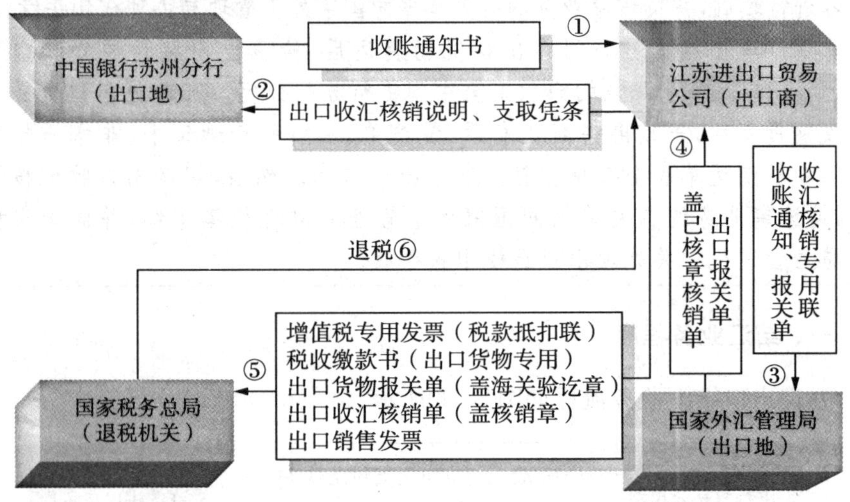

图 3-7　出口收汇核销、退税业务流程

评析：

- 外汇到达银行出口收汇待核查账户后，在出口收汇核销结水单或收账通知上注明核销单号，交出口企业。
- 出口企业填写出口收汇说明和支取凭条，到指定的银行柜台打印“银行核注明细信息表”，去结算柜台结汇。
- 出口企业持经海关签章的收汇核销专用联、结水单或收账通知及报关单到外汇管理局办理核销。
- 外汇管理局在核销单上加盖“已核销”章后，将核销单和报关单(出口退税专用)给出口企业。

- 出口企业向主管出口退税的国税机关申请退税，提交购进出口货物的专用发票(税款抵扣联)、经银行签章的税收(出口货物专用)缴款书、盖有海关验讫章的出口货物报关单、盖有外汇管理机关核销章的出口收汇核销单、出口销售发票和出口货物销售明细账等，并将申报出口退税的有关凭证按照顺序装订成册，以便于审核。
- 国税机关核准无误后向出口企业实施退税。

三、江苏进出口贸易公司办理出口结汇、核销、退税实例

1. 缮制出口收汇核销单

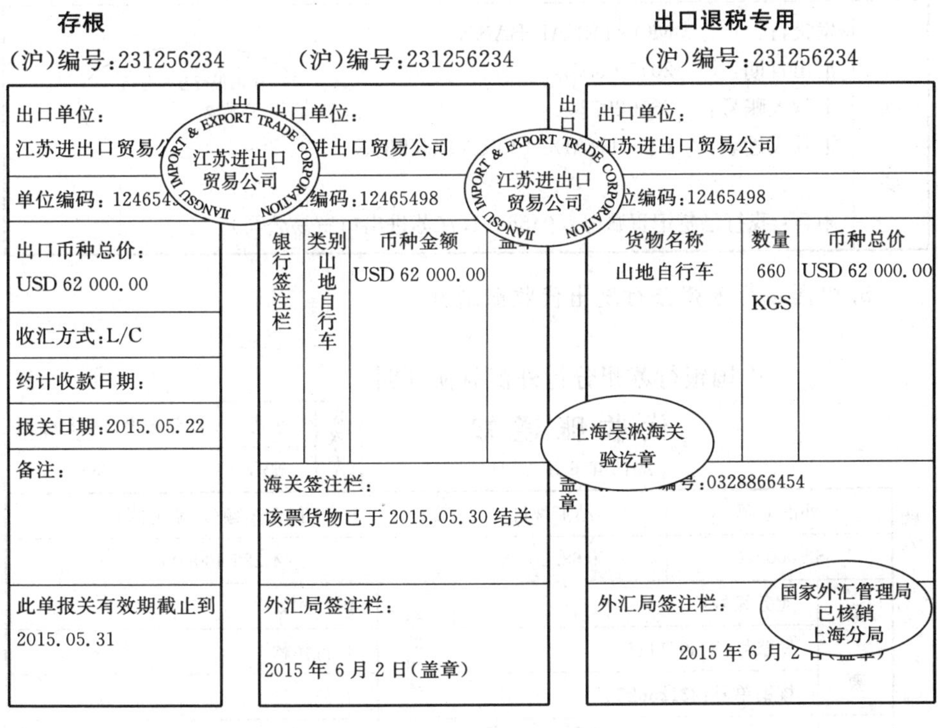

出口收汇核销单

存根

(沪)编号：231256234

出口单位：江苏进出口贸易公司
单位编码：12465498
出口币种总价：USD 62 000.00
收汇方式：L/C
约计收款日期：
报关日期：2015.05.22
备注：
此单报关有效期截止到 2015.05.31

出口收汇核销单

(沪)编号：231256234

出口单位：江苏进出口贸易公司

单位编码：12465498

银行签注栏	类别	币种金额	盖章
	山地自行车	USD 62 000.00	

海关签注栏：该票货物已于 2015.05.30 结关

外汇局签注栏：2015 年 6 月 2 日(盖章)

出口收汇核销单

出口退税专用

(沪)编号：231256234

出口单位：江苏进出口贸易公司

单位编码：12465498

货物名称	数量	币种总价
山地自行车	660 KGS	USD 62 000.00

报关单编号：0328866454

外汇局签注栏：2015 年 6 月 2 日(盖章)

2. 中国银行苏州分行发出入账通知书

中国银行苏州分行
结汇水单/收账通知

入账通知书

2015 年 6 月 16 日

收款人名称：JIANGSU IMPORT & EXPORT CORPORATION

收款人账号：80456861　　　　申报单号：

外汇金额		结汇牌价	入账金额
USD 62 000.00		0.000 000	62 000.00
	业务编号：　　发票号：XH051111 我行扣费：　　核销单号：231256234 国外扣费：手续费　　邮电费　　不符费　　偿付费		
摘要	发报行：　MONTREAL BANK 汇出日期：　2015-06-16 汇款人账号：　7600287304 汇款人姓名：　PT. TRADE CORPORATION 附言：我行已贷记贵账号：80456861(江苏进出口贸易公司)	中国银行苏州分行 业务专用章 (12)	

3. 中国银行苏州分行发出代收账通知

中国银行苏州分行外汇兑换证明　①

代 收 账 通 知

2015 年 6 月 16 日

收款单位	名称	江苏进出口贸易公司
	账号	80456861

购入	外汇金额		结汇牌价		人民币金额(入账金额)
	62 000.00		T 68.20 %		4 228 400.00
	摘要	业务编号：	外汇扣款	国外扣款	
		发票号：XH051111		我行扣款	
		核销单号：231256234		其他	
	外汇项目	中国银行苏州分行 业务专用章 (17)			

复核　李夏　　　　经办　王历

4. 缮制出口收汇说明

出口收汇说明

<table>
<tr><td colspan="3">企业名称：江苏进出口贸易公司　　　　　　企业组织机构代码：31223475842</td></tr>
<tr><td colspan="3">从出口收汇待核查账户□　结汇□　划出资金金额合计：USD 62 000. 00
划入账户名称：外汇账户
划入账号：80456861</td></tr>
<tr><td colspan="3">一般贸易项下：(币种、金额)　　　USD 62 000. 00</td></tr>
<tr><td colspan="3">进料加工贸易项下：(币种、金额)</td></tr>
<tr><td colspan="3">其他贸易项下：(币种、金额)
其中 2014 年 7 月 13 日前出口但 7 月 14 日后收汇的金额：</td></tr>
<tr><td colspan="3">来料加工贸易项下：(币种、金额)
其中实际收汇比例：</td></tr>
<tr><td colspan="3">预收货款项下：(币种、金额)　　　USD 62 000. 00
其中外汇局依企业申请核准预收货款金额：USD 62 000. 00</td></tr>
<tr><td colspan="3">无货物报关项下：(币种、金额)</td></tr>
<tr><td>是否为延期收款</td><td>□ 是</td><td>□ 否</td></tr>
<tr><td>是否为关联方交易</td><td>□ 是</td><td>□ 否</td></tr>
<tr><td colspan="3">本企业声明：本表所填内容真实无误。如有虚假，视为违反外汇管理规定，将承担相应后果。</td></tr>
</table>

单位公章（JIANGSU IMPORT & EXPORT TRADE CORPORATION 江苏进出口贸易公司）　　填报人：王嫔　　2015 年 6 月 16 日

5. 缮制支取凭条

□818 活期外汇存款
(借方)□824 外汇专户活期存款
□946 其他金融机构往来

支取凭条
DRAWING SLIP

中国银行台照
To BANK OF CHINA

账号
Account No. 80456861

日期
Date 2015-06-16

请付
Pay SAY U.S. DOLLARS SIXTY TWO THOUSAND ONLY.

小写金额
In figures USD 62 000.00

签 章
Signature 王嫔

JIANGSU IMPORT & EXPORT TRADE CORPORATION
江苏进出口贸易公司

主管 李单 会计 王小毅 出纳 秦华 复核 丁一 记账 韩明 核对印鉴 万立

6. 提交商业发票

江苏进出口贸易公司

JIANGSU IMPORT & EXPORT TRADE CORPORATION

333 ZHONGHUA ROAD SUZHOU CHINA

COMMERCIAL INVOICE

TEL: 0512-65788888
FAX: 0512-65788899

INVOICE NO.: XH051111
DATE: MAY 11, 2015
S/C NO.: TXT06081

TO:

PT. TRADE CORPORATION
310 VTRA MONTREAL CANADA

FROM SHANGHAI AIRPORT CHINA TO MONTREAL AIRPORT CANADA

MARKS	DESCRIPTIONS OF GOODS	QUANTITY	UNIT PRICE	AMOUNT
PT TXT06081 SEMARANG C/NO. 1-70	SHANGHAI COUNTRY BICYCLE ART SH28INCH ART SH26INCH PACKED IN 70 CARTONS	300 PCS 400 PCS	CPT MONTREAL USD 100.00 USD 80.00	USD 30 000.00 USD 32 000.00 USD 62 000.00

TOTAL AMOUNT: SAY U.S. DOLLARS SIXTY TWO THOUSAND ONLY.

WE HEREBY CERTIFY THAT THE ABOVE MENTIONED
GOODS ARE OF CHINESE ORIGIN

JIANGSU IMPORT & EXPORT T[RADE CORPORATI]ON

王嫔

7. 提交出口货物报关单收汇核销联

中华人民共和国海关出口货物报关单

收汇核销联

预录入编号：3245678943　　　　海关编号：34567892341234456

出口口岸 上海机场海关 2303	备案号	出口日期 2015-05-30	申报日期 2015-05-22
经营单位（0487124888） 江苏进出口贸易公司	运输方式 航空运输	运输工具名称 MU07530SY	提运单号
发货单位 江苏进出口贸易公司	贸易方式 一般贸易	征免性质 一般征税	结汇方式 托收
许可证号 07AB122433	运抵国(地区) 加拿大	指运港 蒙特利尔	境内货源地 上海

批准文号	成交方式 CPT	运费 502/730/3	保费	杂费
合同协议号 TXT06081	件数 70	包装种类 箱	毛重(千克) 730	净重(千克) 660

集装箱号	随附单据 B:07053088	生产厂家 上海自行车厂

标记唛码及备注　PC
TXT06081
MONTREAL
C/NO. 1-70

项号	商品编号	商品名称、规格型号	数量及单位	最终目的国(地区)	单价	总价	币制	征免
	87120030	上海牌山地自行车		加拿大			502	照章
01		ART SH28INCH	300 件 730KGS		100.00	30 000.00		
02		ART SH26INCH	400 件 660KGS		80.00	32 000.00		

税费征收情况

录入员　录入单位 3121042266 报关员　王　嫔	兹声明以上申报无讹并承担法律责任 申报单位(签章)	海关审单批注及放行日期(签章) 万　利　2015-05-31 审单　审价
单位地址　苏州市中山路 333 号	江苏进出口贸易公司 报关专用章	征税　上海机场海关验讫章
邮编：312453　电话：65788888	填制日期：2015. 05. 22	查验　放行 李　万　2015-05-31

项目三　出口贸易电汇业务支付方式下单证缮制

8. 打印出口核销专用联(境外收入)

出口核销专用联(境外收入)

核销收汇专用号码	231256234 P118		
收货人名称	江苏进出口贸易公司		
■ 对 公	企业组织机构代码 31223475842		
■ 对 私			
结算方式	○ 信用证 ○托收 ○保函 ●电汇 ○票汇 ○信汇 ○其他		
收入款币种及金额	USD 62 000.00	结汇汇率	0.0000000
其中 结汇金额	USD 62 000.00	账号/银行卡号	80456861
其中 现汇金额	0	账号/银行卡号	
其中 其他金额	0	账号/银行卡号	
国内银行扣费币种及金额	0	国内银行扣费币种及金额	0
付款人名称	PT. TRADE CORPORATION		
付款人常驻国家(地区)名称及代码	加拿大	收账/结汇日期	2015-06-16
本笔款为预收货款:			
交易编码	1010321	相应币种及金额	USD 62 000.00
		相应币种及金额	
交易附言	山地自行车		
出口收汇核销单号码 231256234			
收汇总金额中用于出口核销的金额	USD 62 000.00		

出口收汇核销专用联

中国银行苏州分行
业务专用章
(17)

银行经办人签章 万 向　银行业务章　银行业务编码 32A9483　打印日期 2015-06-16

9. 填制出口货物退税汇总申报表

外贸企业出口货物退税汇总申报表

（适用于增值税一般纳税人）

申报年月：2015 年 6 月　　　　　　　　申报批次：1

纳税人识别号：2048651221

海关代码：0487124888

纳税人名称(公章)：江苏进出口贸易公司 JIANGSU IMPORT & EXPORT TRADE CORPORATION　15 年 6 月 20 日　　　金额单位：元至角分、美元

出口企[业申报]
出口退税出口明细申报表 　0 条
出口发票　　1 张，出口额 62 000.00 美元
出口报关单　　1 张，
代理出口货物证明　张，
收汇核销单　　1 张，收汇额 62 000.00 美元
远期收汇证明　　张，其他凭证　　张
出口退税进货明细申报表　1 份，记录 24 条
增值税专用发票　1 张，其中非税控专用发票　张
普通发票　　1 张，专用税票　　张
其他凭证　　张，总进货金额　　元
总进货税额　　123 100.00 元，
其中：增值税　　20 927.00 元，消费税　　元
本月申报退税额　　20 927.00 元，
其中：增值税　　20 927.00 元，消费税　　元
进料应抵扣税额　　元，
申请开具单证
代理出口货物证明　　份，记录　　条
代理进口货物证明　　份，记录　　条
进料加工免税证明　　份，记录　　条
来料加工免税证明　　份，记录　　条
出口货物转内销证明　　份，记录　　条
补办报关单证明　　份，记录　　条
补办收汇核销单证明　　份，记录　　条
补办代理出口证明　　份，记录　　条
内销抵扣专用发票　1 张，其他非退税专用发票　张
申报人声明
此表各栏目填报内容是真实、合法的，与实际出口货物情况相符。此次申报的出口业务不属于“四自三不见”等违背正常出口经营程序的出口业务。否则，本企业愿承担由此产生的相关责任。 企业填表人：王炳 财务负责人：李敏 企业负责人：李夏　　　　日 江苏进出口贸易公司 JIANGSU IMPORT & EXPORT TRADE CORPORATION

主管退税机关审核	
审单情况	机审情况
	本次机审通过退增值税额　　元 其中：上期结转疑点退增值税　　元 本期申报数据退增值税　　元 本次机审通过退消费税额　　元 其中：上期结转疑点退消费税　　元 本期申报数据退消费税　　元 本次机审通过退消费税额　　元 结余疑点数据退增值税　　元 结余疑点数据退消费税　　元
	授权人声明
	（如果你已委托代理申报人，请填写以下资料） 为代理出口货物退税申报事宜，现授权为本纳税人的代理申报人，任何与本申报表有关的往来文件都可寄与此人。 授权人签字(盖章)
审单人：	审核人： 年　月　日
签批人： (公章) 年　月　日	

受理人：　　　　　　　　　　受理日期：　年　月　日

受理税务机关(签章)

缮制出口收汇核销单体验活动

1. 业务资料

卖　　　方：宁波进出口贸易公司
单 位 编 码：321043235
货　　　名：全棉T恤衫
商 品 编 码：5210.4100
支 付 方 式：电汇
报关单编号：31049568744
报 关 日 期：2015.10.29
出 口 日 期：2015.10.31

2. 业务要求

请你以"单证员"的身份，根据上述资料填写出口收汇核销单。

单证制作技能训练

一、单证制作技能训练1

1. 业务背景

上海进出口公司主要经营棉纺织品进出口业务，深受欧洲、北美地区国家的客户欢迎。近日，上海进出口公司与澳大利亚KKK IMPORT CO. LTD客商就全棉六袋短裤进行交易磋商，采取电汇支付方式，达成一致意见后签订了销售合同。合同生效后，上海进出口公司申请签发原产地证书，委托金友国际货代公司办理托运，并根据有关规定办理报检和报关手续，确保合同的履行。

2. 操作资料

(1) 合同

上海进出口公司
SHANGHAI IMPORT & EXPORTCORPORATION
333 ZHONGHUA ROAD SHANGHAI CHINA

TEL：021-65788888	**销 售 确 认 书**	S/C NO.：20050339
FAX：021-65788899	**SALES CONFIRMATION**	DATE：FEB. 10，2015

To Messrs：

KKK IMPORT CO. LTD
37 VICTORIA，AUSTRALIA

下列签字双方同意按下列条款达成协议：

The undersigned sellers and buyers have agreed to close the following transaction as per terms and conditions stipulated below:

品名与规格 Commodity and Specification	数　量 Quantity	单　价 Unit price	金　额 Amount
MEN'S 100% COTTON DRILL 6 POCKET SHORT AS PER ORDER NO. 121	12 000PCS	CFR MELBOURNE USD6.50	USD78 000.00

辅　　料：　主标：KKK 在后中/ MAIN LABEL: KKK IN CENTER NECK BACK.

MAIN LABEL　洗标：左后腰头距主标 2 厘米显示订单号/CARE LABEL: IN LEFT WAIST-BAND 2 CM AWAY FROM MAIN LABEL TO SHOW ORDER NO.

吊卡：打在主标上/ HANGTAG: THROUGH MAIN LABEL.

样　　品：　样品必须由 FEDEX 邮寄给买方，运费预付并立即通知买方快邮细节/ THE FOLLOWING ITEMS WILL HAVE TO BE SENT BY FEDEX,

SAMPLES　PREPAID, AND WILL ADVISE DISPATCH DETAILS TO THE BUYER IMMEDIATELY；色样 3 套/LAB DIPS EACH COLOR IN 3 PIECES；确认样尺码为 M 4 条，签订合同后 10 日到达买方/APPROVAL SAMPLES 4 PCS IN SIZE M 10 DAYS AFTER THE CONTRACT DATE IN BUYER'S OFFICE；产前样尺码为 M 4 条，到达买方日期另告/PRE-PRODUCTION SAMPLES 4 PIECES IN SIZE M TO BE ADVISED LATER；在制作产前样前，面料须送 ITS 上海公司检测合格，并在生产大货前获得买方确认/PLEASE NOTE THE PRE-PRODUCTION SAMPLES COULD BE MADE AFTER THE FABRIC HAS BEEN TESTED AND PASSED BY ITS. SHANGHAI BRANCH, THEN WILL BE SENT TO BUYERS' QUALITY ASSURANCE DEPARTMENT. "GO" FOR PRODUCTION CAN ONLY BE GIVEN AFTER THEIR APPROVAL；装运前需寄齐色齐码样/SIZE/COLOR SET SAMPLES BEFORE DELIVERY.

包　　装：　每条装入一只纸盒，20 条不同尺码与颜色的样品装入一只出口纸箱/ EACH PIECE IN A BOX, 20 PIECES INTO AN EXPORT CARTON,

PACKING　WITH ASSORTED SIZES AND COLORS；纸箱长宽尺寸不能超过 60CM、50CM/ MAXIMUM SIZE OF EXPORT CARTONS: LENGTH 60CM WIDTH 50CM.

唛　　头：　主唛内容包括 KKK 、销售合同号、目的港和箱数；侧唛必须显示颜色、每箱

MARKS　件数、毛重和产地/ SHIPPING MARK INCLUDES KKK P/C NO., PORT OF DESTINATION, AND CARTON NO. SIDE MARK MUST SHOW THE COLOR, PIECES PER CARTON, GROSS WEIGHT AND COUNTRY OF ORIGIN.

装 运 港： 上海/SHANGHAI.

LOADING PORT ：

目 的 港： 墨尔本/ MELBOURNE.

DESTINATION ：

装运期限： 2015年7月15日前/ BEFORE JUL. 15，2015.

TIME OF SHIPMENT ：

分批装运： 不允许/ NOT ALLOWED.

PARTIAL SHIPMENT ：

转　　船： 不允许/ NOT ALLOWED.

TRANSHIPMEN:T

保　　险： 买方办理/ BY THE BUYER.

INSURANCE ：

付款条件：电汇/BY T/T.

TERMS OF PAYMENT ：

一般条款：

General Terms ：

1）合理差异：质地、重量、尺寸、花型、颜色均允许合理差异。对合理范围内的差异提出索赔，概不受理。

Reasonable tolerance in quality，weight，measurements，designs and colors is allowed，for which no claims will be entertained.

2）购货条件：服装商生产必须符合SA8000标准，面料、绣花不能含偶氮，纽扣不能含镍。All garments' manufacturers must meet the minimum manufacturing standards，comply with the SA8000. AZO-colors fabric and embroidery and nickel press buttons are strongly prohibited.

3）卖方免责：买方对下列各点所造成的后果承担全部责任：(甲)使用买方指定包装、花形图案等；(乙)不及时提供生产所需的商品规格或其他细则。The buyers are to assume full responsibilities for and consequences arising from：(a) the use of packing，designs or Pattern made to order；(b) late submission of specifications or any other details necessary for the execution of this Sales Confirmation.

买方：	KKK TRADE CORPORATION	卖方：	上海进出口公司 合同专用章
THE BUYER：	PTER	THE SELLER：	司博

(2) 补充资料

发票代码：1310008204222

发票号码：TX0743

重量体积：每箱毛重 18 千克、每箱净重 15 千克、每箱体积 0.06CBM

金发编号：JF0388811

提单份数：3 份

集装箱预配数：40 英尺集装箱、拼箱(集装箱号 GATU0506118)

物资进栈：金发派送

人民币结算单位账号：SZR80066686

外币结算账号：THY6684321337

报检单位登记号：12345Q

H. S. 编码：5210.4100

运输工具名称及号码：PUDONG V. 503

随附单据：合同、发票、装箱单

生产厂家：宁波服装有限公司

申请单位注册号：1456Q

原产地标准：全部国产

产品生产、制造、加工单位、地点：宁波服装有限公司

海洋运费：415 美元

3. 操作要求

请你以“单证员”的身份，根据上述信用证和补充资料的内容缮制下列单据：

（1）商业发票

上海进出口公司

SHANGHAI IMPORT & EXPORT CORPORATION

333 ZHONGSHAN ROAD SHANGHAI, CHINA

TEL:021-65788888　FAX:021-65788899

税务登记号:310928374655

出口专用

COMMERCIAL INVOICE

发票代码：__________

TO：M/S

INV. NO.：__________

DATE：__________

S/C NO.：__________

FROM ______________ TO ______________

MARKS & NO.	DESCRIPTIONS OF GOODS	QUANTITY	U/ PRICE	AMOUNT

第二联：发票联

TOTAL AMOUNT：

WE HEREBY CERTIFY THAT THE CONTENTS OF INVOICE HEREIN ARE TRUE AND CORRECT.

上海进出口公司
310928374655
发票专用章

____

(2) 缮制装箱单

SHANGHAI IMPORT & EXPORT CORPORATION

333 ZHONGHUA ROAD SHANGHAI CHINA

PACKING LIST

TEL:021-65788888　　　　　　　　　　INV NO.:________

FAX:021-65788899　　　　　　　　　　DATE:________

　　　　　　　　　　　　　　　　　　S/C NO.:________

TO:　　　　　　　　　　　　　　　　MARKS & NOS

C/NOS	GOODS DESCRIPTION & PACKING	QUTY (PCS)	G. W (KGS)	N. W (KGS)	MEAS (CBM)
TOTAL					

SAY TOTAL:

上海进出口公司
专用章

____

(3) 缮制货运订舱委托书

金发货运订舱委托书

经营单位 (托运人)					金　发 编　号		
提单B/L项目要求	发 货 人: Shipper:						
	收 货 人: Consignee:						
	通 知 人: Notify Party:						
海洋运费(√) Sea freight	预付(　)或(　)到付 Prepaid or Collect		提单 份数		提单寄送 地　　址		
起运港		目的港		可否转船		可否分批	
集装箱预配数		20'×　40'×		装运期限		有效期限	
标记唛码	包装 件数	中英文货号 Description of goods		毛重 (千克)	尺码 (立方米)	成交条件 (总　价)	
				特种货物 □ 冷藏货 □ 危险品	重　件:每件重量		
					大　　件 (长×宽×高)		
内装箱(CFS) 地址	上海市逸仙路2960号三号门 电话:68206820×215			特种集装箱:(　　　　　)			
门对门装箱地址		上海市中山路1321号		物资备妥日期			
外币结算账号				物资进栈:自送(　)或金发派送(　)			
				人民币结算单位账号			
声明事项				托运人签章			
				电　话			
				传　真			
				联系人			
				地　址			
				制单日期:			

(4) 缮制一般原产地证明书申请书

中国贸促会上海分会

中国国际商会上海分会

一般原产地证明书/加工装配证明书

申 请 书

申请单位注册号：________	证书号：________	全部国产填上 P	
申请人郑重声明：	发票号：________	含进口成分填上 W	

本人被正式授权代表本企业办理和签署本申请书。

本申请书及一般原产地证明书/加工装配证明书所列内容正确无误，如发现弄虚作假，冒充证书所列货物，擅改证书，愿按《中华人民共和国出口货物原产地规则》有关规定受惩处并承担法律责任。现将有关情况申报如下：

商品名称		H. S. 编码(八位数)	
商品生产、制造、加工单位、地点			
含进口成分产品的主要制造加工工序			
商品 FOB 总值(以美元计)		最终目的地国家/地区	
拟出运日期		转口国(地区)	
包装数量或毛重或其他数量			
贸易方式和企业性质			
贸易方式		企业性质	

现提交中国出口货物商业发票副本一份，报关单一份或合同/信用证影印件，一般原产地证明书/加工装配证明书一正三副，以及其他附件　份，请予审核签证。

申领人(签名)

电话：

申请单位盖章：　　　　日期：

（5）缮制一般原产地证明书

<table>
<tr><td colspan="3">1. Exporter (full name and address)</td><td colspan="3">CERTIFICATE No. : 500511266

CERTIFICATE OF ORIGIN
OF
THE PEOPLE'S REPUBLIC OF CHINA</td></tr>
<tr><td colspan="3">2. Consignee (full name, address, country)</td><td colspan="3"></td></tr>
<tr><td colspan="3">3. Means of transport and route</td><td colspan="3">5. For certifying authority use only</td></tr>
<tr><td colspan="3">4. Country/Region of Destination</td><td colspan="3"></td></tr>
<tr><td>6. Marks and numbers of packages</td><td>7. Description of goods; number and kind of packages</td><td colspan="2">8. H. S. code</td><td>9. Quantity or weight</td><td>10. Number and date of invoice</td></tr>
<tr><td colspan="2">11. **Declaration by the exporter**
The undersigned hereby declares that the above details and statements are correct; that all the goods were produced in China and that they comply with the Rules of Origin of the People's Republic of China.

Place and date. signature and stamp of authorized signatory</td><td colspan="4">12. **Certification**
It is hereby certified that the declaration by the exporter is correct.

Place and date. signature and stamp of certifying authority</td></tr>
</table>

(6) 缮制出境货物报检单

中华人民共和国出入境检验检疫
出境货物报检单

报检单位(加盖公章)：　　　　　　　　　　　　　　　　　　　＊编号：__________

报检单位登记号：　　　　联系人：　　　　电话：　　　　报检日期：

发货人	(中文)
	(外文)
收货人	(中文)
	(外文)

货物名称(中/外文)	H. S. 编码	产地	数/重量	货物总值	包装种类及数量

运输工具名称及号码		贸易方式		货物存放地点	
合同号		信用证号		用途	
发货日期		输往国家(地区)		许可证/审批证	
起运地		到达口岸		生产单位注册号	
集装箱规格、数量及号码					

合同、信用证订立的检验检疫条款或特殊要求	标记及号码	随附单据(画"✓"或补填)	
		□ 合同 □ 信用证 □ 发票 □ 换证凭单 □ 装箱单 □ 厂检单	□ 包装性能结果单 □ 许可/审批文件 □ □ □ □

需要单证名称(画"✓"或补填)		＊检验检疫费	
□ 品质证书　__正__副 □ 重量证书　__正__副 □ 数量证书　__正__副 □ 兽医卫生证书　__正__副 □ 健康证书　__正__副 □ 卫生证书　__正__副 □ 动物卫生证书　__正__副	□ 植物检疫证书　__正__副 □ 熏蒸/消毒证书　__正__副 □ 出境货物换证凭单　__正__副	总金额(人民币元)	
		计费人	
		收费人	

报检人郑重声明：	领取单证	
1. 本人被授权报检。 2. 上列填写内容正确属实，货物没有伪造或冒用他人的厂名、标志、认证标志，并承担货物质量责任。 签名：______	日期	
	签名	

注：有"＊"号栏由出入境检验检疫机构填写　　　　　　◆ 国家质量监督检验检疫总局制

(7) 缮制出口货物报关单

中华人民共和国海关出口货物报关单

预录入编号： 海关编号：

出口口岸	备案号	出口日期	申报日期	
经营单位	运输方式	运输工具名称	提运单号	
发货单位	贸易方式	征免性质	结汇方式	
许可证号	运抵国(地区)	指运港	境内货源地	
批准文号	成交方式	运费	保费	杂费
合同协议号	件数	包装种类	毛重(千克)	净重(千克)
集装箱号	随附单据	生产厂家		
标记唛码及备注				

项号	商品编号	商品名称、规格型号	数量及单位	最终目的国(地区)	单价	总价	币制	征免

税费征收情况		
录入员 录入单位	兹声明以上申报无讹并承担法律责任	海关审单批注及放行日期(签章)
报关员	申报单位(签章)	审单 审价
单位地址		征税 统计
邮编 电话	填制日期	查验 放行

(8) 缮制装运通知

SHIPPING ADVICE

TEL:________ INV NO.:________

FAX:________ S/C NO.:________

L/C NO.:________

TOMESSRS: DATE:________

DEAR SIRS,

WE HEREBY INFORM YOU THAT THE GOODS UNDER THE ABOVE MENTIONED CREDIT HAVE BEEN SHIPPED. THE DETAILS OF THE SHIPMENT ARE STATED BELOW.

COMMODITY:________ SHIPPING MARKS:

NUMBER OF CTNS:________

TOTAL GROSS WEIGHT:________

OCEAN VESSEL:________

B/L NO.:________

PORT OF LOADING:________

DATE OF DEPARTURE:________

DESTINATION:________

____

二、单证制作技能训练 2

1. 业务背景

上海机床进出口公司主要经营机电五金产品进出口业务,深受欧洲国家或地区用户欢迎。在本年度广交会上,德国 CHR TRADING GMBH 的 MAX 经理对上海机床进出口公司的展品铰链很感兴趣,经过交易磋商后达成了一致意见,并签订了销售合同。合同生效后,上海机床进出口公司申请签发原产地证书,委托金友国际货代公司办理托运,并根据有关规定办理报检和报关手续,确保合同的履行。

2. 操作资料

(1) 合同

SHANGHAI MACHINE TOOL I/E CORPORATION

218 FENGXIAN ROAD, SHANGHAI 200041 CHINA

SALES CONTRACT

TEL:021-62176968 S/C NO.:RT05342

FAX:021-62176969 DATE: MAR. 1,2015

TO:

CHR TRADING GMBH

LERCHENWEG 10 SAND GERMANY

Dear Sirs,

We hereby confirm having sold to you the following goods on terms and conditions as specified below:

MARKS & NO.	DESCRIPTIONS OF GOODS	QUANTITY	UNIT PRICE	AMOUNT
CHR RT05342 HAMBURG C/NO. 1-UP	HINGE BOLT HINGE BOLT, LEFT SIDE HINGE BOLT, RIGHT SIDE PACKED IN 1 WOODEN CASE OF 1500 PCS EACH	 30 000 PCS 30 000 PCS	CFR HAMBURG EUR 0.33 EUR 0.33	 EUR9 900.00 EUR9 900.00

LOADING PORT: SHANGHAI
DESTINATION: HAMBURG
PARTIAL SHIPMENT: ALLOWED
TRANSHIPMENT: NOT ALLOWED
TIME OF SHIPMENT: LATEST DATE OF SHIPMENT 110531
PAYMENT: T/T

CHR TRADING GMBH

上海机床进出口公司
SHANGHAI MACHING TOOL I/E CO.
合同专用章

THE BUYER:MAX

THE SELLER: ZHANG LI

(2) 补充资料

发票号码:JCSM0468

重量体积:毛重为25KGS/箱、净重为22KGS、体积为0.5CBM/箱

H.S.编码:8459.2100

委托书编号:JF0387458

收货人:凭进口商指示

物资备妥日期:2015

外币账号:WB684321124

人民币账号:RMB06128614

物资进栈:派送

注册号:66778Q

生产单位:上海工具有限公司(联系电话:62176966)

海运运费:800欧元

贸易方式：一般贸易

原产地标准：原材料与产品在中国生产

报检单位登记号：789653

船名航次：GOLDEN GATE BRIDGE V. 10W

货物存放地：上海市逸仙路1号

生产单位注册号：FJ3105897

随附单据：合同、发票、装箱单、厂检证

检验证书：品质证书1正2副

经营单位注册号：3104555897

提单签发日期：2015年5月31日

境内货源地：上海

3. 操作要求

请你以单证员的身份，根据合同和补充资料的内容缮制下列单据：

(1) 商业发票

SHANGHAI MACHINE TOOL I/E CORPORATION

218 FENGXIAN ROAD, SHANGHAI 200041 CHINA

TEL：021-62176968 FAX：021-6217699

税务登记号：310123456789

COMMERCIAL INVOICE

TO：M/S

INV NO.：__________

DATE：__________

S/C NO.：__________

L/C NO.：__________

FROM __________ TO __________

MARKS & NO.	DESCRIPTIONS OF GOODS	QUANTITY	U/ PRICE	AMOUNT

第二联：发票联

TOTAL AMOUNT：

WE HEREBY CERTIFY THAT THE ABOVE MENTIONED GOODS ARE OF CHINESE ORIGIN

____

（2）装箱单

SHANGHAI MACHINE TOOL I/E CORPORATION

218 FENGXIAN ROAD, SHANGHAI 200041 CHINA

PACKING LIST

TEL：021-62176968

FAX：021-62176969

INV NO.：__________

DATE：__________

S/C NO.：__________

TO：

MARKS & NOS

CASE NO.	GOODS DESCRIPTION & PACKING	QTY (PCS)	G. W (KGS)	N. W (KGS)	MEAS (M^3)

PACKED IN ________ WOODEN CASES

TOTAL GROSS WEIGHT：__________

TOTAL NET WEIGHT：__________

____

(3) 货运订舱委托书

货运订舱委托书

<table>
<tr><td colspan="2">经营单位
（托运人）</td><td colspan="3"></td><td colspan="2">编　号</td><td colspan="2"></td></tr>
<tr><td rowspan="3">提单项目要求</td><td colspan="8">发 货 人：
Shipper：</td></tr>
<tr><td colspan="8">收 货 人：
Consignee：</td></tr>
<tr><td colspan="8">通 知 人：
Notify Party：</td></tr>
<tr><td colspan="2">海洋运费（　）
Sea freight</td><td colspan="2">预付（　）或（　）到付
Prepaid　or　Collect</td><td>提单
份数</td><td></td><td>提单寄送
地　　址</td><td colspan="2"></td></tr>
<tr><td>起运港</td><td></td><td>目的港</td><td></td><td>可否转船</td><td></td><td>可否分批</td><td colspan="2"></td></tr>
<tr><td colspan="2">集装箱预配数</td><td colspan="2">20’×　40’×</td><td>装运期限</td><td></td><td>有效期限</td><td colspan="2"></td></tr>
<tr><td>标记唛码</td><td>包装
件数</td><td colspan="2">中英文货号
Description of goods</td><td>毛重
（千克）</td><td>尺码
（立方米）</td><td colspan="3">成交条件
（总　价）</td></tr>
<tr><td></td><td></td><td colspan="2"></td><td></td><td></td><td colspan="3"></td></tr>
<tr><td colspan="4"></td><td rowspan="2">特种货物
□ 冷藏货
□ 危险品</td><td colspan="4">重　件：每件重量</td></tr>
<tr><td colspan="4"></td><td colspan="3">大　　件
（长×宽×高）</td><td></td></tr>
<tr><td>内装箱（CFS）
地址</td><td colspan="3">上海市逸仙路 2960 号三号门
电话：68206820×215</td><td colspan="5">特种集装箱：（　　　　）</td></tr>
<tr><td colspan="2">门对门装箱地址</td><td colspan="2">南京市中山路 1321 号</td><td colspan="3">物资备妥日期</td><td colspan="2"></td></tr>
<tr><td colspan="2">外币结算账号</td><td colspan="2"></td><td colspan="5">物资进栈：自送（　）或派送（　）</td></tr>
<tr><td colspan="4" rowspan="7">声明事项</td><td colspan="3">人民币结算单位账号</td><td colspan="2"></td></tr>
<tr><td colspan="2">托运人签章</td><td colspan="3"></td></tr>
<tr><td colspan="2">电　话</td><td colspan="3"></td></tr>
<tr><td colspan="2">传　真</td><td colspan="3"></td></tr>
<tr><td colspan="2">联系人</td><td colspan="3"></td></tr>
<tr><td colspan="2">地　址</td><td colspan="3"></td></tr>
<tr><td colspan="5">制单日期：</td></tr>
</table>

(4) 普惠制产地证明书申请书

普惠制产地证明书申请书

申请单位(加盖公章)： 证书号：

申请人郑重声明： 注册号：

本人被正式授权代表本企业办理和签署本申请书。

本申请书及普惠制产地证明书格式A所列内容正确无误，如发现弄虚作假，冒充格式A所列货物，擅改证书，自愿接受签发机构的处罚并承担法律责任。现将有关情况申报如下：

生产单位		生产单位联系人电话		
商品名称 (中英文)		H. S. 税目号 (以六位数码计)		
商品FOB总值(以美元计)		发票号		
最终销售国		证书种类"√"	加急证书	普通证书
货物拟出运日期				

贸易方式和企业性质(请在适用处划"√")							
正常贸易 C	来进料加工 L	补偿贸易 B	中外合资 H	中外合作 Z	外商独资 D	零售 Y	展卖 M

包装数量或毛重或其他数量	

原产地标准：

本项商品系在中国生产，完全符合该给惠国给惠方案规定，其原产地情况符合以下第(　)条；

(1)"P"(完全国产，未使用任何进口原材料)；

(2)"W"其H. S. 税目号为............................(含进口成分)；

(3)"F"(对加拿大出口产品，其进口成分不超过产品出厂价值的40%)。

本批产品系：1. 直接运输从............................到............................；

2. 转口运输从............................中转国(地区)............................到............................。

申请人说明

领证人(签名)

电话：

日期：　年　月　日

现提交中国出口商业发票副本一份，普惠制产地证明书格式A (FORM A)一正二副，以及其他附件　份，请予审核签证。

注：凡有进口成分的商品，必须要求提交《含进口成分受惠商品成本明细单》。

商检局联系记录

（5）普惠制产地证明书

<table>
<tr><td colspan="4">1. Goods consigned from (Exporter's business name, address, country)</td><td colspan="3" rowspan="3">Reference No.:
GENERALIZED SYSTEM OF PREFERENCE
CERTIFICATE OF ORIGIN
(COMBINED DECLARATION AND CERTIFICATE)
FORM A
ISSUED IN THE PEOPLE'S REPUBLIC OF CHINA
(COUNTRY)
SEE NOTES OVERLEAF</td></tr>
<tr><td colspan="4">2. Goods consigned to (Consignee's name, address, country)</td></tr>
<tr><td colspan="4" rowspan="2">3. Means of transport and route (as far as known)</td></tr>
<tr><td colspan="3">4. For official use</td></tr>
<tr><td>5. Item number</td><td>6. Marks and numbers of packages</td><td colspan="2">7. Number and kind of packages; description of goods</td><td>8. Origin criterion (see notes overleaf)</td><td>9. Gross weight or other quantity</td><td>10. Number and date of invoices</td></tr>
<tr><td colspan="3">11. Certification
It is hereby certified, on the basis of control carried out, that the declaration by the exporter is correct

----
Place and date, signature and stamp of certifying authority</td><td colspan="4">12. Declaration by the exporter
The undersigned hereby declares that the above details and statements are correct; that all the goods were produced in
CHINA
(country)
and that they comply with the origin requirements specified for those goods in the Generalized System of Preference for goods exported to ________
(importing country)

Place and date, signature of authorized signatory</td></tr>
</table>

（6）出境货物报检单

中华人民共和国出入境检验检疫
出境货物报检单

报检单位（加盖公章）：　　　　　　　　　　　　　　　　＊编号：________

报检单位登记号：　　　　联系人：　　　　电话：　　　　报检日期：

发货人	（中文）	
	（外文）	
收货人	（中文）	
	（外文）	

货物名称（中/外文）	H.S.编码	产地	数/重量	货物总值	包装种类及数量

运输工具名称及号码		贸易方式		货物存放地点	
合同号		信用证号		用途	
发货日期		输往国家（地区）		许可证/审批证	
起运地		到达口岸		生产单位注册号	
集装箱规格、数量及号码					

合同、信用证订立的检验检疫条款或特殊要求	标记及号码	随附单据（画"√"或补填）	
		□ 合同 □ 信用证 □ 发票 □ 换证凭单 □ 装箱单 □ 厂检单	□ 包装性能结果单 □ 许可/审批文件 □ □ □ □

需要单证名称（画"√"或补填）		＊检验检疫费	
□ 品质证书　__正__副 □ 重量证书　__正__副 □ 数量证书　__正__副 □ 兽医卫生证书　__正__副 □ 健康证书　__正__副 □ 卫生证书　__正__副 □ 动物卫生证书　__正__副	□ 植物检疫证书　__正__副 □ 熏蒸/消毒证书　__正__副 □ 出境货物换证凭单　__正__副	总金额（人民币元）	
		计费人	
		收费人	

报检人郑重声明：	领取单证	
1. 本人被授权报检。 2. 上列填写内容正确属实，货物没有伪造或冒用他人的厂名、标志、认证标志，并承担货物质量责任。 签名：________	日期	
	签名	

注：有"＊"号栏由出入境检验检疫机构填写　　　　◆ 国家质量监督检验检疫总局制

(7) 出口货物报关单

中华人民共和国海关出口货物报关单

预录入编号：　　　　　　　　　　　　　　　　　　海关编号：

出口口岸	备案号	出口日期	申报日期	
经营单位	运输方式	运输工具名称	提运单号	
发货单位	贸易方式	征免性质	结汇方式	
许可证号	运抵国(地区)	指运港	境内货源地	
批准文号	成交方式	运费	保费	杂费
合同协议号	件数	包装种类	毛重(千克)	净重(千克)
集装箱号	随附单据	生产厂家		
标记唛码及备注				

项号	商品编号	商品名称、规格型号	数量及单位	最终目的国(地区)	单价	总价	币制	征免

税费征收情况

录入员　录入单位	兹声明以上申报无讹并承担法律责任	海关审单批注及放行日期(签章)	
报关员	申报单位(签章)	审单	审价
		征税	统计
单位地址			
邮编　电话	填制日期	查验	放行

(8) 装运通知

SHANGHAI MACHINE TOOL I/E CORPORATION

218 FENGXIAN ROAD, SHANGHAI 200041 CHINA

SHIPPING ADVICE

TEL:________ INV NO.:________

FAX:________ S/C NO.:________

L/C NO.:________

TOMESSRS: DATE:__________

DEAR SIRS,

WE HEREBY INFORM YOU THAT THE GOODS UNDER THE ABOVE MENTIONED CREDIT HAVE BEEN SHIPPED. THE DETAILS OF THE SHIPMENT ARE STATED BELOW.

COMMODITY:________________________ SHIPPING MARKS:

NUMBER OF CTNS:________________________

TOTAL GROSS WEIGHT:________________________

OCEAN VESSEL:________________________

B/L NO.:________________________

PORT OF LOADING:________________________

DATE OF DEPARTURE:________________________

DESTINATION:________________________

____

项目四　出口贸易托收支付方式下单证缮制

学习与考证要求

- 了解托收业务程序及其内容
- 熟悉多式联运业务程序及其内容
- 明确普惠制原产地证书的作用和签发程序
- 掌握多式联运委托书、集装箱货物托运单、投保单等单据的缮制方法
- 具备托收支付方式下出口单据缮制的技能和处理能力

项目导入

吴娜小姐毕业于上海立达职业技术学院，现应聘于宁波进出口公司，在今年春季广交会上遇到了本公司的老客户加拿大伊洋贸易公司的YIYANG先生。吴娜小姐就本公司展品向YIYANG先生进行了热情详细的介绍，并呈送了大量的资料。数日后，吴娜小姐向伊洋贸易公司发出可供全棉茶巾的发盘。该公司经过研究接受发盘的全部交易条件，并与宁波进出口公司签订了出口销售合同。

宁波进出口公司在合同签订后开始备货，申请签发普惠制原产地证书，办理托运、投保、报检、报关和结汇等有关手续。

任务一　对外贸易洽谈

业务导入

近日，宁波进出口公司吴娜小姐用邮件向伊洋贸易公司发盘，采用 CIP 贸易术语、托收结算和多式联运方式。加拿大客商伊洋贸易公司认为全棉茶巾的品质优良，价格合理，且本地的市场需求较大，于是接受了宁波进出口公司的全部交易条件。为此，吴娜小姐拟订了书面销售合同书，将双方确定的交易条件予以规定，经双方签章后生效。

一、对外出口贸易洽谈的流程

对外贸易洽谈流程如图 4－1 所示：

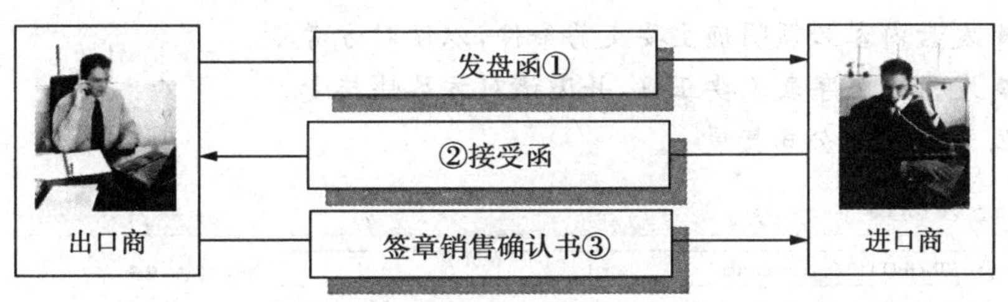

图 4－1　对外贸易洽谈流程

二、宁波进出口公司对外贸易洽谈实例

1. 宁波进出口公司发盘

发送 保存草稿 保存到[已发送]

收件人：YIYANG 123 @ hotmail.com 抄送 密送 分送

主 题：QFFER

上传附件（可上传10M）

B 字体 字号 信纸 使用明信片 使用魔法信书 纯文本

DEAR MR. YIYANG,

We are pleased to receive your inquiry of JULY 05, 2015 and to hear that you are interested in our product.

We would like to quote as follows:

COTTON TEATOWELS: 10"×10" USD 1.31/DOZ 20"×20" USD 2.51/DOZ 30"×30" USD 4.70//DOZ

CIP MONTREAL. PACKING IN 330 CARTONS

SHIPMENT: NOT LATER THAN OCT.31,2015

PAYMENT: DOCUMENTS AGAINST PAYMENT AT SIGHT

WE ARE LOOKING FORWARD TO YOUR INITIAL ORDER.

YOURS TRULY,

NINGBO IMPORT & EXPORT TRADE CORPORATION

Wuna

JULY 08, 2015

评析：

- 发盘内容必须明确主要交易条件，以便对方考量。
- 发盘的文字表述要正确，并邀请对方尽快接受。

2. 伊洋贸易公司接受

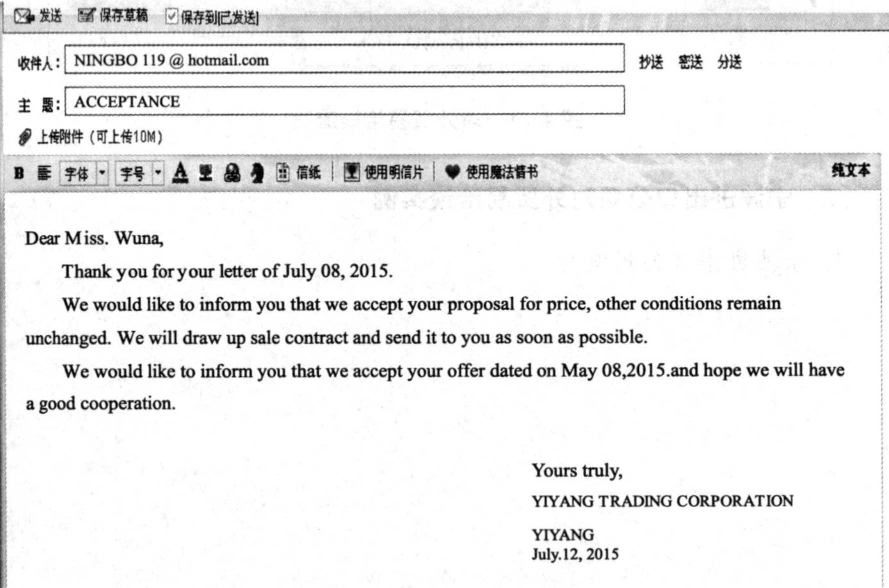

发送 保存草稿 保存到[已发送]

收件人：NINGBO 119 @ hotmail.com 抄送 密送 分送

主 题：ACCEPTANCE

上传附件（可上传10M）

B 字体 字号 信纸 使用明信片 使用魔法信书 纯文本

Dear Miss. Wuna,

Thank you for your letter of July 08, 2015.

We would like to inform you that we accept your proposal for price, other conditions remain unchanged. We will draw up sale contract and send it to you as soon as possible.

We would like to inform you that we accept your offer dated on May 08,2015.and hope we will have a good cooperation.

Yours truly,

YIYANG TRADING CORPORATION

YIYANG

July.12, 2015

评析：

- **接受必须在发盘的有效期内做出肯定确切的表示。**
- **接受的内容最好将确定的交易条件再重复一下，以防误解。**

3. 宁波进出口公司签订销售确认书

宁波进出口公司

NINGBO IMPORT & EXPORT CORPORATION

333 ZHONGHUA ROAD NINGBO CHINA

销售合同书

Post code：200032 **SALES CONTRACT** S/C No.：ST201503

TEL：(0574) 65788888 DATE：AUG. 01，2015

FAX：(0574) 65788899

To Messrs：

YIYANG TRADING CORPORATION

88 MARAHALL AVE MONTREAL CANADA

TEL：514-43-47684 FAX：514-43-47685

谨启者：兹确认售予你方下列货品，其成交条款如下：

Dear Sirs，

We hereby confirm having sold to you the following goods on terms and conditions as specified below：

商品名称、规格及包装 NAME OF COMMODITY AND SPECIFICATIONS，PACKING	数量 QUANTITY	单价 UNIT PRICE	总值 TOTAL AMOUNT
COTTON TEATOWELS		CIP MONTREAL	
10"×10"	16 000 DOZS	USD 1.31	USD 20 960.00
20"×20"	6 000 DOZS	USD 2.51	USD 15 060.00
30"×30"	11 000 DOZS	USD 4.70	USD 51 700.00
PACKING IN 330 CARTONS			

装运港/目的地：FROM SHANGHAI TO MONTREAL

LOADING PORT& DESTINATION：

装运期限：NOT LATER THAN OCT. 31，2015

TIME OF SHIPMENT：

保险：FOR 110 PERCENT OF INVOICE VALUE COVERING ALL RISKS

INSURANCE：

付款条件：DOCUMENTS AGAINST PAYMENT AT SIGHT

TERMS OF SHIPMENT：

100%采用托收即期付款交单，100%发票金额的全套装运单据随附于托收项下，于买方付清全部发票金额后交单。By 100% on Documents against payment at sight on collection basis. The full set of the shipping documents of 100% invoice value shall accompany the collection item and shall only be released after full payment of the invoice value.

普惠制产地证书由中国国家质量监督出入境检验检疫局签发。Generalized System of Preferences Certificate of Origin issued by General Administration of Quality Supervision, Inspection and Quarantine of the People's Republic of China.

凡以 CIF 条件成交的业务，保额为发票价的 110%，投保险别以售货确认书中所开列的为限，买方如果要求增加保额或保险范围，应于装船前经卖方同意，因此而增加的保险费由买方负责。For transactions conclude on C. I. F basis, it is understood that the insurance amount will be for 110% of the invoice value against the risks specified in Sales Confirmation. If additional insurance amount or coverage is required, the buyer must have consent of the Seller before Shipment, and the additional premium is to be borne by the Buyer.

品质/数量异议：如买方提出索赔，凡属品质异议，须于货到目的口岸之 60 日内提出，凡属数量异议，须于货到目的口岸之 40 日内提出，对所装货物所提任何异议属于保险公司、轮船公司等其他有关运输或邮递机构责任者，卖方不负任何责任。Quality / Quantity discrepancy: In case of quality discrepancy, claim should be filed by the Buyer within 60 days after the arrival of the goods at port of destination; while for quantity discrepancy, claim should be filed by the Buyer within 40 days after the arrival of the goods at port of destination. It is understood that the seller shall not be liable for any discrepancy of the goods shipped due to causes for which the Insurance Company, Shipped Company other transportation organization/or Post Office are liable.

本确认书内所述全部或部分商品，如因人力不可抗拒的原因，以致不能履约或延迟交货，卖方概不负责。The Seller shall not be held liable for failure of delay in delivery of the entire lot or a portion of the goods under this Sales Confirmation in consequence of any Force Majeure incidents.

买方收到本售货确认书后请立即签回一份，如买方对本确认书有异议，应于收到后五天内提出，否则认为买方已同意接受本确认书所规定的各项条款。The buyer is requested to sign and return one copy of the Sales Confirmation immediately after the receipt of same, Objection, if any, should be raised by the Buyer within five days after the receipt of this Sales Confirmation, in the absence of which it is understood that the Buyer has accepted the terms and condition of the sales confirmation.

YIYANG TRADING CORPORATION

买方：
THE BUYER: YI YANG

NINGBO IMPORT & EXPORT CORPORATION 宁波进出口公司

卖方：
THE SELLER: 吴娜

拟订销售确认书体验活动

1. 业务资料

卖　　方：上海鸿翔进出口公司

　　　　　上海市华山路 321 号

电　　话：(021) 65788877

传　　真：(021) 65788876

买　　方：FUJIYAMA TRADING CORPORATION

　　　　　121,KAWARA MACHMONTREAL CANADA

合 同 号：TXT06081

合同日期：AUG. 10,2015

货　　名：手工工具活络扳手、10×12 MM (MTM)(DOUBLE OPEN END SPANNER)

规格数量：8×10 MM (MTM)　60000 件、10×12 MM (MTM) 80000 件

单　　价：8×10 MM (MTM)　USD 0. 50、10×12 MM (MTM) USD 0. 60 CIP MONTREAL

包　　装：每 100 套装 1 箱(PACKED IN　CARTON OF 100 PCS EACH)

支付方式：远期 90 日付款交单(DOCUMENTS AGAINST PAYMENT AFTER 90DAYS SIGHT)

装 运 地：上海港(SHANGHAI PORT CHINA)

目 的 地：蒙特利尔(MONTREAL)

装运期限：最迟不晚于 2015 年 10 月 31 日(NOT LATER THAN OCT. 31，2015)

开户银行：中国银行上海分行(BANK OF CHINA SHANGHAI BRANCH)

银行账号：RMB14804568

2. 业务要求

请你以“业务员”的身份，根据上述资料并结合自己学习到的外贸业务知识，拟订一份销售确认书。

任务二　普惠制产地证申办及单证缮制

业务导入

普惠制产地证明书是受惠国的原产品出口到给惠国时享受普惠制减免关税待遇的官方凭证。普惠制产地证有英文或法文两种语言，格式有三种，其中格式A使用范围较广。

宁波进出口公司根据进口商的要求申请签发普惠制产地证明书。为此，吴娜小姐缮制普惠制产地证明书申请书和普惠制产地证明书，并随附商业发票向宁波出入境检验检疫局主管部门办理申请签发手续。

一、申请签发普惠制产地证明书程序

普惠制产地证明书申请流程如图4-2所示。

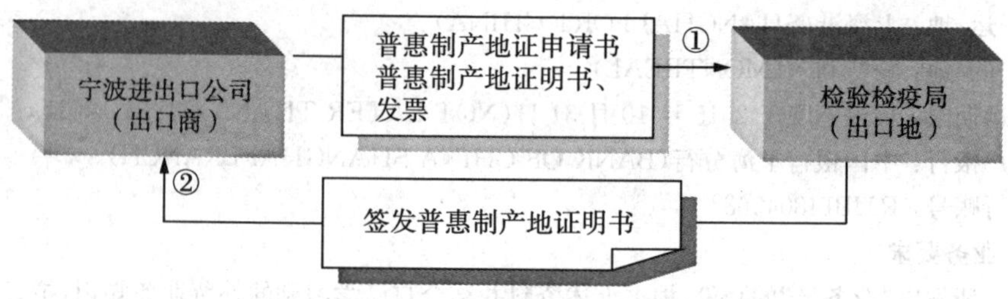

图4-2　申请签发普惠制产地证明书程序

评析：

- 凡申请办理普惠制产地证明书的单位，必须持有关批件、营业执照、协议等文件在当地检验检疫机构办理注册登记手续。
- 出口商最迟在货物装运前五天向当地出入境检验检疫局申请签发。
- 申请签发普惠制产地证明书，须提交已填制的“普惠制产地证明书申请书”一份、“普惠制产地证明书 Form A”一套和“商业发票”一份。如果出口商品含有进口成分，申请签发普惠制产地证明书时还应缴纳“含进口成分受惠商品成本明细单”一式二份。
- 普惠制产地证明书的手签人员须持有相关资格证，签字与印章不得重叠。

● 检验检疫机构在接受申请时，要查看单证资料是否齐全，填写是否完整，符合规定，予以签发。

相关知识链接 **优惠原产地证明书的种类**

出入境检验检疫局签发的优惠原产地证明书主要有以下七种：

1. 普惠制原产地证明书(FORM A)

2.《亚太贸易协定》原产地证书

我国从 2006 年 9 月 1 日起，出口到韩国、斯里兰卡、印度、孟加拉亚太四国的产品，凭检验检疫机构签发的《亚太贸易协定》优惠原产地证书可以享受关税优惠待遇。

3.《中国—东盟自由贸易区》原产地证书(FORM E)

我国从 2005 年 7 月 20 日起，出口到文莱、柬埔寨、印尼、老挝、马来西亚、缅甸、菲律宾、新加坡、泰国、越南等东盟国家的 7 000 多种产品，凭借检验检疫机构签发的《中国—东盟自由贸易区》优惠原产地证书(FORM E)可以享受关税优惠待遇。例如，出口到文莱、印度尼西亚、马来西亚、菲律宾、新加坡和泰国的产品，从 2010 年 1 月 1 日关税为零。其他国家的关税则降到 0～5%。

4.《中国—巴基斯坦自由贸易区》原产地证书

出口到巴基斯坦的产品凭《〈中国与巴基斯坦自由贸易区〉优惠原产地证明书》可以享受关税优惠待遇。

5.《中国—智利自由贸易区》原产地证书(FORM F)

从 2006 年 10 月 1 日起，智利对原产于中国的 5 891 种产品的关税降为零关税，其包括化工品、纺织品和服装、农产品、机电产品、车辆及零件等。出口产品凭出入境检验检疫机构签发的《中国—智利自由贸易区优惠原产地证明书》(FORM F)享受关税优惠待遇。

6.《中国—新西兰自由贸易区》原产地证书

从 2008 年 10 月 1 日起，我国出口至新西兰的全部产品凭《中国—新西兰自由贸易区优惠原产地证明书》可享受关税优惠。

7.《中国—新加坡自由贸易区》原产地证书

2009 年 1 月 1 日起开始正式实施《中华人民共和国政府和新加坡共和国政府自由贸易协定》项下关税优惠待遇，我方出口产品凭《中国—新加坡自由贸易区优惠原产地证明书》可享受相应的关税优惠待遇。

二、宁波进出口公司申领普惠制产地证明书实例

伊洋贸易公司要求宁波进出口公司提供一份普惠制原产地证书 FORM A。为此，吴娜小姐向宁波出入境检验检疫局办理申请签发手续，提供已填制的商业发票、普惠制产地证明书申请书和普惠制产地证明书各一份。

1. 缮制商业发票

宁波进出口公司

NINGBO IMPORT & EXPORT CORPORATION

333 ZHONGHUA ROAD NINGBO CHINA

COMMERCIAL INVOICE

TEL:0574-65788888　　INVOICE NO.:NB05111

FAX:0574-65788899　　DATE: SEP. 01,2015

S/C NO.:ST201503

TO: YIYANG TRADING CORPORATION
88 MARAHALL AVE. MONTREAL CANADA

FROM NINGBO CHINA TO MONTREAL CANADA

MARKS & NO.	DESCRIPTIONS OF GOODS	QUANTITY	UNIT PRICE	AMOUNT
Y. Y. T. C ST201503 MONTREAL C/No. 1-330	COTTON TEATOWELS 10'×10' 20'×20' 30'×30'	 16 000DOZS 6 000DOZS 11 000DOZS	CIP MONTREAL USD1.31 USD2.51 USD4.70	 USD20 960.00 USD15 060.00 USD51 700.00
	PACKING IN 330 CARTONS			USD87 720.00

PLEASE PAYMENT U. S. DOLLARS EIGHTY SEVEN THOUSAND SEVEN HUNDRED AND TWENTY ONLY.

NINGBO IMPORT & EXPORT CORPORATION

吴娜

2. 缮制普惠制产地证明书申请书

普惠制产地证明书申请书的内容和缮制方法如下:

(1) 申请单位(盖章)

填写申请单位全称并盖章。

(2) 注册号

填写申请单位在出入境检验检疫局的注册编号,各公司注册号由当地出入境检验检疫局提供。

(3) 生产单位

填写该批出口商品的生产企业的名称。

(4) 生产单位联系人电话

填写该批出口商品的生产企业的电话号码。

(5) 商品名称

按商业发票中的商品名称填写,并与 H. S. 税目号一致。

(6) H. S. 税目号

填写海关《商品编码协调制度》商品 8 位数字的前 6 位。

(7) 商品总值

填写以美元计的 FOB 价值,如是以其他贸易术语成交的,则应扣除以外汇支付的费用,如佣金、海运费和保险费等。

(8) 发票号

填写该票货物的发票号码。

(9) 最终销售国

填写出口商品的最终销售国家。

(10) 证书种类

根据需要用"√"选择加急证书或普通证书。

(11) 货物拟出运日期

填写出口商品出运的日期。

(12) 贸易方式和企业性质

在对应的位置划"√"。

(13) 计量单位

按《海关统计商品目录》填写。

(14) 原产地标准

根据实际情况从(1)、(2)、(3)条中选择其中一条,填于空格处。符合"W"的,加列 H. S. 的四位税目号。

(15) 本批产品的运输情况

如直接运输,填启运地(港)和目的地(港);如为转运,需增填中转国家(地区)。

(16) 申请人说明

如需另作说明时,则在此详述。

(17) 签章

由领证人手签,加盖申请单位公章,并写明申请人的名称、电话及申请日期。

普惠制产地证明书申请书

申请单位(加盖公章)：　　　　　　　　　　　　　　　　　　　　证书号：

申请人郑重声明：　　　　　　　　　　　　　　　　　　　　　　注册号：88559966

NINGBO IMPORT & EXPORT CORPORATION 宁波进出口公司

本人被正式授权代表本……署本申请书。

本申请书及普惠制产地证明书格式A所列内容正确无误，如发现弄虚作假，冒充格式A所列货物，擅改证书，自愿接受签发机构的处罚并承担法律责任。现将有关情况申报如下：

生产单位	宁波毛巾有限公司	生产单位联系人电话	62478885
商品名称 (中英文)	全棉茶巾 COTTON TEATOWELS	H.S.税目号 (以六位数码计)	6302.5900
商品FOB总值(以美元计)	85 720.00美元	发票号	XH051111
最终销售国	日本	证书种类"✓"	加急证书　普通证书✓
货物拟出运日期	2015.10.31		

贸易方式和企业性质(请在适用处划"✓")

正常贸易 C	来/进料加工 L	补偿贸易 B	中外合资 H	中外合作 Z	外商独资 D	零售 Y	展卖 M
✓							

包装数量或毛重或其他数量	330箱

原产地标准；

本项商品系在中国生产，完全符合该给惠国给惠方案规定，其原产地情况符合以下第(3)条；

(1)"P"(完全国产，未使用任何进口原材料)；

(2)"W"　其H. S. 税目号为________(含进口成分)；

(3)"F"(对加拿大出口产品，其进口成分不超过产品出厂价值的40%)。

本批产品系：1. 直接运输从　宁波　到　蒙特利尔　；

2. 转口运输从________中转国(地区)________到________。

申请人说明　　　　　　　　　　　　　　　领证人(签名)

电话：

日期：　　年　月　日

现提交中国出口商业发票副本一份，普惠制产地证明书格式A (FORM A)一正二副，以及其他附件　份，请予审核签证。

注：凡有进口成分的商品，必须要求提交《含进口成分受惠商品成本明细单》。

商检局联系记录

评析：

- 出入境检验检疫机构签发加急证书一般为1天，普通证书为3～5天。
- 含有进口成分出口到波兰的产品，其进口成分的价值未超过产品离岸价的50%，则填“W”，后注出口产品在《海关合作理事会税则目录》的税目号，如“W”52.02。
- 出口到加拿大的产品，含有的进口成分价值未超过产品出厂价的40%，则填“F”。

3. 缮制普惠制产地证明书

普惠制产地证明书用英文填写，唛头的文字不作限制，证书编号（Reference No.）按检验检疫局指定的编号填制。其他内容和缮制要点如下：

（1）Goods consigned from（Exporter's business name, address, country）（发货人〈出口商业务名称、地址、国家〉）

按信用证规定的受益人名称、地址、国别填制，如信用证没有详细地址，可填入实际地址。

（2）Goods Consigned to ＜Consignee's name, address, country＞（收货人〈出口商业务名称、地址、国家〉）

填给惠国的最终收货人的名称、地址和国别。信用证项下一般为开证申请人，如果其不是实际收货人，又不知最终收货人，可填提单被通知人或发票抬头人。

（3）Means of transport and route ＜as far as known＞（运输方式和路线〈就所知而言〉）

应按信用证规定填运输路线和运输方式，例如 By steamer（海运）、By train（陆运）、By air（空运）。如中途转运，应注明转运地，例如 Via Hong kong；如不知转运地，则用 W/T 表示。

（4）For official use（供官方使用）

本栏留空，供签证机构加注说明用。

（5）Item number（项目号）

将同批出口不同种类的商品用阿拉伯数字进行顺序编号后填入此栏，单项商品用“1”表示或不填。

（6）Marks and numbers of packages（唛头及包装件数）

唛头按信用证规定的填制，并与发票和提单内容相同。

（7）Number &kind of packages. description of goods（包装件数、方式和品名）

填出口货物最大包装件数和商品名称，如信用证规定单据要加注信用证编号或合同号码等内容,可在此显示。例如,信用证规定:All shipping documents must show the S/C No. T20031。此栏应注明 S/C No. T20031 的合同号。

(8) Origin criterion(原产地标准)

根据货物原料进口成分的比例填制。"P"表示无进口成分;"W"表示含进口成分,但符合原产地标准;"F"指出口到加拿大货物中的进口成分要在40%以下。

(9) Gross weight or other quantity (毛重或其他数量)

按发票和提单内容填。以重量表示的商品,此栏填写毛重数量,或再加注件数。散装货填净重数量,但注明"N. W"。

(10) Number and date of invoice (发票号码及日期)

按发票实际内容填制。此栏填写完毕,从第 5 项开始用" * "符号打成横线示意结束。

(11) Certification (签证当局证明)

签证当局证明已印制,此栏由签证当局盖章,由其授权人手签。出证日期和地点由申报单位填写,签证当局(出入境检验检疫局)只签发正本。

(12) Declaration by the exporter (出口商声明)

本栏有三个内容:A. 生产国别:"China"已事先印妥;B. 出口国别:填给惠国的国名(即进口国);C. 出口商申请日期、地点及签章:申请单位盖章,由受权人手签并注明日期和地点。

1. Goods consigned from (Exporter's business name, address, country) NINGBO IMPORT & EXPORT CORPORATION 333 ZHONGHUA ROAD NINGBO CHINA	Reference No.: xw07124356 **GENERALIZED SYSTEM OF PREFERENCE** **CERTIFICATE OF ORIGIN** (COMBINED DECLARATION AND CERTIFICATE) **FORM A** ISSUED IN THE PEOPLES REPUBLIC OF CHINA (COUNTRY) SEE NOTES OVERLEAF
2. Goods consigned to (Consignee's name, address, country) YIYANG TRADING CORPORATION 88 MARAHALL AVE MONTREAL CANADA	
3. Means of transport and route (as far as known) FROM NINGBO TO MONTREAL BY MT	4. For official use

5. Item number	6. Marks and numbers of packages	7. Number and kind of packages; description of goods	8. Origin criterion (see notes overleaf)	9. Gross weight or other quantity	10. Number and date of invoices
1	Y. Y. T. C ST201503 MONTREAL C/No. 1-330	COTTON TEATOWELS SAY TOTAL THREE HUNDRED AND THIRTY(330)CARTONS ONLY ******************************	"F"	3 300KGS	NB 05111 SEP. 1, 2015

11. Certification It is hereby certified, on the basis of control carried out, that the declaration by the exporter is correct. Place and date, signature and stamp of certifying authority	12. Declaration by the exporter The undersigned hereby declares that the above details and statements are correct; that all the goods were produced in **CHINA** (country) and that they comply with the origin requirements specified for those goods in the Generalized System of Preference for goods exported to CANADA (importing country) IMPORT & EXPORT CORPORATION NINGBO 宁波进出口公司 NINGBO SEP. 1, 2015 吴娜 Place and date, signature of authorized signatory

评析：

- 第7项内容的包装件数分别以小写和英文大写表示，填完后用“*”符号打满，以防添加其他内容。
- 普惠制产地证明书的申请日不能早于发票日期，但可以是同日，也不能晚于装运前五天。
- 普惠制产地证明书不仅证明原产国，还能享受给惠国优惠关税，具有有价证券的性质。

缮制普惠制产地证书制单体验活动

1. 业务资料

合同号：TXT06081

卖　　方：上海鸿翔进出口公司

上海市华山路321号　电话：(021) 65788877　传真：(021) 65788876

注册号：SH859632

生产单位：上海南汇工具厂　电话：021－58765439

买　　方：FUJIYAMA TRADING CORPORATION

121,KAWARA MACH　MONTREAL CANADA

货　　名：手工工具活络扳手、10×12 MM (MTM)(DOUBLE OPEN END SPANNER)

规格数量：8×10 MM (MTM)　6000件、10×12 MM (MTM) 8000件

单　　价：8×10 MM (MTM)　USD 0.50、10×12 MM (MTM) USD 0.60 CIP MONTREAL

包　　装：每100套装1箱(PACKED IN　CARTON OF 100 PCS EACH)

重量体积：毛重为23千克/箱、净重为21千克/箱、体积为0.3立方米/箱

支付方式：远期90日付款交单(DOCUMENTS AGAINST PAYMENT AFTER 90 DAYS SIGHT)

装运地：上海港(SHANGHAI PORT CHINA)

目的地：蒙特利尔(MONTREAL)

发票号码：TX070812

发票日期：2015年10月15日

运　　费：800美元

保险费：400美元

H. S. 编码：8 204. 1100

出运日期：2015年10月31日

原产地标准：进口原材料10%

开户银行：中国银行上海分行(BANK OF CHINA SHANGHAI BRANCH)

银行账号：RMB14804568

2. 业务要求

请你以“单证员”的身份，根据上述资料缮制普惠制产地证书申请书和普惠制产地证书。

任务三　多式联运货物托运办理及单证缮制

业务导入

本笔业务的目的地是加拿大蒙特利尔，可采取多式联运的运输形式，通过加拿大大陆桥将货物海运至温哥华，再由铁路运到蒙特利尔。为此，托运人要与多式联运经营人启运地代理机构订立多式联运合同，根据合同的约定把货物送至指定地点，获取多式联运经营人启运地分支机构或代理签发的全程多式联运单据正本。

宁波进出口公司吴娜根据合同规定的内容缮制装箱单，填写国际多式联运委托书，委托宁波国际货运代理公司办理多式联运手续。

一、国际多式联运业务程序

集装箱国际多式联运业务流程(海铁为例)如图 4－3 所示。

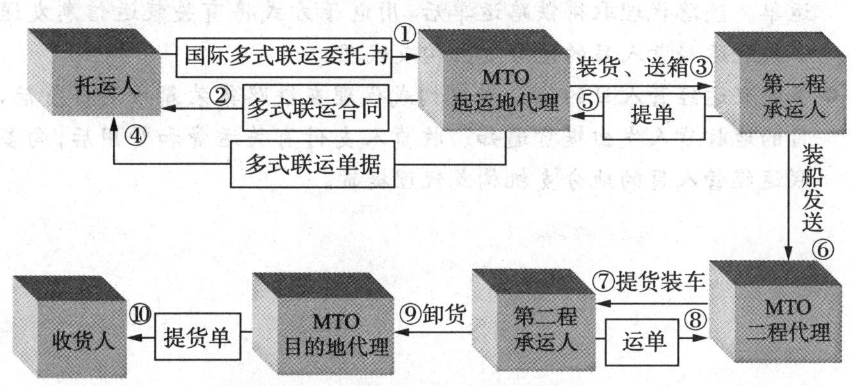

图 4－3　集装箱多式联运业务程序

评析：

- 托运人选择多式联运经营人启运地代理机构(货代公司、物流公司等)，填写国际多式联运委托书并随附商业发票、装箱单等有关单据办理货运手续。
- 多式联运经营人启运地代理确认该票货物的承运后，在国际多式联运委托书上注明货物的交接时间、地点、方式和编号等内容，并予以签章。多式联运经营人启运地代理与托运人的多式联运合同成立。

- 托运人按约定提箱、报关、装箱并将货物送至指定地点(CY/CFS)，或委托启运地代理机构(货代公司、物流公司)提箱、报关、装箱。
- 多式联运经营人启运地代理机构签发全程多式联运单据。正本交付托运人，副本留底，其余送交多式联运经营人第一程承运人(船代)、第二程分支机构铁路代理。
- 多式联运经营人启运地代理按照国际多式联运委托书的内容填写集装箱托运单，并随附有关单据向多式联运经营人第一程承运人船代办理订舱。确认订舱后将该票货物交付集装箱堆场，获取场站收据，凭其换取第一程承运人为托运人、多式联运经营人第二程承运人分支机构铁路代理为收货人，并注明全程多式联运单据号码的运输单据(提单)。多式联运经营人启运地代理机构取得提单后，将有关信息通知多式联运经营人第二程分支机构铁路代理。
- 多式联运经营人第二程分支机构铁路代理在集装箱堆场提货后安排车皮承运，由铁路车站签发以多式联运经营人第二程分支机构铁路代理为托运人、以多式联运经营人目的地分支机构或代理为收货人的铁路运单。铁路代理取得铁路运单后，用电子方式将有关装运信息发送至多式联运经营人目的地分支机构或代理。
- 多式联运经营人目的地分支机构或代理在铁路集装箱堆场提货后，向目的地收货人发出提货通知。收货人支付有关运费和费用后，向多式联运经营人目的地分支机构或代理提货。

二、宁波进出口公司办理多式联运货物托运实例

1. 缮制装箱单

宁波进出口公司

NINGBOIMPORT & EXPORT CORPORATION

333 ZHONGHUA ROAD NINGBO CHINA

PACKING LIST

TEL:0574-65788888

FAX:0574-65788899

INVOICE NO. :NB05111

DATE: SEP. 01,2015

S/C NO. :ST201503

MARKS & NOS

Y. Y. T. C

ST201503

MONTREAL

C/No. 1-330

TO: YIYANG TRADING CORPORATION

88 MARAHALL AVEMONTREAL CANADA

CASE NO.	GOODS DESCRIPTION & PACKING	QTY (DOZS)	G. W (KGS)	N. W (KGS)	MEAS (M^3)
	COTTON TEATOWELS				
1-160	10'×10'	16 000	10/1600	8/1280	0. 3/48
161-220	20'×20'	6 000	10/600	8/480	0. 3/18
221-330	30'×30'	11 000	10/1100	8/880	0. 3/33
	PACKED IN CARTON OF 100 DOZS EACH				
	TOTAL:	33 000	3 300	2 640	99

PACKED IN 330 CARTONS

TOTAL GROSS WEIGHT 3300KGS

TOTAL NET WEIGHT 2640 KGS

NINGBO IMPORT & EXPORT CORPORATION

(印章：NINGBO IMPORT & EXPORT CORPORATION 宁波进出口公司)

吴娜

2. 缮制国际多式联运委托书

国际多式联运委托书的内容和填写方法如下：

(1) 托书编号

填写由承运人提供的托书编号。

(2) 发货人及地址

填写发货人的全称、装箱地址、电话号码、传真号。

(3) 收货人及收货地址

填写"To order"或"To order of shipper",也可填写实际收货人或货运代理人及地址。

(4) 通知人

填写通知人的全称、地址、电话号码、传真号码。通知人一般为收货人或收货人委托的代理人。

(5) 船公司

填写指运船公司的名称。

(6) 船期

填写装船的日期。

(7) 出发地

填写实际货物被装载地的全称。

(8) 目的地

填写货物最终的交货地的城市名称或地区名称。

(9) 箱型

填写装载货物的集装箱箱型及规格。

(10) 唛头

填写实际货物外包装上的标记,并与其他单据内容相同。

(11) 箱数或件数

填写装入集装箱内货物的外包装件数。

(12) 包装类型与货名

填写货物包装类型和信用证或合同规定的货名。

(13) 毛重

填写该票货物实际总毛重,以千克为计量单位。

(14) 尺码

填写该票货物实际体积,以立方米为计量单位。

(15) 运输方式

根据实际情况选择整箱或门到门、拼箱或门到门。

(16) 装箱地址及时间

填写发货人的装箱地址、联系电话、传真号,以及具体时间。

(17) 确认运费

填写托运人与船公司或船代议定的各种运输费用,并予以累计。

(18) 联系人电话、传真

填写该票货物联系人的电话、传真。

(19) 委托公司盖订舱章或委托人签名

由委托公司盖订舱章,或委托人签名。

宁波国际货运代理公司

NINGBO INT'L FREIGHT FORWARDING CO. ,LTD.

宁波市金桥路 68 号 2831 室

TEL:0574-66761009　FAX:0574-66761008

国际多式联运委托书

日期:2015 年 9 月 2 日　　　　委托书编号:NBHD002187

<table>
<tr><td colspan="2">Shipper(发货人及地址)</td><td colspan="4">NINGBO IMPORT & EXPORT CORPORATION
333 ZHONGHUA ROAD NINGBO CHINA</td></tr>
<tr><td colspan="2">Consignee(收货人及收货地址)</td><td colspan="4">TO ORDER</td></tr>
<tr><td colspan="2">Notify party(通知人)</td><td colspan="4">YIYANG TRADING CORPORATION
88 MARAHALL AVE MONTREAL CANADA</td></tr>
<tr><td colspan="2">Shipping company(船公司)</td><td colspan="2">中国对外贸易运输总公司</td><td colspan="2">船期:2015-10-31</td></tr>
<tr><td colspan="2">Departures (出发地)
宁波</td><td colspan="2">Destinations(目的地)
蒙特利尔</td><td colspan="2">Container Size (箱型)
40 英尺普通集装箱</td></tr>
<tr><td>Marks(唛头)</td><td>No. of Containers or P'kgs
(箱数或件数)</td><td colspan="2">Kind of Packages;
Description of Goods
(包装类型与货名)</td><td>Gross Weight
毛重(千克)</td><td>Measurement
尺码(立方米)</td></tr>
<tr><td>Y. Y. T. C
ST201503
MONTREAL
C/No. 1-330</td><td>2</td><td colspan="2">COTTON TEA TOWELS

PACKED IN CARTON</td><td>3 300 KGS</td><td>99 CBM</td></tr>
<tr><td rowspan="2">运输方式
(请打✓)</td><td colspan="2">1. FCL-FCL　整箱 门到门　✓</td><td colspan="3">2. LCL-LCL　拼箱 门到门</td></tr>
<tr><td>装箱地址及时间</td><td colspan="4">宁波市中华路 333 号　2015 年 10 月 22 日 上午 10 点</td></tr>
<tr><td>确认运费</td><td>美元 $</td><td colspan="2">包干费￥ /1 100 $</td><td colspan="2">合计($/¥)</td></tr>
<tr><td>备注</td><td colspan="5">尚一敏　　宁波国际货运代理公司 确认专用章</td></tr>
<tr><td>联系人　吴娜</td><td>Tel 电话</td><td colspan="2">0574-65788888</td><td>Fax 传真</td><td>0574-65788899</td></tr>
<tr><td colspan="2">委托公司盖订舱章
或委托人签名</td><td colspan="4">吴娜　　宁波进出口公司 订舱专用章</td></tr>
</table>

3. 货代公司缮制集装箱托运单

集装箱货物托运单是一份综合性的单证，有不同的联数。十联单场站收据构成是：第一联货方留底、第二联集装箱货物托运单（船代留底）、第三联运费通知单（1）、第四联运费通知单（2）、第五联装货单场站收据副本（关单）、第六联场站收据副本（大副联）、第七联场站收据（正本）、第八联货代留底、第九联配舱回单（1）、第十联配舱回单（2）。

集装箱货物托运单主要内容和缮制方法如下：

（1）托运单编号（D/R No.）

填写由承运人或其代理人提供的号码。

（2）发货人（Shipper）

填写发货人的全称、地址、联系电话、传真号码。托运人可以是货主贸易代理人或货主货运代理人。

（3）收货人（Consignee）

填写“To order”或“To order of shipper”，也可是实际收货人或货运代理人。

（4）被通知人

填写被通知人的全称、地址、联系电话、传真号码。通知人一般为收货人或收货人委托的代理人。

（5）前程运输工具（Pre-carriage by）

如货物需转运，此栏填入第一程船名。无须转运，可留空不填。

（6）收货地点（Place of Receipt）

如货物需转运，填写收货港名称。无须转运，此栏可留空。

（7）船名（Ocean Vessel）

填写实际货运船名，如为班轮，应加注航次号。

（8）装货港（Port of Loading）

填写实际货物被装船所在的港口全称。在信用证项下，必须按照信用证规定的发运港填制。

（9）卸货港（Port of Discharge）

填写实际货物被最后卸离船舶的所在港口全称。

（10）目的地（Final Destination for the Merchant's Reference）

填写货物最终的交货地的城市名称，或地区名称。

（11）集装箱号（Container No.）

填写该票货物集装箱号码。

(12) 封志号(Seal No.)标记与号码(Marks & Nos.)

填报的标记应与实际货物外包装上正面唛头全部内容相符。一般在提单上显示封志号,托运单上不填报。

(13) 箱数或件数(No. of Containers or P' kgs.)

填制装入集装箱内货物的外包装件数或集装箱个数。

(14) 包装种类与货名(Kind of Packages; Description of Goods)

填写信用证或合同描述的货名,并与其他单据货名相同。

(15) 毛重(千克)(Gross Weight)

填写实际货物的毛重,以千克为计量单位。

(16)尺码(Measurement)

填写实际货物的体积,以立方米为计量单位。

(17)集装箱数或件数合计(大写)(TOTAL NUMBER OF CONTAINERS OF PACKAGES (IN WORDS))

用英文大写表示,句首用"SAY",句尾用"ONLY",并应与第 15 栏内容相同。

(18) 运费和附加费(Freight & Charges)

除非信用证明确规定填具体运费与附加费,一般此栏不填。

(20) 运费率(Rate)

除非信用证明确规定填具体运费率,一般此栏不填。

(21) 运费预付(Prepaid)

"FREIGHT PREPAID"为装运港托运人支付;"FREIGHT COLLECT"为目的港收货人支付。

(22) Place of Issue (签发地点)

填写承运人接收货物或装船地址。

(23) No. of Original B(S)/L (正本提单份数)

承运人一般签发提单正本两份,也可应收货人的要求签发两份以上,本栏应用英文大写注明(如 TWO、THREE)。

(24) 货值金额

填写该票货物的发票总值。

(25) 收货方式(Service Type on Receiving)

收货方式应根据运输条款如实填写,同一单不得出现两种收货方式。

(26) 交接方式(Service Type on Delivery)

交接方式应根据运输条款如实填写,同一单不得出现两种交货方式。

(27) Reefer-Temperature Required(冷藏温度)

冷藏出运,应正确填报冷藏温度,必须用摄氏度表示。

(28) 种类(Type of Goods)

根据该票货物的实际情况选择相应的选项。

(29) 危险品

危险品出运,应正确填报类别、性能、危规页数和联合国编号,如国际危规规定主标以外还有副标,在性能栏目用"(主标)/(副标)"方式填报。

(30) 发货人或代理人名称、地址、联系人、电话

填写该票货物发货人或代理人名称、地址、联系人和电话。

(31) 可否转船

填写合同转船条款的规定,即"允许"或"不允许"。

(32) 可否分批

填写合同分批条款的规定,即"允许"或"不允许"。

(33) 装期

填写实际装运日期。

(34) 有效期

填写合同规定的最晚装运期。

(35) 制单日期

填写实际制单日期。

(36) 海运费由　　　　　　支付

如预付运费托收承付,请填准银行账号。

根据不同的贸易术语填写发货人或收货人的全称。

(37) 装箱场站名称

填写装箱场站的全称。

(38) 场站员签字(By Terminal clerk)

由场站员签字。

Shipper (发货人) NINGBO IMPORT & EXPORT CORPORATION 333 ZHONGHUA ROAD NINGBO CHINA	委托号:NBHD 002187 D/R No. **中国对外贸易运输总公司** **集装箱货物托运单** 货代留底 第八联
Consignee (收货人) TO ORDER	
Notify Party (通 知 人) YIYANG TRADING CORPORATION 88 MARAHALL AVE MONTREAL CANADA	
Pre-carriage by (前程运输)　　Place of Receipt (收货地点)	

Ocean Vessel (船名)	Voy. No. (航次)	Port of Loading (装货港)	Date (日期)
DAMIN	V. 342	NINGBO	2015-10-31

Port of Discharge(卸货港)	Place of Delivery(交货地点)	Final Destination for the Merchant's Reference(目的地)
VANCOUVER	VANCOUVER	MONTREAL

Container No. (集装箱号)	Seal No. (封志号) Marks & Nos. (标记与号码)	No. of Containers or P'kgs (箱数与件数)	Kind of Packing; Description of Goods (包装种类与货名)	Gross Weight (毛重)	Measurement 尺码(m^3)
TXEU9873209 TXEU9873208	Y. Y. T. C ST201503 MONTREAL C/No. 1-330	330 CARTONS	COTTON TEATOWELS	3 300 KGS	99 CBM

Total Number of Container or Packages (in Words) 集装箱数或件数合计(大写)	SAY TOTAL THREE HUNDRED AND THIRTY CARTONS ONLY

Container No. (箱号)	Seal No. (封志号)	P'kgs(件号)	Container No. (箱号)	Seal No. (封志号)	P'kgs(件号)

Received(实收)	By Terminal Clerk/Tally Clerk (场站员/理货员签字) 方军

Freight & Charges	Prepaid at (预付地点) 宁波	Payable at (到付地点)	Place of Issue (签发地点)宁波	Booking Approved by (定舱确认)
	Total Prepaid (预付总额)	No. of Original Bs/L (正本提单的份数) THREE	Amount(货值金额) USD 87 720.00	

Service Type on Receiving	Service Type on Delivery	Reefer Temperature Required(冷藏温度)	℉	℃
☑…CY　☐…CFS　☐…DOOR	☑…CY　☐…CFS　☐…DOOR			

Type of Goods (种类)	☑ Ordinary (普通)	☐Reefer (冷藏)	☐Dangerous (危险)	☐Auto (裸装车辆)	危险品	Class: Property IMDG code Page UN No.
	☐Liquid (液体)	☐Live Animal (活动物)	☐Bulk (散装)			

发货人或代理地址:上海市金桥路国际货运大厦 68 号 2831 室	联系人:尚一敏	电话:66761009

可否转船　Y	可否分批　Y	装期　OCT. 31,2009	备注	集装场站名称 海通物流
有效期:OCT. 31,2015		制单日期 OCT,2015		
海运费由　宁波进出口公司支付 如预付运费托收承付,请填准银行账号 THY6684321337				

缮制国际多式联运委托书体验活动

1. 业务资料

托书编号：SH091254

发 货 人：上海鸿翔进出口公司

上海市华山路321号　电话(021) 65788877　传真(021) 65788876

收 货 人：凭指示

进 口 商：FUJIYAMA TRADING CORPORATION

121,KAWARA MACH　MONTREAL CANADA

船 公 司：马士基

船　　期：2015年10月31日

出 发 地：上海

目 的 地：蒙特利尔

箱　　型：20英尺普通集装箱二只

货　　名：活络扳手(DOUBLE OPEN END SPANNER)

数　　量：规格数量：8×10 MM (MTM)　6000件、10×12 MM (MTM) 8000件

包　　装：每100套装1箱(PACKED IN　CARTON OF 100 PCS EACH)

重量体积：毛重为23千克/箱 、净重为21千克/箱、体积为0.3立方米/箱

运输方式：整箱、门到门

装箱地址及时间：上海市逸仙路333号　2015年10月22日上午10点

确认运费：2 000美元

联 系 人：卢珍：-23501111 FAX：021-23501112

出运日期：2015年10月31日

2. 业务要求

请你以“单证员”的身份，根据上述资料缮制国际多式联运委托书。

任务四　投保与报检申报及单证缮制

业务导入

在CIF或CIP条件下，由出口商或委托代理在本国保险公司办理出口货物运输保险。投保之后，还必须办理出口货物报检手续或委托国际货运代理公司代办。

宁波进出口公司根据贸易合同的规定缮制投保单和保险单，并随附商业发票向中保财产保险有限公司宁波分公司办理出口货物运输保险手续。与此同时，委托国际货运代理公司办理报检手续。

一、出口货物投保程序

办理出口货物运输保险手续如图 4－4 所示。

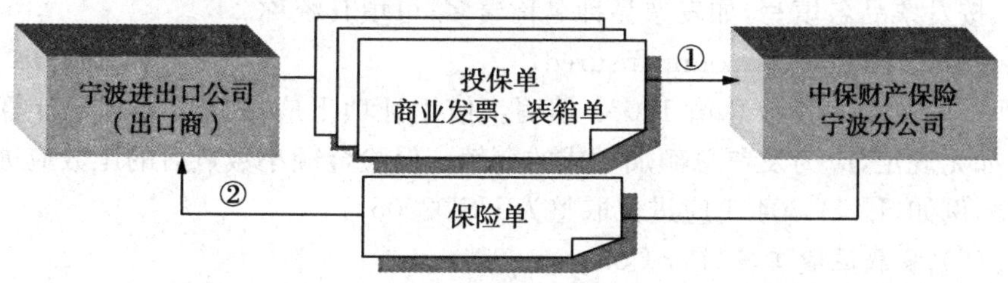

图 4－4　出口货物运输保险手续

评析：

- 出口商按信用证规定填制投保单，确定保险金额，并随附发票、装箱单向当地保险公司办理保险手续。
- 保险公司按约定的保险费率收讫保险费后，依据投保单出具保险单并交至出口商。
- 保险单是保险人与被保险人之间订立保险合同的法定文件，是保险公司出具的承保证明，也是被保险人凭以向保险公司索赔的法定依据。
- 出口商按信用证规定在保险单上作背书转让。

二、宁波进出口公司办理出口货物运输投保实例

1. 缮制投保单

投保单由各保险公司事先已印制好，其内容与缮制方法如下：

(1) 被保险人(Assured's Name)

托收项下的保险单应填出口商名称。信用证项下的按信用证要求填制：如信用证规定"To order"，此栏转录，受益人要在保险单背面作空白背书；信用证要求"To order of ... 或 in favor of ..."，此栏应写成 To order of 加上被保险人名称，并作记名背书；信用证对此无具体规定，受益人应视为被保险人，并作空白背书。

(2) 发票号码(Invoice No.)

应与本套单据发票同项内容相一致。

(3) 包装数量(Quantity)

此栏填最大包装件数，并与发票、装箱单同项内容一致。如为散装货，填

"IN BULK",如果货物价格以重量计价,除表示件数外,还应注明毛重或净重。

(4) 保险货物项目(Description of Goods)

按发票品名填写,如发票品种名称繁多,可填其统称。

(5) 保险金额(Amount Insured)

一般按 CIF 发票总值 110% 填写。信用证项下应按信用证规定计算填入,如无规定,应为发票总额加一成的金额。保险金额小数点后的尾数应进位取整,例如,USD2304.1 应进位取整为 USD2305。

(6) 装载运输工具(Per Conveyance)

如为海运,填写船名,如为中途转船,应在一程船名后加填二程船名,如"By S. S DONG FANG/TOKYO V. 108"。如为空运(By Airplane),填航班名称。

(7) 航次、航班或车号(Voy. No.)

如为海运,填航次号,如为空运,填航班号。

(8) 开航日期(Slg. Date)

一般填写本批货物运输单据的签发日期,如为海运,可填"As per B/L"。

(9) 起讫地点(From … to …)

在 From 后填装运港(地)名称,To 后填目的港(地)名称,转运时应在目的港(地)后加注 W/T at …(转运港/地名称)。如果海运至目的港,而保险承保到内陆城市,应在目的港后注明,如"From … To Liverpool and thence to Birmingham"。

(10) 赔款偿付地点(Claim Payable at)

本栏包括保险赔款的支付地点和赔付的货币名称,其应按信用证规定缮制。如来证未作规定,或托收项下的,则填目的港(地)名称。

(11) 承保险别(Condition)

应按合同或信用证规定的保险险别填写,并注明依据的保险条款名称及其颁布年份,如"Covering all Risks and War Risks as Per PICC 1/1/1981"。

(12) 投保单位签章(Applicant's Signature and Co.'s Name, Add. and Tel. No.)

填出口商全称、地址和电话,由经办人签名并注明日期。

中保财产保险有限公司宁波市分公司

The People's Insurance (Property) Company of China, Ltd. Shanghai Branch

进出口货物运输保险投保单

Application From form I/E Marine Cargo Insurance

被保险人 NINGBO IMPORT & EXPORT CORPORATION
Assured's Name

发票号码(出口用)或合同号码(进口用) Invoice No. or Contract No.	包装数量 Quantity	保险货物项目 Description of Goods	保险金额 Amount Insured
AS PER INVOICE NO. NB05111	330 CARTONS	COTTON TEATOWELS	USD 96 492.00

装载运输工具 DAMIN 航次、航班或车号 V.342 开航日期 OCT.31,2015
Per Conveyance Voy. No. Slg. Date

自 NINGBO 至 MONTREAL 转运地 赔款地 MONTREAL
From To W/Tat Claim Payable at

承保险别：FOR 110% OF THE INVOICE VALUE COVERING ALL RISKS
Condition & /or
Special Coverage

投保人签章及公司名称、电话、地址：

Applicant's Signature and Co.'s Name, Add. And Tel. No.
NINGBO IMPORT & EXPORT CORPORATION
333 ZHONGHUA ROAD NINGBO CHINA
0574-65788888

（印章：NINGBO IMPORT & EXPORT CORPORATION 宁波进出口公司）

备注： 投保日期：2015.10.16
Remarks Date

保险公司填写： 保单号： 费率：

点评：

- 如果买方要求加保超过10%，卖方也可接受，但须经保险公司同意，由此增加的保险费也应由买方承担。
- 保险费金额的计算，小数点后尾数要取整数。

相关知识链接　保险金额计算

保险金额(Insured Amount)又称投保金额，是指被保险人对保险标的的实际投保金额，也是保险人承担的最高赔偿及计收保险费的基础。在实际业务中，凡是按CIF或CIP条件达成的合同，一般均规定投保金额，如果合同对此未作规定，卖方有义务按CIF或CIP价格的总值另加10%作为投保金额。投保金额的计算公式为：

投保金额=CIF(或CIP)总值×(1+ 保险加成率)

2. 缮制保险单

保险单是由各保险公司事先印制的，其内容大致相同。保险单与投保单有许多共同栏目，以下就不同项目的缮制方法作一介绍。

(1) 保险单号码(Policy No.)

按保险公司指定的编号填入。

(2) 货物标记(Marks of Goods.)

应与发票的唛头相同，也可填“As per Invoice No. …”。

(3) 总保险金额(Total Amount Insured)

用英文大写表示，大小写金额须保持一致。

(4) 保险费(Premium)

保险公司一般在印制保险单时已在本栏印妥“as arranged”(按约定)，无须填制。如信用证要求详细列明，则应按来证要求办理，删除“as arranged”字样，填上具体保险费额。

(5) 保险勘察代理人(Insurance Survey Agent)

其由保险公司指定，并注明其详细地址与电话。收货人在发现货损时，可及时通知代理人进行勘察和理赔事宜。通常不接受来证中指定的理赔代理人。

(6) 签发日期(Place and Date of Issue)

保险单签发日期不得晚于提单等运输单据签发日。签发地为受益人所在地，通常已事先印就在保险单上。

(7) 保险公司签章(Authorized Signature)

保险单经保险公司签章后才有效，其签章一般已事先印制在保险单的右下方，然后由授权人签名即可。

中保财产保险有限公司

The People's Insurance (Property) Company of China, Ltd.

发票号码　　　　　　　　　　　　　　　　　　　　　　　　保险单号次

Invoice No. NB05111　　　　　　　　　　　　　　　　　Policy No. SH043101984

海 洋 货 物 运 输 保 险 单

MARINE CARGO TRANSPORTATION INSURANCE POLICY

被保险人

Insured: NINGBO IMPORT & EXPORT CORPORATION

中保财产保险有限公司(以下简称本公司)根据被保险人的要求,及其所缴付约定的保险费,按照本保险单承担的险别和背面所载条款与下列特别条款承保下列货物运输保险,特签发本保险单。

This policy of Insurance witnesses that The People's Insurance (Property) Company of China, Ltd. (hereinafter called "The Company"), at the request of the Insured and consideration of the premium paid by the Insures, undertakes to insure the under-mentioned goods in transportation subject to the condition of this Policy as per the Clauses printed overleaf and other special clauses attached hereon.

保险货物项目 Descriptions of Goods	包装 单位 数量 Packing Unit Quantity	保险金额 Amount Insured
COTTON TEA TOWELS	730 CARTONS	USD 96 492. 00

ORIGINAL

承保险别: FOR 110% OF THE INVOICE VALUE COVERING ALL RISKS　　货物标记: AS PER INVOICE NO. NB 05111

Condition　　　　　　　　　　　　　　　　　　　　　　　Marks of Goods

总 保 险 金 额:

Total Amount Insured: SAY U. S. DOLLARS NINETY SIX THOUSAND FOUR HUNDRED AND NINETY TWO ONLY

保费:　　　　　　　　运输工具:　　　　　　　　　　　开航日期:

Premium　As arranged　　Per conveyance S. S DANMIN V. 342　　Slg. On or abt OCT. 31, 2015

启运港　　　　　　　　　　　目的港

From NINGBO　　　　　　　To MONTREAL

所保货物,如发生本保险单项下可能引起索赔的损失或损坏,应立即通知本公司下述代理人查勘。如有索赔,应向本公司提交保险单正本(本保险单共有2份正本)及有关文件。如一份正本已用于索赔,其余正本则自动失效。

In the event of loss or damage which may result in a claim under this Policy, immediate notice must be given to the Company's Agent as mentioned hereunder. Claims, if any, one of the Original Policy which has been issued in TWO Original(s) together with the relevant documents shall be surrendered to the Company, If one of the Original Policy has been accomplished, the others to be void.

THE PEOPLE'S INSURANCE (PROPERTY) COMPANY OF CHINA, LTD. MONTREAL BRANCH

98 LSKL MACH MONTREAL CANADA

TEL: 56-543657

中保财产保险有限公司

THE PEOPLE'S INSURANCE (PROPERTY) COMPANY OF CHINA, LTD.

The People's Insurance (Property) Company of China, Ltd

赔款偿付地点

Claim payable at MONTREAL IN USD

日期　　　　　　　　　　　在

Date OCT. 16, 2015　　at　　NINGBO　　General Manager: 凡玲

地址:

Address:

点评：

- 保险单一般由保险公司审单员根据投保人提供的投保单等材料进行缮制，但也有个别保险公司由投保人代其填制保险单的相关栏目内容，再由保险公司填制剩余栏目，签章后生效。
- 保险单是出口商向银行议付货款所必备的单证之一，其可通过背书转让。保险单的背书有空白背书和指示背书两种，究竟采取哪一种，应视信用证的具体要求而定。

相关知识链接 保险单种类

1. 保险单(Insurance Policy)

俗称"大保单"，是保险人签发的正式凭证，其基本内容有：被保险人名称、保险货物名称、数量、包装及标志、运输工具名称、投保险别、保险起讫地点和开航日期等。除此之外，保险单背面印就保险条款，包括保险人的责任范围和除外责任，以及保险人与被保险人各自的权利、义务等详细内容。

2. 保险凭证(Insurance Certificate)

俗称"小保单"，是表示保险公司已接受承保的一种证明文件，是一种略式保险单，其仅载明被保险人名称、被保险货物的名称、数量、包装及标志、船名、航程、开船日期、投保险别、保险期限和保险金额等基本内容，对保险人与被保险人的权利、义务则予以省略。保险凭证以保险单的保险条款为准，与保险单的法律效力相当。

3. 联合保险凭证(Combined Insurance Certificate)

又称"联合发票"，是比保险凭证更简化的形式，仅在商业发票内加注保险的有关内容，并由保险公司签章，发票内载货物即已承保。这种形式仅适合港澳地区银行来证。

4. 批单(Endorsement)

保险人出立保险单之后，被保险人如果需要更改险别、运输工具名称、航程和保险金额等，应向保险人或其授权的代理人提出申请，由保险人或其授权的代理人出具批单，作为保险单的组成部分。

三、宁波进出口公司委托报检实例

宁波进出口公司办理好保险手续后，吴娜小姐填写报检委托书，并随附商业发票、装箱单等有关单据，委托宁波国际货运代理公司代办出口报检手续。

报检委托书

　　宁波市　　出入境检验检疫局：

本委托人郑重声明，保证遵守出入境检验检疫法律、法规的规定。如有违法行为，自愿接受检验检疫机构的处罚并负法律责任。

本委托人委托受委托人向检验检疫机构提交“报检申请单”和各种随附单据。具体委托情况如下：

本单位将于　2015　年　10　月间出口如下货物：

品名	全棉茶巾	H. S. 编码	6302.5900
数(重)量	33 000 打	合同号	ST303
信用证号		审批文件	
其他特殊要求			

特委托　宁波国际货运代理公司　(单位/注册登记号)，代理本公司办理下列出入境检验检疫事宜：

☑1. 办理代理报检手续；

☑2. 代缴检验检疫费；

☑3. 负责与检验检疫机构联系和验货；

☑4. 领取检验检疫证书；

□5. 其他与报检有关的事宜。

请贵局按有关法律法规规定予以办理。

委托人：宁波进出口公司　（印章：宁波进出口公司 NINGBO IMPORT & EXPORT CORPORATION）　　受委托人(公章)　（印章：宁波国际货运代理公司 代理报检专用章）

吴娜　　　　李眯

2015 年 10 月 10 日　　　　2015 年 10 月 10 日

本委托书有效期至 2015 年 10 月 31 日。

项目四　出口贸易托收支付方式下单证缮制

缮制货运投保单与保险单体验活动

1. 业务资料

卖　　方：上海鸿翔进出口公司

上海市华山路 321 号　电话(021) 65788877　传真(021) 65788876

发票号码：TX070812

数　　量：数量：8×10 MM (MTM)　6000 件、10×12 MM (MTM) 8000 件

包　　装：每 100 套装 1 箱(PACKED IN　CARTON OF 100 PCS EACH)

货　　名：活络扳手(DOUBLE OPEN END SPANNER)

保险金额：按发票金额 110%投保

船名航次：PUJIANG V. 123

开航日期：2015. 10. 3

承保险别：一切险和战争险

2. 业务要求

请你以"单证员"的身份，根据上述资料缮制投保单和保险单。

任务五　货物报关委托及单证缮制

业务导入

出口货物报关是出口商依据我国有关法律法规向口岸海关履行的法定手续，由出口商在装运前 24 小时办理或委托报关公司、货代公司代办。

宁波进出口公司在办理好报检委托手续后，吴娜小姐缮制报关委托书，并随附合同、商业发票、装箱单等有关单据，委托宁波国际货运代理公司办理出口货物报关手续。海关核准放行后，货物方可装船。装船后，由船公司或船代签发提单。

一、出口货物报关和装运程序

办理出口货物报关和装运业务流程如图 4－5 所示。

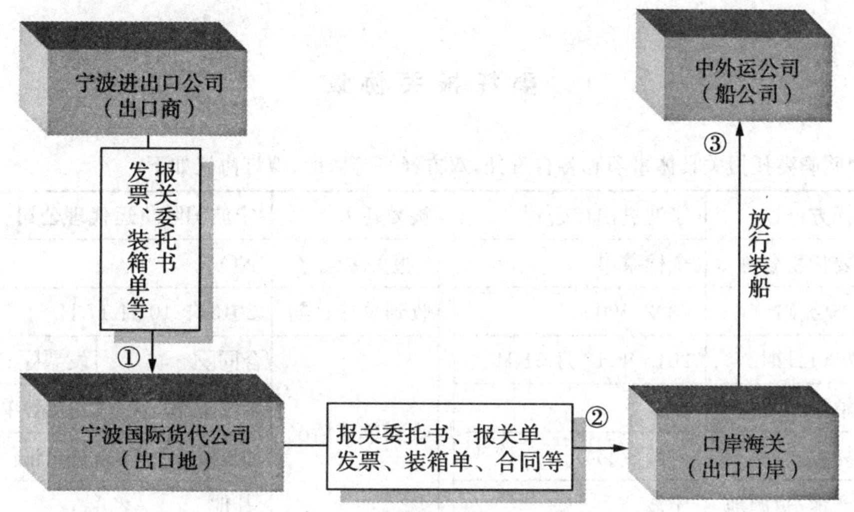

图 4－5　出口货物报关和装运程序

评析：

- 出口商在货物装运前委托货运代理公司代理报关，填写报关委托书，并随附商业发票、装箱单和合同等有关单据。
- 货运代理公司填写报关单，随附有关单据向海关报关。
- 船公司凭盖放行章的场站收据装船，并签发提单。

1. 缮制代理报关委托书与委托报关协议

代理报关委托书

编号：2200004510976

我单位现　　（A. 逐票　B. 长期）委托贵公司代理　　　等通关事宜（A. 报关查验　B. 垫缴税款　C. 办理海关证明联　D. 审批手册　E. 核销手册　F. 申办减免税手续　G. 其他），详见《委托报关协议》。

我单位保证遵守《海关法》和国家有关法规，保证所提供的情况真实、完整、单货相符。否则，愿承担相关法律责任。

本委托书有效期自签字之日起至 2015 年 10 月 31 日止。

NINGBO IMPORT & EXPORT CORPORATION 宁波进出口公司

委托方（签章）：

法定代表人或其授权签署《代理报关委托书》的人（签字）：吴娜

2015 年 10 月 17 日

委托报关协议

为明确委托报关具体事项和各自责任，双方经平等协商，拟订协议如下：

<table>
<tr><td>委托方</td><td>宁波进出口公司</td><td>被委托人</td><td colspan="2">宁波国际货运代理公司</td></tr>
<tr><td>主要货物名称</td><td>全棉茶巾</td><td>*报关单编号</td><td colspan="2">NO.</td></tr>
<tr><td>H.S.编码</td><td>6302.5900</td><td>收到单证日期</td><td colspan="2">2015年10月17日</td></tr>
<tr><td>进出口日期</td><td>2015年10月31日</td><td rowspan="4">收到单证情况</td><td>合同☑</td><td>发票☑</td></tr>
<tr><td>提单号</td><td></td><td>装箱清单☑</td><td>提(运)单☐</td></tr>
<tr><td>贸易方式</td><td>一般贸易</td><td>加工贸易手册☐</td><td>许可证件☐</td></tr>
<tr><td>原产地/货源地</td><td>宁波</td><td colspan="2">其他</td></tr>
<tr><td>传真号码</td><td>65788888</td><td>报关收费</td><td colspan="2">人民币：　　　　元</td></tr>
<tr><td colspan="2">其他要求：</td><td colspan="3">承诺说明：</td></tr>
<tr><td colspan="2">背面所列通用条款是本协议不可分割的一部分，对本协议的签署构成了对背面条款的同意。</td><td colspan="3">背面所列通用条款是本协议不可分割的一部分，对本协议的签署构成了对背面条款的同意。</td></tr>
<tr><td colspan="2">委托方业务签章：
NINGBO IMPORT & EXPORT CORPORATION 宁波进出口公司
经办人签章：2015年10月17日
联系电话：65788888</td><td colspan="3">被委托方业务签章：
宁波国际货运代理公司 代理报检专用章
经办报关员签章：王莉　2015年10月17日
联系电话：56987452</td></tr>
</table>

（白联：海关留存；黄联：被委托方留存；红联：委托方留存）　　　　中国报关协会

2. 宁波国际货运代理公司填写出口货物报关单

中华人民共和国海关出口货物报关单

预录入编号： 海关编号：

出口口岸	备案号	出口日期	申报日期
宁波海关 3101		2015.10.31	2015.10.24
经营单位(3103245673) 宁波国际货运代理公司	运输方式 其他	运输工具名称 DANMIN V.342	提运单号 COSC 052860
发货单位(3103245678) 上海进出口贸易公司苏州分公司	贸易方式 一般贸易	征免性质 一般征税	结汇方式 托收
许可证号	运抵国(地区) 加拿大	指运港 蒙特利尔	境内货源地 苏州

批准文号	成交方式	运费	保费	杂费
	CIF	502/1100/3	502/900/3	

合同协议号	件数	包装种类	毛重(千克)	净重(千克)
ST 303	330	箱	3 300	2 640

集装箱号	随附单据	生产厂家
COSCU112244/40/2377		宁波毛巾厂

标记唛码及备注 Y.Y.T.C
ST 201503
MONTREAL
C/No.1-330 COSCU112245/40/2377

项号	商品编号	商品名称、规格型号	数量及单位	最终目的国(地区)	单价	总价	币制	征免
	6302.5900	全棉茶巾 COTTON TEATOWELS		加拿大			502	照章
01		10'×10'	320 千克 16 000 DOZS		1.31	20 960.00		
02		20'×20'	120 千克 6 000 DOZS		2.51	15 060.00		
03		30'×30'	220 千克 11 000 DOZS		4.70	51 700.00		

税费征收情况

录入员 录入单位 31345666213 夏霞莉	兹声明以上申报无讹并承担法律责任	海关审单批注及放行日期(签章)
报关员	申报单位(签章)	审单 审价
单位地址 宁波市中华路 333 号	宁波国际货运代理公司 报关专用章	征税 统计
邮编 电话：0574-65788888	填制日期：2015.10.24	查验 放行

3. 船公司签发多式联运提单

Shipper NINGBO IMPORT & EXPORT CORPORATION 333 ZHONGHUA ROAD NINGBO CHINA		B/L NO. COSC052860 ***ORIGINAL*** 中国对外贸易运输总公司 CHINA NATIONAL FOREIGN TRADE TRANSPORT CORPORATION BILL OF LADING FOR MULTI-MODAL TRANSPORTATION
Consignee or order TO ORDER		
Notify address YI YANG TRADING CORPORATION 88 MARAHALL AVE MONTREAL CANADA		SHIPPED on board in apparent good order and condition (unless otherwise indicated) the goods or packages specified herein and to be discharged or the mentioned port of discharge of as near there as the vessel may safely get and be always afloat. THE WEIGHT, measure, marks and numbers quality, contents and value, being particulars furnished by the Shipper, are not checked by the Carrier on loading. THE SHIPPER, Consignee and the Holder of this Bill of Lading hereby expressly accept and agree to all printed, written or stamped provisions, exceptions and conditions of this Bill of Loading, including those on the back hereof. IN WITNESS where of the number of original Bill of Loading stated below have been signed, one of which being accomplished, the other(s) to be void.
Pre-carriage by	Port of loading NINGBO	
Vessel DAMIN V. 342	Port of transshipment	
Port of discharge VANCOUVER	Final destination MONTREAL	

Container Seal No. or marks and Nos.	Number and kind of packages Designation of goods	Gross weight (kgs.)	Measurement(m^3)
Y. Y. T. C ST201503 MONTREAL C/No. 1-330	COTTON TEATOWELS THREE HUNDRED AND THIRTY (330) CARTONS TOTAL TWO 40' CONTAINER CY TO CY FREIGHT PREPAID	3 300	96

REGARDING TRANSSHIPMENT INFORMATION PLEASE CONTACT	Freight and charge DECLARED VALUE CHARGE

Ex. rate	Prepaid at	Freight payable at	Place and date of issue NINGBO OCT. 31, 2015
	Total Prepaid	Number of original Bs/L THREE	Signed for or on behalf of the Master 郑达 as Agent

确认海运提单体验活动

1. 业务资料

卖　　方：上海鸿翔进出口公司

上海市华山路 321 号　电话(021) 65788877　传真(021) 65788876

发票号码：TX070812

数　　量：8×10 MM (MTM)　6000 件、10×12 MM (MTM) 8000 件

包　　装：每 100 套装 1 箱(PACKED IN　CARTON OF 100 PCS EACH)

货　　名：活络扳手(DOUBLE OPEN END SPANNER)

保险金额：按发票金额 110%投保

船名航次：PUJIANG V. 123

开航日期：2015. 10. 3

承保险别：一切险和战争险

2. 业务要求

请你以“单证员”的身份，根据上述资料确认提单内容是否正确并提出修改意见。

任务六　托收结汇办理及单证缮制

业务导入

托收结汇是指出口商按照合同的规定发运货物后，填写托收委托书，并根据发票金额开出以进口方为付款人的汇票，随附全套托收单据向托收行提出委托申请，委托其通过它在进口地的代理银行向进口商收取货款。

宁波进出口公司取得提单后，吴娜小姐填制托收委托书、海关发票与商业汇票，并随附合同、商业发票、装箱单等全套结汇单据，委托中国银行宁波分行向 YIYANG TRADING CORPORATION 收取货款。

一、出口货物即期跟单托收业务程序

出口货物即期托收业务流程如图 4 - 6 所示。

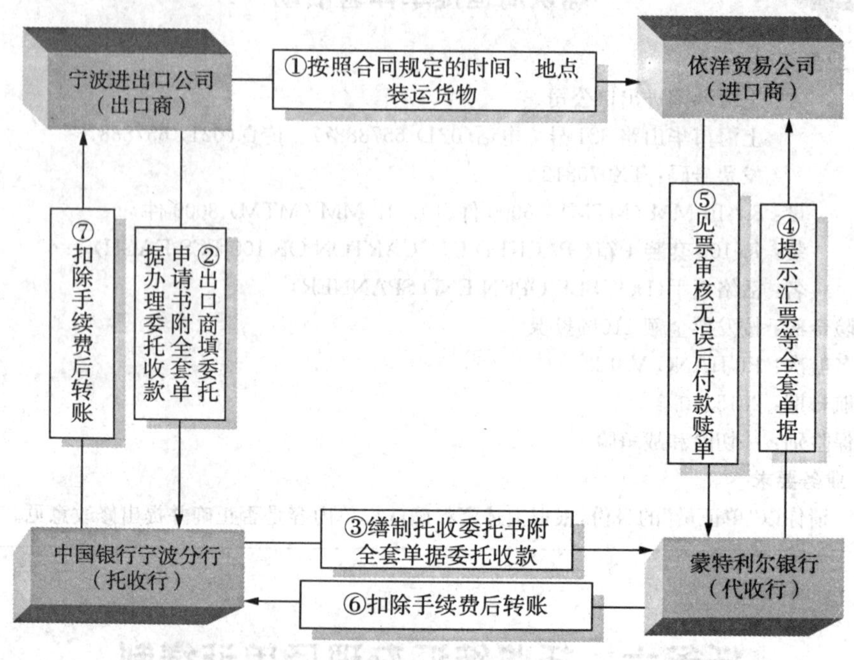

图 4－6　即期付款交单业务程序

评析：

- 在付款交单条件下，进口商既不承担风险，也不需要预垫资金，是一个很好的结算方式。
- 托收对提高出口商品的国际竞争力、扩大出口商品的规模具有一定作用。
- 托收对出口商有着一定的风险，须仔细考量进口商的资信。

相关知识链接　托收支付方式业务程序

在国际贸易的货款结算中，通常采用跟单托收。跟单托收根据交单的条件不同，可区分为付款交单和承兑交单两种形式。付款交单根据付款时间不同，又可分为即期付款交单和远期付款交单。

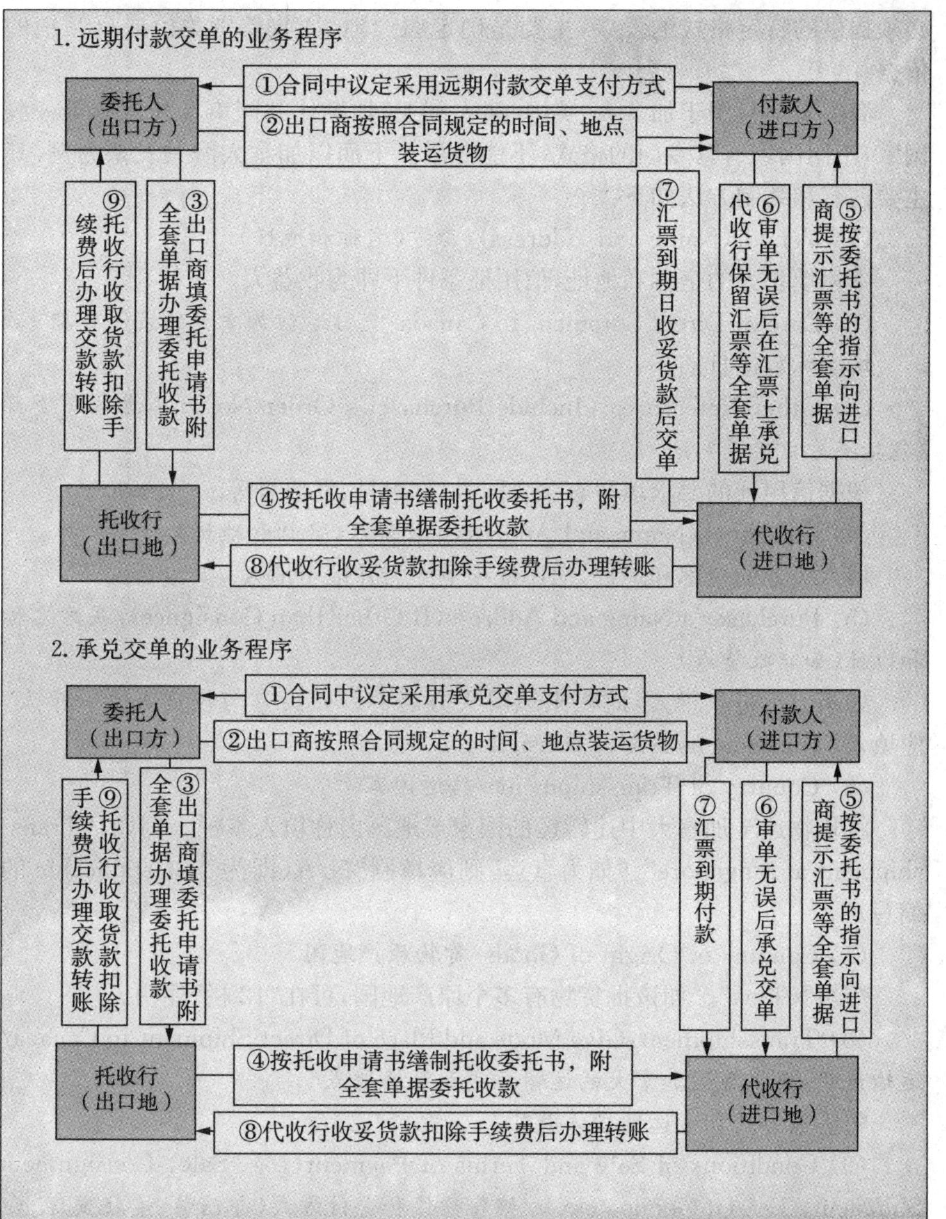

二、宁波进出口公司办理出口货物托收结汇实例

1. 填制海关发票

海关发票(Customs Invoice)是进口国海关当局规定的进口货物报关时

必须提供的特定格式的发票，主要是确定原产地、征收差别关税或反倾销的依据。

海关发票只用于加拿大、美国、澳大利亚、加勒比共同市场和东非等一些国家，不同国家有其专门的格式，不能混用。下面以加拿大海关发票为例，其主要内容和缮制方法如下：

(1) Vendor(Name and Address)/卖方(名称和地址)

本栏填卖方的全称和地址，信用证条件下即为收益人。

(2) Date of Direct Shipment to Canada/直接运往加拿大的装运日期

填实际装运日期。

(3) Other References (Include Purchaser's Order No.)/其他参考项目(包括买方订单号)

根据信用证的要求填写有关合同号、订单号、发票号等。

(4) Consignee(Name and Address)/收货人(名称和地址)

填入买方的全称和地址，信用证项下即为开证申请人。

(5) Purchaser's Name and Address(If Other than Consignee)/买方名称和地址(如非收货人)

如买方不是收货人，此栏则填写买方名称。如买方与收货人系一个人，应填入"The same as No. 4, consignee"。

(6) Country of Transshipment /转运国家

将货物运至加拿大中途转运的国家或地区名称填入本栏。例如，"Transshipment at Singapore"。如为直运，则应填制"N/A(即为 Not applicable 的缩写)"。

(7) Country of Origin of Goods/货物原产地国

应填"China"。如该批货物有多个原产地国，可在"12 栏"注明。

(8) Transshipment:Give Mode and Place of Direct Shipment to Canada/运输说明:提供直运加拿大的运输方式和装运地点

将运输方式和装运地填入此栏。

(9) Conditions of Sale and Terms of Payment(i. e. Sale, Consignment Shipment, Leased Goods, etc.)/销售条件和支付方式(即销售、委托发运、租赁商品等)

按合同或信用证的规定填入价格术语和支付方式。

(10) Currency of Settlement/结算货币和名称

填入合同或信用证规定的支付货币的名称。

(11) No. of Packages/件数

应填写该货物外包装的总件数和包装单位。

(12) Specification of Commodities(Kind of Packages. Marks and Numbers, General Description and Characteristics, i. e. Grade, Quality.)/商品详细说明(包装种类、唛头、品名和品质)

填入该货物的品名、包装、品质规格和唛头等各项内容,并须与发票相关内容一致。

(13) Quantity(State Unit)/数量(表明单位)

应填写该批货物成交的数量。

(14) Unit Price/单价

单位价格应包括贸易术语、计价货币和数量单位。

(15) Total/总值

填入该批成交货物总金额,不同商品规格应分别列明,并累计出总额。

(16) Total Weight/总重量

应分别列出净重和毛重的总重量,并填入此栏。

(17) Invoice Total/发票总值

将"15 栏"的总金额填入。

(18) If any of fields 1 to 17 are included on an attached commercial invoice, check this box/如第 1 至第 17 栏的内容已在所附的商业发票中,在其方格内打上记号

如果第 1 至第 17 栏的内容已记载在所附的发票中,在方格内填入"×"记号,并在末行横线上填明该商业发票号码。

(19) Exporter's Name and Address(If other than Vendor)/ 出口商名称及地址(如并非卖方)

如果出口商名称与"第 1 栏"相同,则应填制"The same as No. 1, vendor";如不是,则应填写实际出口商的全称和地址。

(20) Departmental Ruling(If applicable)/主管当局现行条例(如适用者)

通常填 N/A,即为不适用。

(21) If fields 23 to 25 are not applicable, check this box/如第 23 栏至第 25 栏不适用,则在方格内打上记号

如果该货物不适用 23 栏、24 栏和 25 栏的内容,可在方格内打上"×"记号。

(22) If included in field 17 indicate amount/如第 17 栏已包括,则注明其金额

如果下列项目已注明在第 17 栏内,则列出下列要求的金额。

① Transportation charges, expenses and insurance from the place of direct shipment to Canada/直接运至加拿大的运费和保险费

应填入运费和保险费的总和,如不适用,则填 N/A 或 Nil。

② Costs for construction, erection and assembly incurred after Importation into Canada/货到加拿大后,因建造、安置和组装而产生的费用

按实际费用填入,如不适用,则用 N/A 或 Nill 表示。

(23) Export packing/出口包装

出口包装费注明实际出口包装费用,如不适用,应填写 N/A 或 Nil。

如果本栏下列①、②和③项不包括在第 17 栏总金额内,则注明要求的金额。通常①、②和③三项填 N/A 或 Nil。在 FOB 条件下,如果买方代为租船订舱,该运费应货到支付,所以在(1)栏内填实际运费金额。

(24) Check (If applicable)/如适用在方格内打上记号

本栏属于加工贸易专用,如为其他贸易方式,则在方格内填写 N/A。

2. 填制商业汇票

托收项下商业汇票的缮制方法除与信用证项下的相同以外,还有较大区别,归纳如下:

(1) 付款期限(Tenor)

必须按合同规定填制。如为即期付款交单,在 At 和 sight 之间打“ * ”号,在 At sight 前加“D/P”;如为远期付款交单,在 D/P at 与 days after sight 之间填入付款的天数,如 D/P at 90 days after sight;如为承兑交单,在 At 前加 D/A,在 At 和 sight 之间打上付款天数,如“D/A At 60 days after sight”。

(2) 受款人(Payee)

受款人通常是托收行自己的分行或其代理行。

(3) 出票条款(Drawn Clause)

应写上合同号(或发票号)、商品件数、商品的总称,以便于查找。例如,“Shipment of 100 cartons shoes as per Invoice No. CD96-130”。

(4) 付款人(TO)

将合同的买方名称和地址填入此栏。

BILL OF EXCHANGE

凭　　　　　　　　　　　　　　　　　　　　　　　　　　　　　　　　　　　　不可撤销信用证

Drawn under 330 CTNS OF COTTON TEATOWELS AS PER S/C NO. ST201503 Irrevocable L/C No.

Date ______ 支取 Payable With interest @ ____ % 按 ____ 息 ____ 付款

号码　　　　　　　　　汇票金额　　　　　　　　　　　　宁波

No. NB05111 Exchange for USD 87 720.00 Ningbo OCT. 31,2015

见票 ______ 日后(本汇票之副本未付)付交　　　　　　　　　金额

D/P AT * * * * * . sight of this **FIRST** of Exchange (Second of Exchange being unpaid) Pay to the order of BANK OF CHINA NINGBO BRANCH the sum of

SAY U. S. DOLLARS EIGHTY SEVEN THOUSAND SEVEN HUNDRED AND TWENTY ONLY

款已收讫

Value received ______

此致:

To YIYANG TRADING CORPORATION

88 MARAHALL AVE MONTREAL CANADA

3. 填制托收委托书

托收委托书一式3份，一份于交单时银行签收后退给公司，一份于结汇时作回单退给公司，一份交由银行留底。其缮制方法如下：

(1) 委托日期

填写实际委托日期。

(2) 托收行

此栏银行事先已印制好。

(3) 代收行名称、地址、电话

填写进口商的开户银行名称、地址和电话，也可由托收行指定。

(4) 委托人

填写出口商的名称。

(5) 付款人

填写进口商的名称、地址和电话。

(6) 托收种类

根据合同规定的托收种类,在括号内用"√"选择付款交单 D/P 或承兑交单 D/A 或无偿交单。

(7) 期限/到期日

根据合同规定的支付条款填写付款期限。

(8) 发票号码/票据编号

填写本笔业务的发票号码。

(9) 金额

填写本笔业务发票总金额。

(10) 国外费用承担人

在括号内用"√"选择实际承担国外费用者,通常是付款人。

(11) 国内费用承担人

在括号内用"√"选择实际承担国内费用者,通常是委托人。

(12) 单据种类与份数

填写委托托收业务时向托收银行提交的单据,并注明该单据的份数。

(13) 特别指示

根据本笔业务的实际需要,用"√"选择相应的要求。

(14) 付款指示

根据要求用"√"选择原币或人民币,并填写开户行的名称及账号。

(15) 核销单编号

填写本笔业务的核销单号。

(16) 联系人姓名、电话、传真

填写本笔业务联系人的姓名、电话和传真。

(17) 公司签章

盖公司业务章。

托收委托书

COLLECTION ORDER

致：中国银行上海市分行　　日期：________

托收行(Remitting Bank)：	代收行(Collecting Bank)：
BANK OF CHINA SHANGHAI BRANCH	名称：MONTREAL BANK 地址：432 WSAF ROAD MONTREAL CANADA

委托人(Principal)：	付款人(Drawee)：
NINGBO IMPORT & EXPORT CORPORATION	名称：YIYANG TRADING CORPORATION 地址：88 MARAHALL AVE MONTREAL CANADA 电话：514-43-47684

付款交单 D/P (√)承兑交单 D/A (　　) 无偿交单 FREE OF PAYMENT(　　)	期限/到期日：即期
发票号码/票据编号：NB05111	国外费用承担人：☑ 付款人　☐ 委托人
金额：USD 87 720.00	国内费用承担人：☐ 付款人　☑ 委托人

单据种类	汇票√	发票√	提单	空运单	保险单√	装箱单√	重量单	产地证	FORMA√	检验证√	公司证明	装船证明	联运单据√		
份数	2	3			1	3			1	1			1		

特别指示：

1. 邮寄方式：☑ 快邮　☐ 普邮　☐ 指定快邮
2. 托收如遇拒付，是否代收行须做成拒绝证书(PROTEST)：☑是　☐ 否
3. 货物抵港时是否代办存仓保险：☑ 是　☐ 否
4. 如付款人拒付费用及/或利息，是否可以放弃：☐ 是　☑ 否
5. ________________
6. ________________

付款指示：　　核销单编号：3214567436

请将收汇款原币(√)人民币(　　)划入我司下列账上：

开户行：中国银行宁波分行　　账号：THY6684321337

联系人姓名：吴娜

电话：0574-65788888　传真：0574-6578889　公司签章

缮制商业汇票体验活动

1. 业务资料

卖　　方：SHANGHAI HONGXIANG IMPORT & EXPORT CORPORATION
321 HUASHAN ROAD SHANGHAI CHINA

买　　方：FUJIYAMA TRADING CORPORATION
121,KAWARA MACH MONTREAL CANADA

合 同 号：TXT06081

货　　名：手工工具活络扳手、10×12 MM (MTM)(DOUBLE OPEN END SPANNER)

规格数量：8×10 MM (MTM)　60 000 件、10×12 MM (MTM) 80 000 件

单　　价：8×10 MM (MTM)　USD 0.50、10×12 MM (MTM) USD 0.60 CIP MONTREAL

包　　装：每 100 套装 1 箱(PACKED IN CARTON OF 100 PCS EACH)

支付方式：远期 90 日付款交单(DOCUMENTS AGAINST PAYMENT AFTER 90DAYS SIGHT)

装运日期：2015 年 10 月 31 日

开户银行：中国银行上海分行(BANK OF CHINA SHANGHAI BRANCH)

银行账号：RMB14804568

2. 业务要求

请你以"业务员"的身份，根据上述资料缮制商业汇票。

任务七　退税与核销申报及单证缮制

业务导入

出口商将全套托收单据、托收委托书提交托收行，委托其向进口商收取货款。此时，出口商也可持该笔出口业务的全套出口退税单证到国家税务总局主管退税机关办理出口退税申报。当货款到达该账户后，再向国家外汇管理局办理核销手续。

宁波进出口公司委托中国银行宁波分行进行托收后，持该笔出口业务的外销发票、增值税专用发票、出口货物报关单(出口退税专用)、核销单(出口退税专用)等全套出口退税单证，及时到国家税务总局宁波分局主管退税机关办理出口退税申报。当收到托收行的入账通知后，填制出口收汇核销单，持该笔业务的有关单据向国家外汇管理局办理核销手续。

一、出口退税、收汇核销业务流程

出口退税业务、收汇核销流程如图 4-7 所示。

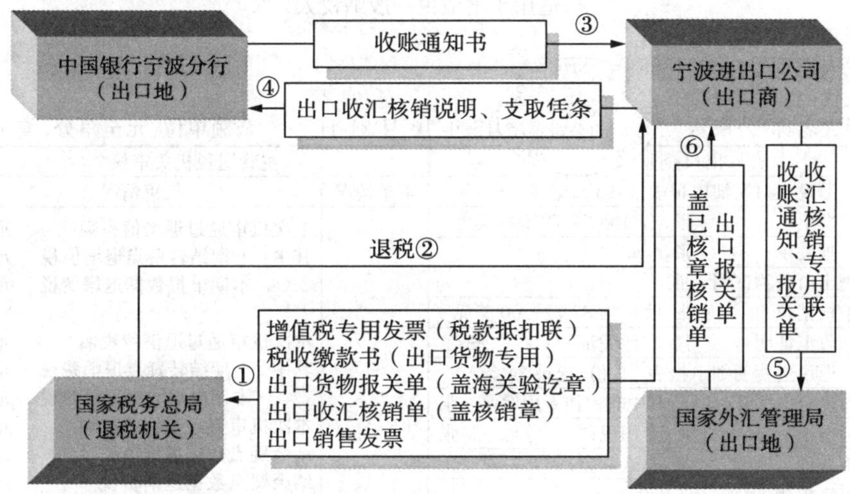

图 4-7　出口退税、收汇核销业务流程

评析：

- 出口企业向主管出口退税的国税机关提交购进出口货物的专用发票(税款抵扣联)、经银行签章的税收(出口货物专用)缴款书、盖有海关验讫章的出口货物报关单、盖有外汇管理机关核销章的出口收汇核销单、出口销售发票和出口货物销售明细账等，申报出口退税。
- 国税机关核准无误后向出口企业实施退税。
- 外汇到达银行出口收汇待核查账户后，在出口收汇核销结水单或收账通知上注明核销单号，交出口企业。
- 出口企业填写出口收汇说明和支取凭条，到指定的银行柜台打印"银行核注明细信息表"，去结算柜台结汇。
- 出口企业持经海关签章的收汇核销专用联、结水单或收账通知及报关单到外汇管理局办理核销。
- 外汇管理局在核销单上加盖"已核销"章后，将核销单和报关单(出口退税专用)给出口企业。

二、宁波进出口公司办理出口结汇退税与收汇核销实例

1. 填制出口货物退税汇总申报表

外贸企业出口货物退税汇总申报表

（适用于增值税一般纳税人）

申报年月：2015 年 10 月　　　　　　　　　　　　　　　申报批次：1

纳税人识别号：4320486511

海关代码：3048712481

纳税人名称(公章)：（印章：NINGBO IMPORT & EXPORT CORPORATION 宁波进出口公司）15 年 10 月 31 日　　金额单位：元至角分、美元

出口企业申报	主管退税机关审核	
出口退税出口明细申报表　1 份，记录 250 条	审单情况	机审情况
出口发票　1 张，出口额 87 720.00 美元		本次机审通过退增值税额　元
出口报关单　1 张，		其中：上期结转疑点退增值税　元
代理出口货物证明　张，		本期申报数据退增值税　元
收汇核销单　1 张，收汇额 87 720.00 美元		
远期收汇证明　张，其他凭证　张		本次机审通过退消费税额　元
出口退税进货明细申报表　1 份，记录 24 条		其中：上期结转疑点退消费税　元
增值税专用发票　1 张，其中非税控专用发票　张		本期申报数据退消费税　元
普通发票　1 张，专用税票　张		本次机审通过退消费税额　元
其他凭证　张，总进货金额　元		结余疑点数据退增值税　元
总进货税额　307 020 元，		结余疑点数据退消费税　元
其中：增值税　52 193.40 元，消费税　元		
本月申报退税额　52 193.40 元，		
其中：增值税　25 256 元，消费税　元		
进料应抵扣税额　元，		授权人声明
申请开具单证		（如果你已委托代理申报人，请填写以下资料）
代理出口货物证明　份，记录　条		为代理出口货物退税申报事宜，现授权为本纳税人的代理申报人，任何与本申报表有关的往来文件都可寄与此人。
代理进口货物证明　份，记录　条		
进料加工免税证明　份，记录　条		
来料加工免税证明　份，记录　条		
出口货物转内销证明　份，记录　条		
补办报关单证明　份，记录　条		授权人签字(盖章)
补办收汇核销单证明　份，记录　条		
补办代理出口证明　份，记录　条		
内销抵扣专用发票　1 张，其他非退税专用发票　张	审单人：	审核人： 年　月　日
申报人声明	签批人：	
此表各栏目填报内容是真实、合法的，与实际出口货物情况相符。此次申报的出口业务不属于"四自三不见"等违背正常出口经营程序的出口业务。否则，本企业愿承担由此产生的法律责任。 企业填表人：王晓 财务负责人：李进 企业负责人：万麟　2015 年 10 月 31 日（印章：NINGBO IMPORT & EXPORT CORPORATION 宁波进出口公司）	(公章) 年　月　日	

受理人：　　　　　　　　　　　　受理日期：　年　月　日

受理税务机关(签章)

2. 提交商业发票退税联

宁波进出口公司

NINGBO IMPORT & EXPORT CORPORATION

333 ZHONGHUA ROAD NINGBO CHINA

COMMERCIAL INVOICE

TEL:0574-65788888 INVOICE NO. :NB 05111

FAX:0574-65788899 DATE: SEP. 01,2015

S/C NO. :ST201503

TO: YIYANG TRADING CORPORATION

88 MARAHALL AVE. MONTREAL CANADA

FROM NINGBO CHINA TO MONTREAL CANADA

MARKS & NO.	DESCRIPTIONS OF GOODS	QUANTITY	UNIT PRICE	AMOUNT
Y. Y. T. C ST303 MONTREAL C/No. 1-330	COTTON TEATOWELS 10'×10' 20'×20' 30'×30' PACKING IN 330 CARTONS	16 000 DOZS 6 000 DOZS 11 000 DOZS	CIF MONTREAL USD 1. 31 USD 2. 51 USD 4. 70	USD 20 960. 00 USD 15 060. 00 USD 51 700. 00 USD 87 720. 00

PLEASE PAYMENT U. S. DOLLARS EIGHTY SEVEN THOUSAND SEVEN HUNDRED AND TWENTY ONLY.

3. 提交出口货物报关单出口退税专用联

中华人民共和国海关出口货物报关单

出口退税专用

预录入编号：3281765567　　　　海关编号：7896866423

出口口岸 宁波海关 3101	备案号	出口日期 2015. 10. 31	申报日期 2015. 10. 24

经营单位(3103245673) 宁波国际货运代理公司	运输方式 其他	运输工具名称 DANMIN V. 342	提运单号 COSC 052860
发货单位(3103245678) 上海进出口贸易公司苏州分公司	贸易方式 一般贸易	征免性质 一般征税	结汇方式 托收
许可证号	运抵国(地区) 加拿大	指运港 蒙特利尔	境内货源地 苏州

批准文号	成交方式 CIF	运费 502/1100/3	保费 502/900/3	杂费
合同协议号 ST 303	件数 330	包装种类 箱	毛重(千克) 3 300	净重(千克) 2 640

集装箱号 COSU112244/40/2377	随附单据	生产厂家 宁波毛巾厂

标记唛码及备注　Y. Y. T. C
ST201503
MONTREAL
C/No. 1-330
COSU112245/40/2377

项号	商品编号	商品名称、规格型号	数量及单位	最终目的国(地区)	单价	总价	币制	征免
	6302. 5900	全棉茶巾 COTTON TEATOWELS		加拿大			502	照章
01		10'×10'	320 千克 16 000 DOZS		1. 31	20 960. 00		
02		20'×20'	120 千克 6 000 DOZS		2. 51	15 060. 00		
03		30'×30'	220 千克 11 000 DOZS		4. 70	51 700. 00		

税费征收情况

录入员　录入单位 31345666213 报关员　夏霞莉	兹声明以上申报无讹并承担法律责任 申报单位(签章) 宁波国际货运代理公司 报关专用章	海关审单批注及放行日期(签章) 张 霞　2015-10-31 审单　审价 征税　宁波海关 验讫章　统计 查验　放行 李小霞
单位地址　宁波市中华路 333 号 邮编：　电话：0574-65788888	填制日期：2015. 10. 24	

4.缮制出口收汇核销单

出口收汇核销单 存根　　出口收汇核销单　　出口收汇核销单 出口退税专用

(沪)编号:3123125623　　(沪)编号:3123125623　　(沪)编号:3123125623

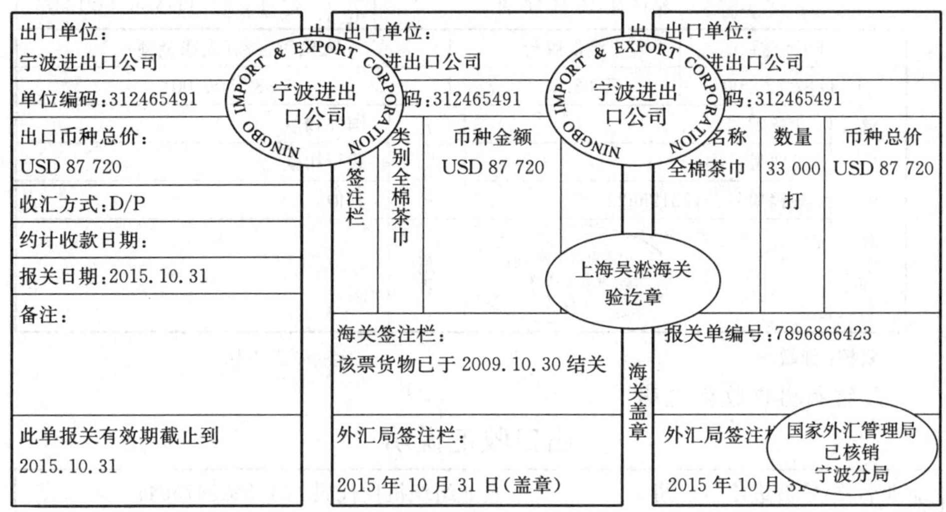

存根

出口单位:
宁波进出口公司

单位编码:312465491

出口币种总价:
USD 87 720

收汇方式:D/P

约计收款日期:

报关日期:2015.10.31

备注:

此单报关有效期截止到
2015.10.31

NINGBO IMPORT & EXPORT CORPORATION
宁波进出口公司

(中间联)

出口单位:
宁波进出口公司

单位编码:312465491

银行签注栏	类别	币种金额
	全棉茶巾	USD 87 720

海关签注栏:
该票货物已于2009.10.30结关

外汇局签注栏:
2015年10月31日(盖章)

海关盖章

NINGBO IMPORT & EXPORT CORPORATION
宁波进出口公司

出口退税专用

出口单位:
宁波进出口公司

单位编码:312465491

货物名称	数量	币种总价
全棉茶巾	33 000打	USD 87 720

上海吴淞海关验讫章

报关单编号:7896866423

外汇局签注栏:
2015年10月31日

国家外汇管理局已核销宁波分局

5.中国银行宁波分行发出入账通知书

中国银行宁波分行
结汇水单/收账通知

入账通知书

2015年12月16日

收款人名称:NINGBO IMPORT & EXPORT CORPORATION

收款人账号:THY6684321337　　　　申报单号:

外汇金额	结汇牌价	入账金额
USD 87 720.00	0.000000	USD 87 720.00

业务编号:　　　　发票号:NB05111
我行扣费:　　　　核销单号:3123125623
国外扣费:手续费　　邮电费　　不符费　　偿付费

摘要

发报行:MONTREAL BANK
汇出日期:2015-12-16
汇款人账号:THY6684321337
汇款人姓名:YIYANG TRADING CORPORATION
附言:我行已贷记贵账号:THY6684321337(宁波进出口公司)

中国银行宁波分行
业务专用章
(12)

6. 中国银行宁波分行发出代收账通知

中国银行宁波分行外汇兑换证明 ①

代 收 账 通 知

2015 年 12 月 16 日

收款单位	名称	宁波进出口公司
	账号	THY6684321337

购入	外汇金额		结汇牌价		人民币金额(入账金额)
	USD 87 720.00		T 68.20 %		5 982 504.00
摘要	业务编号:		外汇扣款	国外扣款	
	发票号:NB 05111			我行扣款	
	核销单号:3123125623			其他	
外汇项目	中国银行宁波分行业务专用章(12)		附言		

复核:汪敏 经办:王小凡

7. 缮制出口收汇说明

出口收汇说明

企业名称:宁波进出口公司	企业组织机构代码:3143423475841	
从出口收汇待核查账户□ 结汇□ 划出资金金额合计:USD 87 720.00 划入账户名称:外汇账户 划入账号:THY6684321337		
一般贸易项下:(币种、金额) USD 87 720.00		
进料加工贸易项下:(币种、金额)		
其他贸易项下:(币种、金额) 其中 2014 年 7 月 13 日前出口但 7 月 14 日后收汇的金额:		
来料加工贸易项下:(币种、金额) 其中实际收汇比例:		
预收货款项下:(币种、金额) USD 87 720.00 其中外汇局依企业申请核准预收货款金额:USD 87 720.00		
无货物报关项下:(币种、金额)		
是否为延期收款	□ 是	□ 否
是否为关联方交易	□ 是	□ 否
本企业声明:本表[宁波进出口公司 NINGBO IMPORT & EXPORT CORPORATION]无误。如有虚假,视为违反外汇管理规定,将承担相应后果。		

单位公章 填报人:王霞 2015 年 12 月 16 日

8. 缮制支取凭条

□818 活期外汇存款

(借方)□824 外汇专户活期存款

□946 其他金融机构往来

支 取 凭 条
DRAWING SLIP

中国银行台照
To BANK OF CHINA

账号
Account No. THY6684321337

日期
Date 2015-12-16

请付
Pay SAY U.S. DOLLARS EIGHTY SEVEN THOUSAND SEVEN HUNDRED AND TWENTY ONLY.

小写金额
In figures USD 87 720.00

签 章
Signature 王霞

NINGBO IMPORT & EXPORT CORPORATION 宁波进出口公司

主管：李小　会计：王麟　出纳：秦敏华　复核：章丁　记账：韩英明　核对印鉴：万霞

9. 打印出口核销专用联(境外收入)

出口核销专用联(境外收入)

核销收汇专用号码	323125629487 P118		
收货人名称	宁波进出口公司		
■对　公	企业组织机构代码 3143423475841		
■对　私			
结算方式	○信用证●托收○保函○电汇○票汇○信汇○其他		
收入款币种及金额	USD 87 720.00	结汇汇率	0.0000000
其中 结汇金额	USD 87 720.00	账号/银行卡号	THY6684321337
其中 现汇金额	0	账号/银行卡号	
其中 其他金额	0	账号/银行卡号	
国内银行扣费币种及金额	0	国内银行扣费币种及金额	0
付款人名称	YIYANG TRADING CORPORATION		
付款人常驻国家(地区)名称及代码	加拿大	收账/结汇日期	2015-12-16
本笔款为预收货款：			
交易编码	10321321	相应币种及金额	USD 87 720.00
		相应币种及金额	
交易附言	全棉茶巾		
出口收汇核销单号码 3123125623			
收汇总金额中用于出口核销的金额	USD 87 720.00		

出口收汇核销专用联

中国银行宁波分行业务专用章(17)

银行经办人签章 万向　银行业务章　银行业务编码 132A943 打印日期 2015-12-16

缮制出口收汇核销单体验活动

1. 业务资料

卖　　方：SHANGHAI HONGXIANG IMPORT & EXPORT CORPORATION
321 HUASHAN ROAD SHANGHAI CHINA

单位编码：3219209876

货　　名：手工工具活络扳手、10×12 MM (MTM)(DOUBLE OPEN END SPANNER)

规格数量：8×10 MM (MTM)　60 000 件、10×12 MM (MTM) 80 000 件

单　　价：8×10 MM (MTM)　USD 0.50、10×12 MM (MTM) USD 0.60 CIP MONTREAL

包　　装：每 100 套装 1 箱(PACKED IN CARTON OF 100 PCS EACH)

支付方式：远期 90 日付款交单(DOCUMENTS AGAINST PAYMENT AFTER 90DAYS SIGHT)

2. 业务要求

请你以"业务员"的身份，根据上述资料及已经填制的有关单据的内容缮制出口收汇核销单。

单证制作技能训练

一、单证制作技能训练 1

1. 业务背景

上海玩具进出口公司主要经营玩具进出口业务，深受东南亚国家或地区的客户欢迎。近日，该公司与新加坡 IADO IMPORT & EXPORT CORPORATION 客商就迪士尼婴儿玩具进行交易磋商，采取 30%电汇支付方式、70%跟单托收支付方式，双方达成一致意见后签订了销售合同。合同生效后，上海进出口公司申请签发原产地证书，委托金友国际货代公司办理托运，并根据有关规定办理报检和报关手续，确保合同的履行。

2. 操作资料

(1) 销售确认书

SHANGHAI TOY IMPORT & EXPORT TRADE CORPORATION

530 ZHONGSHAN ROAD SHANGHAI CHINA

TEL:(021) 64042525

SALES CONFIRMATION

S/C No.: ST100121

FAX:(021) 64042526

DATE: 2015-02-10

To Messrs:

IADO IMPORT & EXPORT CORPORATION

No. 20 WSTI NORTH STREET SINGAPORE

Dear Sirs,

We hereby confirm having sold to you the following goods on terms and conditions as specified below:

SHIPPING MARK	NAME OF COMMODITY AND SPECIFICATIONS,PACKING	QUANTITY	UNIT PRICE	TOTAL AMOUNT
	DISNEY BABY TOYS		CIFSINGAPORE	
	ART No. B131	1 500PCS	USD1.00	USD1 500.00
N/M	ART No. B132	1 500PCS	USD1.00	USD1 500.00
	ART No. B133	2 000PCS	USD1.00	USD2 000.00
	ART No. B134	2 000PCS	USD1.00	USD2 000.00
	PACKEDIN CARTON OF 50 PCS EACH			

LOADING PORT: SHANGHAI PORT

DESTINATION: SINGAPORE PORT

TIME OF SHIPMENT: LATEST DATE OF SHIPMENT150430

PARTIAL SHIPMENT: ALLOWED

TRANSHIPMEN: ALLOWED

INSURANCE: FOR 110 PERCENT OF THE INVOICE VALUE COVERING ALL RISKS AND WAR RISK

TERMS OF PAYMENT: 30% BY T/T IN ADVANCE ,THE OTHERS 70% D/P AT SIGHT

BANK NAME: BANK OF CHINA SHANGHAI BRANCH

ACCOUNT NO.: WB68432144

THE BUYER: IADO IMPORT & EXPORT CORPORATION

THE SELLER:邓利

(2) 补充资料

税务登记号：310928374123

报检单位登记号：82345Q

海关注册号：3018712411

申请单位注册号：866742Q

发票号码：10034567023

发票代码：1310820412312

重量体积：G. W：25KGS/CTN　N. W：22KGS/CTN　MEAS：0.4 M^3 / CTN

集装箱规格数量：40 英尺普通集装箱一只/集装箱号：TEXU3274321

海洋运费：USD 234

保险费：USD 140

贸易方式：一般贸易

提单日期：2015-04-28

提单号码：COSC165320942

商品编码：1009.116890

生产单位：宁波玩具有限公司（宁波市肖山路 8 号）

原产地标准：无进口原材料

代理公司：上海国际货运代理公司

报检代理事宜：办理代理报检手续，代缴检验检疫费，负责与检验检疫机构联系和验货

报关委托书号：4682498545

报关代理事宜：逐票，报关查验，垫缴税款

代收行：BANK OF CHINA SINGAPORE BRANCH

地址 ：No. 103 WSTINTH STREET SINGAPORE

国外费用承担人：付款人

国内费用承担人：委托人

邮寄方式：快邮

核销单编号：310984576

3. 操作要求

请你以“单证员”的身份，根据上述合同与补充资料的内容缮制发票、装箱单、货运委托书、普惠制原产地证书申请书、普惠制原产地证书、出境货物报检单、出口货物报关单、装运通知。

（1）商业发票

SHANGHAI TOY IMPORT & EXPORT TRADE CORPORATION

530 ZHONGSHAN ROAD SHANGHAI CHINA

TEL:(021) 64042525   FAX:(021) 64042526

税务登记号:310928374999

COMMERCIAL INVOICE

发票代码:____________

TO: M/S

INV NO. :____________

DATE: ____________

S/C NO. :____________

FROM ____________ TO ____________

MARKS & NO.	DESCRIPTIONS OF GOODS	QUANTITY	U/ PRICE	AMOUNT

第二联：发票联

TOTAL AMOUNT:

WE HEREBY CERTIFY THAT THE CONTENTS OF INVOICE HEREIN ARE TRUE AND CORRECT.

上海玩具进出口公司
310928374999
发票专用章

____

（2）缮制装箱单

SHANGHAI TOY IMPORT & EXPORT TRADE CORPORATION

530 ZHONGSHAN ROAD SHANGHAI CHINA

PACKING LIST

TEL：021-64042525　　　　INV NO.：________

FAX：021-64042526　　　　DATE：________

S/C NO.：________

TO：　　　　MARKS & NOS

C/NOS	GOODS DESCRIPTION & PACKING	QUTY (PCS)	G. W (KGS)	N. W (KGS)	MEAS (CBM)
TOTAL					

SAY TOTAL：

上海玩具进出口公司
专用章

____

（3）缮制货运订舱委托书

金发货运订舱委托书

<table>
<tr><td colspan="2">经营单位
（托运人）</td><td colspan="4"></td><td>金　发
编　号</td><td></td></tr>
<tr><td rowspan="3">提
单
B/L
项
目
要
求</td><td colspan="7">发 货 人：
Shipper：</td></tr>
<tr><td colspan="7">收 货 人：
Consignee：</td></tr>
<tr><td colspan="7">通知人：
Notify Party：</td></tr>
<tr><td colspan="2">海洋运费(✓)
Sea freight</td><td>预付(　)或(　)到付
Prepaid　or　Collect</td><td>提单
份数</td><td></td><td>提单寄送
地　　址</td><td colspan="2"></td></tr>
<tr><td>起运港</td><td></td><td>目的港</td><td></td><td>可否转船</td><td></td><td>可否分批</td><td></td></tr>
<tr><td colspan="2">集装箱预配数</td><td colspan="2">20'×　40'×</td><td>装运期限</td><td></td><td>有效期限</td><td>1</td></tr>
<tr><td>标记唛码</td><td>包装
件数</td><td>中英文货号
Description of goods</td><td>毛重
（千克）</td><td>尺码
（立方米）</td><td colspan="3">成交条件
（总　价）</td></tr>
<tr><td></td><td></td><td></td><td></td><td></td><td colspan="3"></td></tr>
<tr><td colspan="3"></td><td>特种货物
□ 冷藏货
□ 危险品</td><td colspan="4">重　件：每件重量
大　　件
（长×宽×高）</td></tr>
<tr><td>内装箱（CFS）
地址</td><td colspan="2">上海逸仙路 2960 号三号门
电话：68206820×215</td><td colspan="5">特种集装箱：（　　　）</td></tr>
<tr><td>门对门装箱地址</td><td colspan="2">上海市中山路 1321 号</td><td colspan="2">物资备妥日期</td><td colspan="3"></td></tr>
<tr><td>外币结算账号</td><td colspan="2"></td><td colspan="5">物资进栈：自送（　）或金发派送（　）</td></tr>
<tr><td colspan="3" rowspan="7">声明事项</td><td colspan="2">人民币结算单位账号</td><td colspan="3"></td></tr>
<tr><td colspan="2">托运人签章</td><td colspan="3"></td></tr>
<tr><td colspan="2">电　话</td><td colspan="3"></td></tr>
<tr><td colspan="2">传　真</td><td colspan="3"></td></tr>
<tr><td colspan="2">联系人</td><td colspan="3"></td></tr>
<tr><td colspan="2">地　址</td><td colspan="3"></td></tr>
<tr><td colspan="5">制 单 日 期：</td></tr>
</table>

(4) 普惠制产地证明书申请书

普惠制产地证明书申请书

申请单位(加盖公章):　　　　　　　　　　　　　　　　　　　　　　证书号:

申请人郑重声明:　　　　　　　　　　　　　　　　　　　　　　　　注册号:

本人被正式授权代表本企业办理和签署本申请书。

本申请书及普惠制产地证明书格式A所列内容正确无误,如发现弄虚作假,冒充格式A所列货物,擅改证书,自愿接受签发机构的处罚并承担法律责任。现将有关情况申报如下:

<table>
<tr><td>生产单位</td><td colspan="3"></td><td colspan="3">生产单位联系人电话</td><td></td></tr>
<tr><td>商品名称
(中英文)</td><td colspan="3"></td><td colspan="3">H. S. 税目号
(以六位数码计)</td><td></td></tr>
<tr><td colspan="2">商品FOB总值(以美元计)</td><td colspan="3"></td><td colspan="2">发票号</td><td></td></tr>
<tr><td>最终销售国</td><td></td><td colspan="2">证书种类“✓”</td><td colspan="2">加急证书</td><td colspan="2">普通证书✓</td></tr>
<tr><td>货物拟出运日期</td><td colspan="7"></td></tr>
<tr><td colspan="8">贸易方式和企业性质(请在适用处划“✓”)</td></tr>
<tr><td>正常贸易
C</td><td>来进料加工
L</td><td>补偿贸易
B</td><td>中外合资
H</td><td>中外合作
Z</td><td>外商独资
D</td><td>零售
Y</td><td>展卖
M</td></tr>
<tr><td></td><td></td><td></td><td></td><td></td><td></td><td></td><td></td></tr>
<tr><td colspan="2">包装数量或毛重或其他数量</td><td colspan="6"></td></tr>
<tr><td colspan="8">原产地标准:
本项商品系在中国生产,完全符合该给惠国给惠方案规定,其原产地情况符合以下第　　条;
(1)“P”(完全国产,未使用任何进口原材料);
(2)“W”其H. S. 税目号为________(含进口成分);
(3)“F”(对加拿大出口产品,其进口成分不超过产品出厂价值的40%)。
本批产品系:1. 直接运输从________到________;
2. 转口运输从________中转国(地区)________到________。</td></tr>
<tr><td colspan="5">申请人说明</td><td colspan="3">领证人(签名)
电话:
日期:　　年　月　日</td></tr>
</table>

现提交中国出口商业发票副本一份,普惠制产地证明书格式A(FORM A)一正二副,以及其他附件　份,请予审核签证。

注:凡有进口成分的商品,必须要求提交《含进口成分受惠商品成本明细单》。

商 检 局 联 系 记 录

（5）普惠制产地证明书

<table>
<tr><td colspan="3">1. Goods consigned from (Exporter's business name, address, country)</td><td colspan="3" rowspan="3">Reference No.:
GENERALIZED SYSTEM OF PREFERENCE
CERTIFICATE OF ORIGIN
(COMBINED DECLARATION AND CERTIFICATE)
FORM A
<u>ISSUED IN THE PEOPLE'S REPUBLIC OF CHINA</u>
(COUNTRY)
SEE NOTES OVERLEAF</td></tr>
<tr><td colspan="3">2. Goods consigned to (Consignee's name, address, country)</td></tr>
<tr><td colspan="3" rowspan="2">3. Means of transport and route (as far as known)</td></tr>
<tr><td colspan="3">4. For official use</td></tr>
<tr><td>5. Item number</td><td>6. Marks and numbers of packages</td><td>7. Number and kind of packages; description of goods</td><td>8. Origin criterion (see notes overleaf)</td><td>9. Gross weight or other quantity</td><td>10. Number and date of invoices</td></tr>
<tr><td></td><td></td><td></td><td></td><td></td><td></td></tr>
<tr><td colspan="3">11. Certification
It is hereby certified, on the basis of control carried out, that the declaration by the exporter is correct

----
Place and date, signature and stamp of certifying authority</td><td colspan="3">12. Declaration by the exporter
The undersigned hereby declares that the above details and statements are correct; that all the goods were produced in
CHINA
(country)
and that they comply with the origin requirements specified for those goods in the Generalized System of Preference for goods exported to ______
(importing country)

Place and date, signature of authorized signatory</td></tr>
</table>

（6）缮制出境货物报检单

中华人民共和国出入境检验检疫
出境货物报检单

报检单位(加盖公章)：　　　　　　　　　　　　　　　　* 编号：________________

报检单位登记号：　　　　联系人：　　　　电话：　　　　报检日期：

发货人	（中文）				
	（外文）				
收货人	（中文）				
	（外文）				
货物名称(中/外文)	H.S.编码	产地	数/重量	货物总值	包装种类及数量
运输工具名称及号码		贸易方式		货物存放地点	
合同号		信用证号		用途	
发货日期	输往国家(地区)		许可证/审批证		
启运地	到达口岸		生产单位注册号		
集装箱规格、数量及号码					
合同、信用证订立的检验检疫条款或特殊要求	标记及号码	随附单据(画"√"或补填)			
		□合同 □信用证 □发票 □换证凭单 □装箱单 □厂检单	□包装性能结果单 □许可/审批文件 □ □ □ □		
需要单证名称(画"√"或补填)				*检验检疫费	
□品质证书 __正__副 □重量证书 __正__副 □数量证书 __正__副 □兽医卫生证书 __正__副 □健康证书 __正__副 □卫生证书 __正__副 □动物卫生证书 __正__副	□植物检疫证书 __正__副 □熏蒸/消毒证书 __正__副 □出境货物换证凭单 __正__副			总金额 (人民币元)	
				计费人	
				收费人	
报检人郑重声明： 1. 本人被授权报检。 2. 上列填写内容正确属实，货物没有伪造或冒用他人的厂名、标志、认证标志，并承担货物质量责任。 签名：________				领取单证	
				日期	
				签名	

注：有"*"号栏由出入境检验检疫机构填写　　　　◆国家质量监督检验检疫总局制

（7）缮制出口货物报关单

中华人民共和国海关出口货物报关单

预录入编号： 海关编号：

出口口岸	备案号	出口日期	申报日期	
经营单位	运输方式	运输工具名称	提运单号	
发货单位	贸易方式	征免性质	结汇方式	
许可证号	运抵国(地区)	指运港	境内货源地	
批准文号	成交方式	运费	保费	杂费
合同协议号	件数	包装种类	毛重(千克)	净重(千克)
集装箱号	随附单据	生产厂家		
标记唛码及备注				

项号	商品编号	商品名称、规格型号	数量及单位	最终目的国(地区)	单价	总价	币制	征免

税费征收情况

录入员 录入单位	兹声明以上申报无讹并承担法律责任	海关审单批注及放行日期(签章)
报关员	申报单位(签章)	审单 审价
单位地址		征税 统计
邮编： 电话： 填制日期：		查验 放行

(8) 缮制装运通知

SHIPPING ADVICE

TEL:________ INV NO. :________

FAX: ________ S/C NO. :________

L/C NO. :________

TOMESSRS: DATE:__________

DEAR SIRS,

WE HEREBY INFORM YOU THAT THE GOODS UNDER THE ABOVE MENTIONED CREDIT HAVE BEEN SHIPPED. THE DETAILS OF THE SHIPMENT ARE STATED BELOW.

COMMODITY:________________________ SHIPPING MARKS:

NUMBER OF CTNS:________________________

TOTAL GROSS WEIGHT:________________________

OCEAN VESSEL:________________________

B/L NO. :________________________

PORT OF LOADING:________________________

DATE OF DEPARTURE:________________________

DESTINATION:________________________

____

二、单证制作技能训练 2

1. 业务背景

上海进出口公司与新加坡 XINQIAO IMPORT & EXPORT CORPORATION 客商就女式皮鞋进行交易磋商,采取跟单托收支付方式,双方达成一致意见后签订了销售合同。

2. 操作资料

(1) 合同

SHANGHAI IMPORT & EXPORT CORPORATION

1321 ZHONGSHAN ROAD SHANGHAI 200032 CHINA

SALES CONTRACT

TEL:(21) 65788877 S/C No. : ST091008

Fax:(21) 65788876 DATE: OCT. 14,2015

To Messrs:

XINQIAO IMPORT & EXPORT CORPORATION

No. 206 CHANGJ NORTH STREET SINGAPORE

Dear Sirs,

We hereby confirm having sold to you the following goods on terms and conditions as specified below:

NAME OF COMMODITY AND SPECIFICATIONS	QUANTITY	UNIT RRICE	TOTAL AMOUNT
WOMEN'S LEATHER SHOES		CPTSINGAPORE	
TYPE：No. WA1	2 000 PAIR	USD 3.00	USD6 000.00
No. WB2	2 000 PAIR	USD 3.00	USD6 000.00
No. WC3	3 000 PAIR	USD 2.50	USD7 500.00
No. WD4	3 000 PAIR	USD 2.50	USD7 500.00
No. WE5	3 000 PAIR	USD 2.50	USD7 500.00
PACKED IN CARTON OF 50 PCS EACH			

AIRPORT OF DEPARTURE：SHANGHAI AIRPORT CHINA

AIRPORT OF DESTINATION：SINGAPORE AIRPORT

TIME OF SHIPMENT：LATEST DATE OF SHIPMEN15.12.28

PARTIAL SHIPMENT：ALLOWED

INSURANCE：BY THE BUYER

TERMS OF PAYMENT：BY D/P AT SIGHT

BANK NAME：BANK OF CHINA SHANGHAI BRANCH

ACCOUNT NO.：3120000345874

THE BUYER：XINQIAO IMPORT & EXPORT CORPORATION　　THE SELLER:李乐

(2) 补充资料：

税务登记号：310928374655

报检单位登记号：12345Q

海关注册号：3011871241

申请单位注册号：8765432

发票号码：31000001234

发票代码：310082041231

重量体积：G. W：25KGS/CTN　N. W：22KGS/CTN　MEAS：0.4 M^3 / CTN

集装箱规格数量：40英尺普通集装箱二只/集装箱号：TEXU9865342/ TEXU9865341

航空运费：USD 1 400

贸易方式：一般贸易

航班号：CK0932453

空运单号：CK98761232

商品编码：9120.1010

生产单位：温州皮鞋制革有限公司(温州市山门路168号)

3. 操作要求

请以"单证员"的身份，根据上述合同与信用证等资料的内容缮制发票、装箱单、国际货物托运书、原产地证书申请书、原产地证书、出境货物报检单、出口货物报关单和汇票。

(1) 商业发票

上海进出口公司

SHANGHAI IMPORT & EXPORT CORPORATION

出口专用

333 ZHONGSHAN ROAD SHANGHAI, CHINA

TEL:021-65788888 FAX:021-65788899

税务登记号:310928374655

COMMERCIAL INVOICE

发票代码:__________

TO: M/S

INV NO.:__________

DATE:__________

S/C NO.:__________

FROM ________________ TO ________________

MARKS & NO.	DESCRIPTIONS OF GOODS	QUANTITY	U/PRICE	AMOUNT

第二联:发票联

TOTAL AMOUNT:

WE HEREBY CERTIFY THAT THE CONTENTS OF INVOICE HEREIN ARE TRUE AND CORRECT.

上海进出口公司
310928374655
发票专用章

____

(2) 缮制装箱单

SHANGHAI IMPORT & EXPORT CORPORATION

333 ZHONGHUA ROAD SHANGHAI CHINA

PACKING LIST

TEL:021-65788888 INV NO.:________

FAX:021-65788899 DATE:________

S/C NO.:________

TO: MARKS & NOS

C/NOS	GOODS DESCRIPTION & PACKING	QUTY (PCS)	G. W (KGS)	N. W (KGS)	MEAS (CBM)
TOTAL					

SAY TOTAL:

上海进出口公司
专用章

____

(3) 缮制国际货运委托书

江苏客货运输服务有限公司
JIANGSU EXPRESS SERVICE CO. LTD.

国际货物托运书 ***IATA***

SHIPPER'S LETTER OF INSTRUCTION REF NO.：XY050401

始发站 AIRPORT DEPARTURE	到达站 AIRPORT OF DESTINATION	供承运人用 FOR CARRIER ONLY

路线及到达站 ROUTING AND DESTINATION								航班/日期 FREIGHT/DAY	航班/日期 FREIGHT/DAY
至 TO	第一承运人 BY FIRST CARRIER	至 TO	承运人 BY	至 TO	承运人 BY	至 TO	承运人 BY	已预留吨位 DOKKED	

收货人姓名及地址 CONSIGNEE'S NAME AND ADDRESS	运费：CHARGES：
另行通知 ALSO NOTIFY	

托运人账号 SHIPPER'S ACCOUNT NUMBER	托运人姓名及地址 SHIPPER'S NAME & ADDRESS

托运人声明的价值 SHIPPER'S DECLARED VALUE NVD		保险金额 AMOUNT OF INSURANCE	所附文件 DOCUMENTS TO ACCOMPANY AIR WAYBILL
供运输用 FOR CARRIAGE	供海关用 FOR CUSTOMS		

件数 NO. OF PACKAGES	实际毛重 ACTUAL GROSS WEIGHT(kg)	运价类别 RATE CLASS	收费重量 CHARGEABLE WEIGHT	离岸 RATE CHARGE	货物名称及重量(包括体积或尺寸) NATURE AND QUANTITY OF GOODS (INCL. DIMENSIONS OF VOLUME)

在货物不能交于收货人时，托运人指示的处理方法 SHIPPER'S INSTRUCTIONS IN CASE OF INABILITY TO DELIVER SHIPMENT AS CONSIGNED
处理情况(包括包装方式、货物标志及号码等) HANDLING INFORMATION (INCL. METHOD OF PACKING DENTIFYING MARKS AND NUMBERS, ETC.)

托运人证实以上所填全部属实并愿遵守托运人的一切载运章程

THE SHIPPER CERTIFIES THAT PARTICULARS ON THE EACH HEREOF ARE CORRECT AND AGREES TO THE CONDITIONS OF CARRIAGE OF THE CARRIER.

托运人签字 SIGNATURE OF SHIPPER	日期 DATE	经手人 AGENT	日期 DATE

(4) 缮制一般原产地证明书申请书

中国贸促会上海分会

中国国际商会上海分会

一般原产地证明书/加工装配证明书

申　请　书

申请单位注册号：＿＿＿＿＿	证书号：＿＿＿＿＿＿	全部国产填上 P 含进口成分填上 W	
申请人郑重声明：	发票号：＿＿＿＿＿＿		

本人被正式授权代表本企业办理和签署本申请书。

本申请书及一般原产地证明书/加工装配证明书所列内容正确无误，如发现弄虚作假，冒充证书所列货物，擅改证书，愿按《中华人民共和国出口货物原产地规则》有关规定受惩处并承担法律责任。现将有关情况申报如下：

商品名称		H. S. 编码(八位数)	
商品生产、制造、加工单位、地点			
含进口成分产品的主要制造加工工序			
商品 FOB 总值(以美元计)		最终目的地国家/地区	
拟出运日期		转口国(地区)	
包装数量或毛重或其他数量			
贸易方式和企业性质			
贸易方式		企业性质	

现提交中国出口货物商业发票副本一份，报关单一份或合同/信用证影印件，一般原产地证明书/加工装配证明书一正三副，以及其他附件　份，请予审核签证。

申领人(签名)

电话：

申请单位盖章：　　　　　　日期：

(5) 缮制一般原产地证明书

<table>
<tr><td colspan="3">1. Exporter (full name and address)</td><td colspan="2" rowspan="2">CERTIFICATE No. : 500511266

CERTIFICATE OF ORIGIN
OF
THE PEOPLE'S REPUBLIC OF CHINA</td></tr>
<tr><td colspan="3">2. Consignee (full name, address, country)</td></tr>
<tr><td colspan="3">3. Means of transport and route</td><td colspan="2" rowspan="2">5. For certifying authority use only</td></tr>
<tr><td colspan="3">4. Country/Region of Destination</td></tr>
<tr><td>6. Marks and numbers of packages</td><td>7. Description of goods; number and kind of packages</td><td>8. H. S. code</td><td>9. Quantity or weight</td><td>10. Number and date of invoice</td></tr>
<tr><td colspan="2">11. **Declaration by the exporter**
The undersigned hereby declares that the above details and statements are correct; that all the goods were produced in China and that they comply with the Rules of Origin of the People's Republic of China.

Place and date. signature and stamp of authorized signatory</td><td colspan="3">12. **Certification**
It is hereby certified that the declaration by the exporter is correct.

Place and date. signature and stamp of certifying authority</td></tr>
</table>

（6）缮制出境货物报检单

中华人民共和国出入境检验检疫
出境货物报检单

报检单位(加盖公章)：　　　　　　　　　　　　　　　　＊编号：__________

报检单位登记号：　　　联系人：　　　电话：　　　报检日期：

发货人	(中文)
	(外文)
收货人	(中文)
	(外文)

货物名称(中/外文)	H.S.编码	产地	数/重量	货物总值	包装种类及数量

运输工具名称及号码		贸易方式		货物存放地点	
合同号		信用证号		用途	
发货日期		输往国家(地区)		许可证/审批证	
启运地		到达口岸		生产单位注册号	
集装箱规格、数量及号码					

合同、信用证订立的检验检疫条款或特殊要求	标记及号码	随附单据(画"√"或补填)	
		□合同 □信用证 □发票 □换证凭单 □装箱单 □厂检单	□包装性能结果单 □许可/审批文件 □ □ □ □

需要单证名称(画"√"或补填)		＊检验检疫费	
□品质证书　__正__副 □重量证书　__正__副 □数量证书　__正__副 □兽医卫生证书　__正__副 □健康证书　__正__副 □卫生证书　__正__副 □动物卫生证书　__正__副	□植物检疫证书　__正__副 □熏蒸/消毒证书　__正__副 □出境货物换证凭单　__正__副	总金额(人民币元)	
		计费人	
		收费人	

报检人郑重声明：	领取单证	
1. 本人被授权报检。 2. 上列填写内容正确属实，货物没有伪造或冒用他人的厂名、标志、认证标志，并承担货物质量责任。 签名：________	日期	
	签名	

注：有"＊"号栏由出入境检验检疫机构填写　　　　◆国家质量监督检验检疫总局制

(7) 缮制出口货物报关单

中华人民共和国海关出口货物报关单

预录入编号：　　　　　　　　　　　　　　　　　　　　　　海关编号：

出口口岸	备案号	出口日期	申报日期	
经营单位	运输方式	运输工具名称	提运单号	
发货单位	贸易方式	征免性质	结汇方式	
许可证号	运抵国(地区)	指运港	境内货源地	
批准文号	成交方式	运费	保费	杂费
合同协议号	件数	包装种类	毛重(千克)	净重(千克)
集装箱号	随附单据	生产厂家		
标记唛码及备注				

项号	商品编号	商品名称、规格型号	数量及单位	最终目的国(地区)	单价	总价	币制	征免

税费征收情况		
录入员　　录入单位	兹声明以上申报无讹并承担法律责任	海关审单批注及放行日期(签章)
报关员	申报单位(签章)	审单　　审价
		征税　　统计
单位地址		查验　　放行
邮编：　　电话：　　填制日期：		

(8) 缮制商业汇票

No. ________________

For ________________ **BILL OF EXCHANGE** ________________

Date

At ________________ sight of this SECOND BILL of EXCHANGE (first of the same tenor and date unpaid) pay to the order of ________________ the sum of

____

Drawn under ________________

L/C No. ________________ Dated ________________

To. ________________

____

____

第二篇　进口贸易业务单证制作

本篇以虚拟进出口公司和业务人员为主体，按照进口贸易业务的程序，以我国信用证和电汇为背景，运用业务中的实例，围绕进口贸易业务及单证流转这一主线，按照实际工作情境组织教学，系统地阐述了进口贸易单证中的种类、作用、内容、缮制方法和操作要求，并通过缮制单证的"实例"和评析等具体形式，来提高学生的制单技能以及分析问题与解决问题的能力。

项目五　进口贸易信用证支付方式下单证缮制

学习与考证要求

- 了解开立信用证的程序及其内容
- 熟悉我国有关购汇的规定
- 明确进口商审单的要求和方法
- 掌握购买外汇申请书、开证申请书、报检单、报关单的缮制方法
- 具备信用证支付方式下单据的缮制技能和处理能力

项目导入

方正进出口贸易公司主要代理轻工等产品的进出口业务。近日，受上海工具公司的委托，从日本进口一批高质量的手工工具扳手。为此，业务经理方正先生根据客户的要求上网查阅日本有关产品的信息，并选择东京进出口公司为贸易伙伴。为此，双方进行了洽谈，签订了购货合同书。

购货合同书签订后，方正先生进行购汇申请，并按规定时间开立信用证。当收到东京进出口公司的外国商业发票、装箱单、提单等有关单据后进行审核。然后，办理进口货物的报检和报关手续，经出入境检验检疫局与海关查验放行后，提货拨交，并办理付汇核销。

任务一　购货确认书签订

业务导入

进口商为了争取有利的价格和优良的货物品质，往往对多家出口商进行询盘，经过分析与比较，确定其中最理想的客商进行交易磋商。

方正先生利用因特网对日本手工工具扳手进行询价，经过研究后确定TOKYO IMPORT& EXPORT CORPORATION为供应商，并签订了进口贸易合同。在我国对外贸易业务中，购货合同或确认书，通常都制作一式两份，由双方合法代表分别签字后各执一份，作为合同订立的证据和履行合同的依据。

一、购货确认书签订的流程

购货确认书签订的流程如图5-1所示。

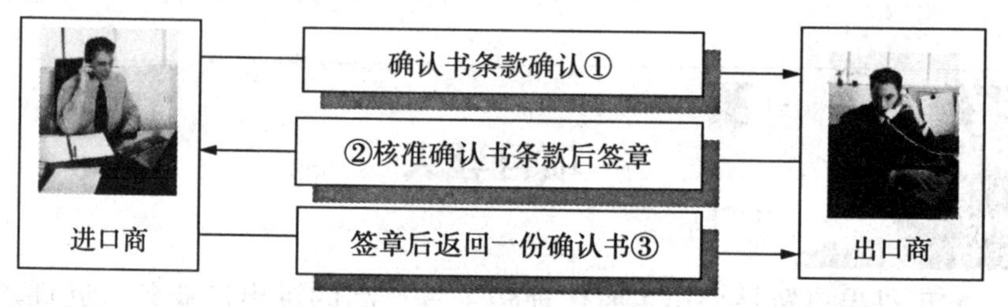

图5-1　购货确认书订立流程

评析：

- 进口合同没有统一规定的，其固定条款的内容都事先规定并印制好。
- 进口合同形式有购货确认书和购货合同书两种。
- 签订购货确认书或购货合同书通常是在获得进口货物许可证后。

二、上海方正进出口公司签订购货确认书实例

PURCHASE CONTRACT

TEL:021-56082266　　P/C NO.:TX200523

FAX:021-56082265　　DATE: AUG. 25,2015

The Buyer: FANGZHENG IMPORT & EXPORT CORPORATION
1321 ZHONGSHAN ROAD SHANGHAI CHINA
TEL:021-56082266　FAX:021-56082265

The Seller: TOKYO IMPORT& EXPORT CORPORATION
82-324 OTOLI MACHITOKYO, JAPAN
TEL:028-548742　FAX:028-548743

The Seller and the Buyer have confirmed this Contract with the terms and conditions stipulated below.

DESCRIPTIONS OF GOODS	QUANTITY	UNIT PRICE	AMOUNT
WRENCH		CIFTOKYO	
HEX DEYS WRENCH	1 000 SETS	USD 10. 00	USD 10 000. 00
DOUBLE RING OFFSET WRENCH	1 500 SETS	USD 10. 00	USD 15 000. 00
COMBINATION WRENCH	2 000 SETS	USD 20. 00	USD 40 000. 00
ADJUSTABLE WRENCH	1 500 SETS	USD 20. 00	USD 30 000. 00

1. COUNTRY OF ORIGIN AND MANUFACTURER: TOKYO IMPORT& EXPORT CORPORATION JAPAN
2. PACKING: PACKED IN 1 CARTON OF 100 PCS EACH
3. PORT OF LOADING: TOKYO JAPAN
4. PORT OF DESTINATION: SHANGHAI CHINA
5. PAYMENT: IRREVOCABLE DOCUMENTARY CREDIT AT 30 DAYS AFTER SIGHT
6. PARTIAL SHIPMENTS: ALLOWED
7. TRANSHIPMENT: ALLOWED
8. LATEST SHIPMENT DATE: NOT LATER THAN OCT. 31, 2015
9. DOCUMENTS: THE SELLER SHALL PRESENT THE FOLLOWING DOCUMENTS TO THE PAYING BANK FOR NEGOTIATION:
   1) THREE COPIES OF SIGNED COMMERCIAL INVOICE INDICATING CONTRACT NUMBER.
   2)THREE COPIES OF PACKING LIST.
   3) TWO COPIES OF CERTIFICATE OF QUALITY/QUANTITY ISSUED BY MANUFACTURE.
   4) WITHIN 12 HOURS AFTER THE GOODS ARE COMPLETELY LOADED, THE SELLER SHALL FAX TO NOTIFY THE BUYER OF THE CONTRACT

NUMBER, NAME OF COMMODITY, QUANTITY, GROSS WEIGHT, B/L NO. AND THE DATE OF DELIVERY.

10. INSPECTION AND CLAIMS: IF THE QUALITY/WEIGHT AND/OR THE SPECIFICATIONS OF THE GOODS SHOULD BE FOUND NOT IN LINE WITH THE CONTRACTED STIPULATIONS, OR SHOULD THE GOODS PROVE DEFECTIVE FOR ANY REASONS, INCLUDING LATENT DEFECT OR THE USE OF UNSUITABLE MATERIALS, THE BUYER WOULD ARRANGE AN INSPECTION TO BE CARRIED OUT BY THE INSPECTION BUREAU AND HAVE THE RIGHT TO CLAIM AGAINST THE SELLERS ON THE STRENGTH OF THE INSPECTION CERTIFICATE ISSUED BY THE BUREAU. ALL CLAIMS SHALL BE REGARDED AS ACCEPTED IF THE SELLERS FAIL TO REPLY WITHIN 30 DAYS AFTER RECEIPT OF THE BUYER'S CLAIM.

Buyer:	Seller: TOKYO IMPORT & EXPORT CORPORATION
FANGZHENG IMPORT & EXPORT CORPORATION	TOKYO IMPORT& EXPORT CORPORATION
方正	山 田

拟订购货确认书体验活动

1. 业务资料

买　　方：SHANGHAI TOY IMPORT & EXPORT TRADE CORPORATION
13 NFNXIANG ROAD SHANGHAI CHINA

电　　话：021-56082212

传　　真：021-56082211

卖　　方：TOKYO TRADE CORPORATION
82-324 OTOLI MACHITOKYO, JAPAN

电　　话：081-028-548742

传　　真：081-028-548743

货　　名：电子手掌玩具(ELECTRON PALM BAUBLE)

规格数量：R222S 1000 PCS、R333H 1000 PCS、R666W 1000 PCS

单　　价：FOB TOKYO R222S USD 100/PC、R333H USD 90.00/PC、R666W USD 80.00/PC

包　　装：每 30 台装 1 箱(PACKED IN ONE CARTON OF 30 PCS EACH)

支付方式：信用证即期支付(IRREVOCABLE DOCUMENTARY CREDIT AT SIGHT)

装 运 地：东京港(TOKYO)

目 的 地：上海港(SHANGHAI)

装运期限：最迟不晚于 2015 年 10 月 31 日(LATEST DATE OF SHIPMENT 151031)

购货合同号：RT06911

2. 业务要求

请你以"业务员"的身份，根据上述资料并结合自己学习到的外贸业务知识，用英语拟订一份购货合同。

任务二　信用证开立及单证缮制

业务导入

在信用证业务条件下，进口商必须按照合同规定的开证时间，向出口商开出不可撤销跟单的信用证。否则，要承担由此产生的违约责任。

方正进出口公司向中国银行上海分行进行购汇，并根据合同规定的开证时间向该行申请开立信用证。于是，方正先生在填写好开证申请书后，通知财务部将保证金转账到公司的保证金账户上。

一、开立信用证程序

申请开立信用证业务程序如图 5－2 所示。

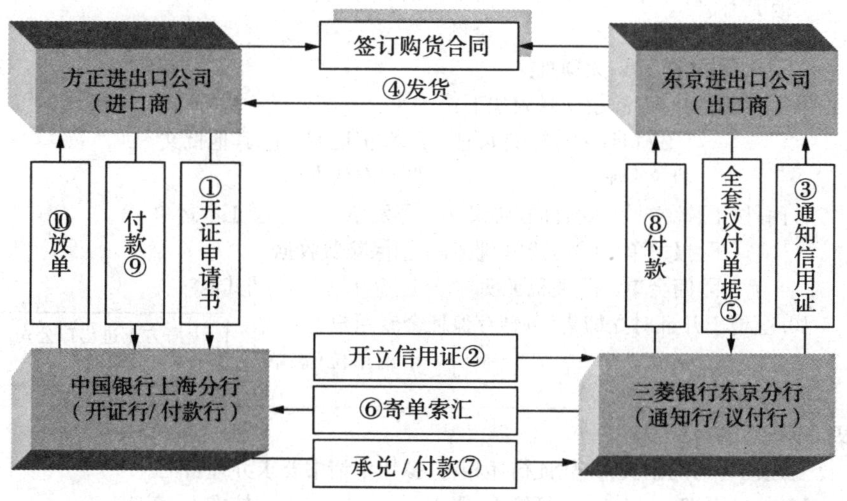

图 5－2　开立信用证程序

评析：

● 进口商须在合同规定的时限内向当地能被出口方接受的银行申请开

证，提交开证申请书、贸易合同、外贸进口批文（如进口配额许可类证明、机电产品进口登记证明等）、外管部门规定的有关文件（如购汇申请书、进口付汇核销单、进口付汇备案表等）并交付押金或其他保证金。首次办理开证业务，还须提供经营进出口业务的批文、工商营业执照等，办理保证金账户的开立手续。

二、方正进出口公司申请开证实例

1. 填写购汇申请书

中国银行 BANK OF CHINA

购买外汇申请书

中国银行__上海__分（支）行：

我公司为执行第__TX200523__号合同项下对外支付，需向贵行购汇。现按外汇局有关规定向贵行提出下述内容及所附文件，请审核并按实际付汇日牌价办理售汇。所需人民币资金从我公司在贵行的账户__SZR80066686__中支付。

1. 购汇金额：USD 95 000.00
2. 用　　途：☑进口商品　□从附费用　□索退赔款　□其他
3. 支付方式：☑信用证　□托收　□汇款（□货到付款　□预付货款）
4. 商品名称：教育图书
5. 数　　量：6 000 套
6. 合 同 号：TX200523　　金额：USD 95 000.00
7. 发 票 号：　　金额：
8. ☑一般进口商品，无须批文。
   □控制进口商品，批文随附如下：
   □进口证明　□许可证　□登记证明　□其他批文
   批文号码：　　批文有效期：
9. 附件：□批文　☑合同/协议　□发票　□正本运单
   □报关单　□运费单/收据　□保险费收据
   □佣金单　□关税证明　□仓单　□其他
10. ☑请于开证时立即售汇，转存保证金专用户。

申请单位（盖章）：上海方正进出口公司专用章

银行审核意见：

上述内容与随附文件/凭证描述相符，拟按申请书要求办理售汇。

经办人：夏迎　　复核人：张立　　核准人：李蓝

售汇日期：2015.08.12

（加盖售汇专用章）　中国银行上海分行汇款专用章

2. 填写开证申请书

开证申请书无统一格式，其内容也有所差异。以下介绍中国银行开证申请书的缮制方法：

(1) Beneficiary/受益人

受益人是指提交符合信用证条款规定的单据并收取该信用证项下款项的企业，通常为出口商。此栏填写其全称和详细地址。

(2) L/C No. /信用证号

由开证行填写。

(3) Ex-Card No. /快递单号

根据需要填写。

(4) Contract No. /合同号

根据本笔业务的合同填写该号码。

(5) Date and place of expiry of the credit/信用证的有效期与地点

信用证有效期的长短应视交易的具体情况而定，地点通常为受益人国家。

(6) Partial shipments/分批装运

根据合同对分批装运的规定，用"×"选择允许或不允许。

(7) Transshipment/转运

根据合同对转运的规定，用"×"选择允许或不允许。

(8) Issue by air Mail /航空邮寄开证

合同规定开证方式为信开，则在前框内打"×"。

(9) With brief advice by teletransmission/简电通知

简电通知是受益人为在开证前预先获知开证及信用证的主要内容而采用的形式，但有效的信用证将是随后寄出的正式信用证文本。合同规定开证方式为简电通知，则在前框内打"×"。

(10) Issued by express delivery /信开

信开是指简电开证并用快递将证实书告知对方的方式。合同规定开证方式为信开，则在前框内打"×"。

(11) Issued by teletransmission/电讯开证

电讯开证包括以电报、电传、传真及数据传送网络(如 SWIFT)等方式传送信用证，通常由开证行决定采用何种电讯传递方式。合同规定开证方式为电开，则在前框内打"×"。

(12) Loading on board/dispatch taking in change at/from/装运港/not later than /不迟于

for transportation to/运至

根据合同的规定填写运输路线和装运日期。

(13) Amount (both in figures and words)/金额大小写

按照合同的规定用大小写填写总金额。

(14) Description of goods/货物描述

Packing：/包装

根据合同的规定填写货物名称、规格和包装方式。

(15) Credit available with /

□ by sight payment 即期付款

□ by acceptance 承兑

□ by negotiation 议付

□ by deferred payment at 迟期付款

against the documents detailed herein

□ and Beneficiary's draft for % of the invoice value/

at

on

根据合同的规定用"×"选择信用证的种类，并填写汇票金额。

(16) Trade terms/贸易术语

根据合同的规定用"×"选择 FOB、CFR、CIF 贸易术语，其他贸易术语可在"other terms"后面补充。

(17) Documents required/所需单据

根据合同的规定或进口商的要求，用"×"选择单据的类别及要求，并填写需求的份数。

(18) Additional instructions/附加条款

根据开证行或进口商的要求，用"×"选择相关内容。

(19) Account No. /账号

填写开证申请人的开户银行账号。

(20) Name of bank/银行名称

填写开证银行名称。

(21) Transacted by/经办人

填写开证申请人及经办人名称。

(22) Telephone No. /电话号码

填写开证申请人的电话号码。

IRREVOCABLE DOCUMENTARY CREDIT APPLICATION

To: BANK OF CHINA **Date:** AUG. 27, 2015

<table>
<tr><td colspan="2" rowspan="2">Beneficiary (full name and address)
TOKYO IMPORT& EXPORT CORPORATION
82-324 OTOLI MACHITOKYO, JAPAN</td><td>L/C No.
Ex Card No.
Contract No. TX200523</td></tr>
<tr><td>Date and place of expiry of the credit
SEP. 20, 2015 JAPAN</td></tr>
<tr><td>Partial shipments
☒allowed
☐not allowed</td><td>Transshipment
☒allowed
☐not allowed</td><td>☐ Issue by airmail With
☐ brief advice by teletransmission
☐ Issue by express delivery
☒ Issue by teletransmission (which shall be the operative instrument)</td></tr>
<tr><td colspan="2">Loading on board/dispatch taking in change at/from TOKYO
not later than OCT. 31, 2015
for transportation to SHANGHAI</td><td>Amount (both in figures and words)
USD 95 000. 00
SAYU. S. DOLLARS NINETY FIVE THOUSAND ONLY</td></tr>
<tr><td colspan="2" rowspan="2">Description of goods
HEX DEYS WRENCH
DOUBLE RING OFFSET WRENCH
COMBINATION WRENCH
ADJUSTABLE WRENCH

Packing: PACKED IN CARTON OF 100 SET EACH</td><td>Credit available with
☐ by sight payment ☒by acceptance ☒by negotiation
☐ by deferred payment at against the documents detailed herein
☒ and beneficiary's draft for 100 % of the invoice value
atUSD 95000. 00
on30DAYS AFTER SIGHT</td></tr>
<tr><td>☐FOB ☐CFR ☒CIF
☐or other terms</td></tr>
<tr><td colspan="3">Documents required: (marks with×)
1. (×) Signed Commercial Invoice in 5 copies indicating L/C No. and Contract No. TX200523
2. (×) Full set of clean on board ocean Bills of Landing made out to ORDER OF SHIPPER and blank endorsed, marked "freight [ ] to collect/ [×] prepaid [ ] showing freight amount" notifying APPLICANT.
3. ( ) Air Waybills showing "freight [ ] to collect/ [ ] prepaid [ ] including freight amount" and consigned to</td></tr>
</table>

4. ( ) Memorandum issued by consigned to

5. (×) Insurance Policy/Certificate in copies for 100 % of the invoice value showing claims payable in China in currency of the draft, blank endorsed, covering ([×] Ocean Marine Transportation / [ ] Air Transportation /[ ] Over Land Transportation) All Risks, War Risks.

6. (×) Packing List / Weight Memo in 5 copies issued by the quantity / gross and the weights of each packing and packing condition as called by the L/C.

7. ( ) Certificate of Quantity / Weight in copies issued by an independent surveyor at loading port, indicating the actual surveyed quantity / weight of shipped goods as well as the packing condition.

8. ( ) Certificate of Quantity in copies issued by [ ] manufacturer / [ ] public recognized surveyor / [ ]

9. (×) Beneficiary's certified copy of cable dispatched to the accountee within 12 hours after shipment advising [×] name of vessel / [ ] flight No. / [ ] wagon No. , date quantity, weight and value of shipment.

10. ( ) Beneficiary's Certifying that extra copies of the documents have been dispatched according to the contract terms.

11. ( ) Shipping Co's Certificate attesting that the carrying vessel is chartered or booked by accountee or their shipping agents:

12. ( ) Other documents , if any:

Additional instructions:

1. (×) All banking charges outside the opening bank are for beneficiary's account.

2. (×) Documents must be presented with 15 days after the date of issuance of the transport documents but with the validity of this credit.

3. (×) Third party as shipper is not acceptable. Short Form / Blank Back B/L is not acceptable.

4. ( ) Both quantity and amount % more or less are allowed.

5. ( ) prepaid freight drawn in excess of L/C amount is acceptable against presentation of original charges voucher issued by shipping Co. / Air Line / or it's agent.

6. ( ) All documents to be forwarded in one cover, unless otherwise started above.

7. ( ) Other terms, if any:

Account No. :67548211 with BANK OF CHINA (name of bank)

Transacted by: FANGZHENG IMPORT & EXPORT CORPORATION (Applicant: name , signature of authorized person)

Telephone No. : 56082266 (with seal)

上海方正进出口公司
专用章

缮制开证申请书体验活动

1. 业务资料

买　　方：SHANGHAI TOY IMPORT & EXPORT TRADE CORPORATION
　　　　　13 NFNXIANG ROAD SHANGHAI CHINA

电　　话：021-56082212

传　　真：021-56082211

卖　　方：TOKYO TRADE CORPORATION
　　　　　82-324 OTOLI MACHITOKYO, JAPAN

电　　话：081-028-548742

传　　真：081-028-548743

货　　名：电子手掌玩具(ELECTRON PALM BAUBLE)

规格数量：R222S 1 000 PCS、R333H 1 000 PCS、R666W 1 000 PCS

单　　价：FOB TOKYO R222S USD 100/PC、R333H USD 90.00/PC、R666W USD 80.00/PC

包　　装：每30台装1箱(PACKED IN ONE CARTON OF 30 PCS EACH)

支付方式：信用证即期支付(IRREVOCABLE DOCUMENTARY CREDIT AT SIGHT)

装 运 地：东京港(TOKYO)

目 的 地：上海港(SHANGHAI)

装运期限：最迟不晚于2015年10月31日(LATEST DATE OF SHIPMENT 151031)

分批装运：允许

转　　运：允许

合 同 号：RT06911

开证方式：电开

开证行名称：中国银行上海分行

单据条款：签章商业发票一式5份、品质检验证书1份、数量检验证书一式2份、普惠制原产地证书1份、装箱单一式4份。

2. 业务要求

请你以“单证员”的身份，根据上述资料并结合自己学习到的外贸业务知识用英语缮制开证申请书一份。

任务三　入境货物报检申报及单证缮制

业务导入

出口商按照合同与信用证的规定按时发出货物，在信用证规定的交单期内办理议付。进口商收到全套议付单据后进行审单，核准无误后办理付款赎单，并向出入境检验检疫局办理报检手续。

方正进出口公司收到中国银行上海分行"进口信用证付款/承兑通知书"，对东京进出口公司的全套议付单据进行审单，当核准无误后，办理承兑手续。汇票付款时间一到，方正先生向中国银行上海分行办理付款赎单，并根据《中华人民共和国进出口商品检验法》及其实施条例等有关规定，填写入境货物报检单，随附有关单据及时办理报检手续。

一、审单、入境货物报检业务程序

审单、入境货物报检业务程序如图5－3所示。

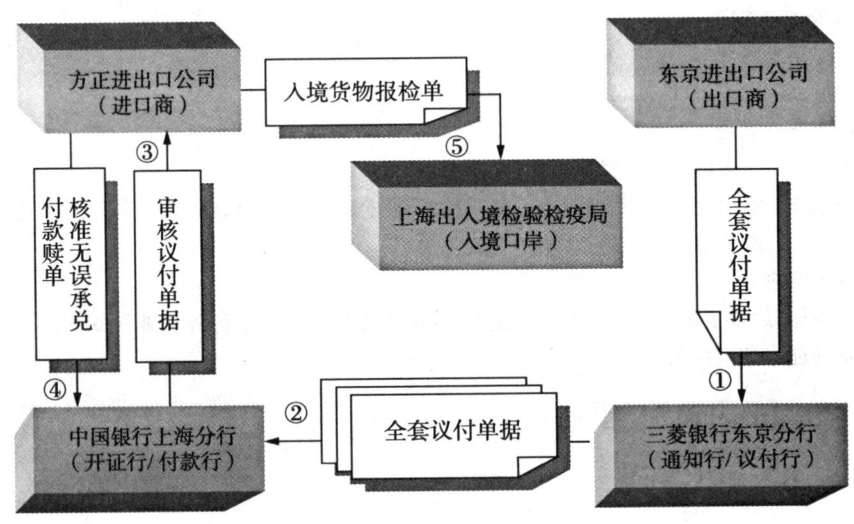

图5－3　审单、入境货物报检业务程序

评析：

- 审单的主要依据是信用证与合同条款。
- 审单要做到单证的内容准确、单据齐全、单证相符和单单相符以及各单据签发日期的合理性。

二、方正进出口公司办理入境货物报检实例

1. 审单

TOKYO IMPORT & EXPORT CORPORATION

82-324 OTOLI MACHITOKYO, JAPAN

TEL:028-548-742 FAX:028-548-743

COMMERCIAL INVOICE

FANGZHENG IMPORT & EXPORT CORPORATION
1321 ZHONGSHAN ROAD SHANGHAI CHINA
TEL:021-56082266 FAX:021-56082265

INVOICE NO. TIEX060930
DATE: SEP. 16, 2015
PAYMENT TERMS: 30 DAYS AFTER SIGHT L/C

MARKS: N/M

SHIPPED FROM	SHIPPED TO	VESSEL/VOYAGE NO.		
TOKYO	SHANGHAI	KLING/EX060511		
DESCRIPTION		QUANTITY	PRICE PER SET	TOTAL AMOUNT
WRENCH			CIF TOKYO	
HEX DEYS WRENCH		1 000 SETS	USD 10.00	USD 10 000.00
DOUBLE RING OFFSET WRENCH		1 500 SETS	USD 10.00	USD 15 000.00
COMBINATION WRENCH		2 000 SETS	USD 20.00	USD 40 000.00
ADJUSTABLE WRENCH		1 500 SETS	USD 20.00	USD 30 000.00
L/C NO.: XUT17345				
P/C NO.: TX200523				USD 95 000.00
PACKED IN CARTON OF 100 SET				

SAY U. S. DOLLARS NINETY FIVE THOUSAND ONLY

山田

TOKYO IMPORT & EXPORT CORPORATION

TOKYO IMPORT & EXPORT CORPORATION

82-324 OTOLI MACHITOKYO, JAPAN

TEL:028-548-742 FAX:028-548-743

PACKING LIST

FANGZHENG IMPORT & EXPORT CORPORATION 1321 ZHONGSHAN ROAD SHANGHAI CHINA TEL:021-56082266 FAX:021-56082265	INVOICE NO. TIEX060930 DATE: SEP. 16, 2015 PAYMENT TERMS: 30 DAYS AFTER SIGHT L/C

MARKS: N/M

SHIPPED FROM		SHIPPED TO	VESSEL/VOYAGE NO.	
TOKYO		SHANGHAI	COSCO V. 861	
PACKAGES	DESCRIPTION	QUANTITY	GROSS WEIGHT	NET WEIGHT
	WRENCH			
60	HEX DEYS WRENCH	1 000 SETS	35 KGS	30 KGS
	DOUBLE RING OFFSET WRENCH	1 500 SETS	35 KGS	30 KGS
	COMBINATION WRENCH	2 000 SETS	50 KGS	40 KGS
	ADJUSTABLE WRENCH	1 500 SETS	55 KGS	45 KGS
	L/C NO.: XUT17345	6 000 SET	175 KGS	145 KGS
	PACKED IN ONE CARTON OF 100 SET			

SAY TOTAL SIXTY(60)CARTONS ONLY.

山田

TOKYO IMPORT & EXPORT CORPORATION

No. TIEX060930

BILL OF EXCHANGE

For USD 95 000.00 TOKYO, OCT. 21,2015

At 30 DAYS AFTER *sight of this SECOND BILL of EXCHANGE (first of the same tenor and date unpaid) pay to the order of* FUJI BANK TOKYO BRANCH

the sum of SAY U.S. DOLLARS NINETY FIVE THOUSAND ONLY

Drawn under BANK OF CHINA SHANGHAI BRANCH

L/C No. XUT17345 Dated AUG, 28. 2015

To. BANK OF CHINA SHANGHAI BRANCH

100 ZHONGSHAN NO. 1 ROAD SHANGHAI,CHINA

TOKYO IMPORT & EXPORT CORPORATION

山田

2. 承兑

中国银行

BANK OF CHINA

进口信用证付款/承兑通知书

申请人 上海方正进出口公司	信用证号：L/C NO.：XUT17345 汇票金额：USD 95 000.00 汇票期限：30 DAYS AFTER SIGHT 汇票到期日：

寄单行：FUJI BANK TOKYO BRANCH

受益人：TOKYO IMPORT & EXPORT CORPORATION

单据	汇票	发票	海运提单	空运提单	货物收据	保险单	装箱单	重量单	产地证	装船通知		
	1	2	1			1	2			1		

货物：WRENCH

不符点：

上述单据已到，现将影印单据提交贵公司：

请审核并备妥票款于2015年10月24日前来我行。如不在上述期限来我行承兑，即视为你公司同意授权我行在公司存款账户内支出票款对寄单行承兑。

对于上述不符点，你公司如不同意接受，请于2015年10月24日书面通知我行，如不在上述期限来我行办理拒付，又不将单据退回我行，即视为你公司接受不符点并授权我行在你公司存款账户内支出票款对寄单行承兑。

中国银行

2015年10月21日

同意付款

上海方正进出口公司
专用章

No. TIEX060930

For USD 95 000.00 **BILL OF EXCHANGE** TOKYO, OCT. 21, 2015

At 30 DAYS AFTER *sight of this SECOND BILL of EXCHANGE (first of the same tenor and date unpaid) pay to the order of* FUJI BANK TOKYO BRANCH

the sum of SAY U. S. DOLLARS NINETY FIVE THOUSAND ONLY

承兑

2015.10.31

Drawn under BANK OF CHINA SHANGHAI BRANCH

L/C No. XUT17345 Dated AUG, 28. 2015

To. BANK OF CHINA SHANGHAI BRANCH

100 ZHONGSHAN NO. 1 ROAD SHANGHAI, CHINA

TOKYO IMPORT & EXPORT CORPORATION

山 田

3. 缮制入境货物报检单

入境货物报检单的缮制方法如下：

(1) 编号

由检验检疫机构报检受理人员填写。

(2) 报检单位

填写报检单位的全称，并加盖报检单位印章。

(3) 报检单位登记号

填写报检单位在检验检疫机构备案或注册登记的代码。

(4) 联系人

填写报检人员的姓名。

(5) 电话

填写报检人员的联系电话。

(6) 报检日期

检验检疫机构实际受理报检的日期，由检验检疫机构受理报检人员填写。

(7) 收货人（中/外文）

填写进口贸易合同中的买方，中英译文应一致。

(8) 发货人（中/外文）

填写进口贸易合同中的卖方，中英译文应一致。

(9) 货物名称（中/外文）

填写本批货物的品名，应与进口贸易合同和国外发票中的名称一致，如为废旧货物，应注明。

(10) H. S. 编码

填写本批货物的商品编码,以当年海关公布的商品税则编码分类为准。

(11) 原产国(地区)

填写本批货物生产/加工的国家或地区。

(12) 数/重量

填写本批货物的数/重量,应与进口贸易合同、国外发票上所列的货物数量/重量一致,并应注明数量/重量单位。

(13) 货物总值

填写本批货物的总值及币种,应与进口贸易合同和国外发票上所列一致。

(14) 包装种类及数量

填写本批货物实际运输包装的种类及数量,应注明包装的材质。

(15) 运输工具名称及号码

填写装运本批货物的运输工具名称及号码。

(16) 合同号

填写本批货物的进口贸易合同号,或订单、形式发票的号码。

(17) 贸易方式

填写本批进口货物的贸易方式,如一般贸易。

(18) 贸易国别(地区)

填写本批进口货物的贸易国或地区名称。

(19) 提单/运单号

填写本批进口货物的海运提单号或空运单号,有二程提单的应同时填写。

(20) 到货日期

填写本批进口货物到达口岸的日期。

(21) 启运国家(地区)

填写本批进口货物的启运国家或地区名称。

(22) 许可证/审批号

需办理进口许可证或审批的进口货物,应填写有关许可证号或审批号,不得留空。

(23) 卸毕日期

填写本批进口货物在口岸卸毕的实际日期。

(24) 启运口岸

填写装运本批进口货物启运口岸的名称。

(25) 入境口岸

填写装运本批进口货物交通工具进境首次停靠的口岸名称。

(26) 索赔有效期至

按进口贸易合同规定的日期填写,特别要注明截止日期。

(27) 经停口岸

填写本批进口货物在到达目的地前,中途曾经停靠的口岸名称。

(28) 目的地

填写本批进口货物最后到达的交货地。

(29) 集装箱规格、数量及号码

进口货物若以集装箱运输,应填写集装箱的规格、数量及号码。

(30) 合同订立的特殊条款以及其他要求

填写在进口贸易合同中订立的有关质量、卫生等特殊条款,或报检单位对本批货物检验检疫的特别要求。

(31) 货物存放地点

填写本批进口货物实际存放的地点。

(32) 用途

填写本批进口货物的用途。

(33) 随附单据

向检验检疫机构提供的实际单据名称前的"□"内打"√"。也可在"□"后补填其名称,并在"□"内打"√"。

(34) 标记及号码

填写进口货物的标记及号码,应与进口贸易合同和国外发票等有关单据保持一致。若没有标记及号码,则填"N/M"。

(35) 外商投资财产

由检验检疫机构报检受理人员填写。

(36) 报检人郑重声明

由报检人员亲笔签名。

(37) 检验检疫费

由检验检疫机构计费人员填写。

(38) 领取证单

由报检人在领取证单时,填写实际领证日期并签名。

中华人民共和国出入境检验检疫

入境货物报检单

报检单位 上海方正进出口公司专用章　　　　*编号：

报检单位……人：方正 电话：56082266　　报检日期：2015 年 10 月 27 日

发货人	(中文)上海方正进出口公司		企业性质(划"√")		□合资　□合作　□外资	
	(外文) FANGZHENG IMPORT & EXPORT CORPORATION					
收货人	(中文)					
	(外文) TOKYO IMPORT & EXPORT CORPORATION					
货物名称(中/外文)	H. S. 编码	原产国	数/重量	货物总值	包装种类及数量	
扳手 WRENCH	8204.1100	日本	6 000 SETS	95 000.00 美元	60 纸箱	
运输工具名称及号码	COSCO V. 861			合同号	TX200523	
贸易方式	一般贸易	贸易国别(地区)	日本	提单/运单号	XY05111	
到岸日期	2015.10.24	启运国家(地区)	日本	许可证/审批号	09-JZ5661168	
卸毕日期	2015.10.24	启运口岸	东京	入境口岸	吴淞海关	
索赔有效期至	2017.10.24	经停口岸		目的地	上海	
集装箱规格、数量及号码						
合同订立的特殊条款以及其他要求		货物存放地点		上海逸仙路 5 号		
		用途		自营内销		
随附单据(划"√"或补填)		标记及号码	*外商投资财产(划"√")		□是　□否	
☑ 合同 ☑ 发票 ☑ 提/运单 □ 兽医卫生证书 □ 植物检疫证书 □ 动物检验证书 □ 卫生证书 □ 原产地证 ☑ 许可/审批文件	☑ 到货通知 ☑ 装箱单 □ 质保书 □ 理货清单 □ 磅码单 □ 验收报告	N/M	*检验检疫费			
			总金额 (人民币元)			
			计费人			
			收费人			
报检人郑重声明： 1. 本人被授权报检。 2. 上列填写内容正确属实。 签名：方正			领取单证			
			日期			
			签名			

注：有"＊"号栏由出入境检验检疫机构填写。　　◆ 国家质量监督检验检疫总局制

评析：

- 报检单编号的构成是，前6位为检验检疫机构代码，第7位为报检类代码，第8、9位为年代码，第10至15位为流水号。
- 检验检疫机构对属于法定检验检疫货物签发入境货物通关单，并在提货单上盖检验检疫章；对于非法定检验检疫货物仅在提货单上盖检验检疫章。

4. 检验检疫机构签发入境货物通关单

中华人民共和国出入境检验检疫

入境货物通关单

编号：T0608114

<table>
<tr><td colspan="3">1. 收货人
上海方正进出口公司</td><td rowspan="3">5. 标记及唛码
N/M</td></tr>
<tr><td colspan="3">2. 发货人
TOKYO IMPORT & EXPORT CORPORATION</td></tr>
<tr><td>3. 合同/提(运)单号
TX200523/ XY05111</td><td colspan="2">4. 输出国家或地区
日本</td></tr>
<tr><td>6. 运输工具名称及号码
COSCO V. 861</td><td colspan="2">7. 目的地
上海</td><td>8. 集装箱规格及数量
----</td></tr>
<tr><td>9. 货物名称及规格
扳手
WRENCH
********************</td><td>10. H. S. 编码
8204.1100</td><td>11. 申报总值
USD 95 000.00</td><td>12. 数/重量、包装数量及种类
6 000SETS
60CTNS</td></tr>
<tr><td colspan="4">13. 证明
上述货物业已报验/申报，请海关予以放行。
本通关单有效期至 2015 年 11 月 30 日
[印章：ENTRY-EXIT INSPECTION AND QUARANTINE OF THE PEOPLE'S REPUBLIC OF CHINA 中华人民共和国 苏州 出入境检验检疫局]
签字：丁毅　　日期：2015 年 10 月 30 日</td></tr>
<tr><td colspan="4">14. 备注</td></tr>
</table>

缮制入境货物报检单体验活动

1. 业务资料

买　　方：SHANGHAI TOY IMPORT & EXPORT TRADE CORPORATION

电　　话：021-56082212

卖　　方：TOKYO TRADE CORPORATION
　　　　　82-324 OTOLI MACHITOKYO，JAPAN

电　　话：081-028-548742

货　　名：电子手掌玩具(ELECTRON PALM BAUBLE)

规格数量：R222S 1000 PCS、R333H 1000 PCS、R666W 1000 PCS

包　　装：每 30 台装 1 箱(PACKED IN ONE CARTON OF 30 PCS EACH)

信用证号：XUT17345

装 运 地：东京港(TOKYO)

目 的 地：上海港(SHANGHAI)

装运期限：最迟不晚于 2015 年 10 月 31 日(LATEST DATE OF SHIPMENT 151031)

分批装运：允许

转　　运：允许

合 同 号：RT06911

企业性质：合资

H. S. 编码：9503.900

贸易方式：一般贸易

提 单 号：TES0610589Q

到岸日期：2015.11.18

卸毕日期：2015.11.18

入境口岸：浦江海关

用　　途：自营内销

索赔有效期：2 年

运输工具名称：HONDA V.026

货物存放地点：上海衍文路 232 号

报检单位登记号：31294W

2. 业务要求

请你以“单证员”的身份，根据上述资料缮制入境货物报检单。

任务四　进口报关申报及单证缮制

业务导入

进口商在办理报检手续后，按有关规定填写进口货物报关单，并随附国外商业发票、装箱单、进口贸易合同和提单等单据及时向入境口岸海关办理进口货物报关。

方正进出口公司在办理好报检后，根据海运提单、国外发票、装箱单等有关内容填写进口货物报关单，在海关规定的时间内及时办理进口货物报关。报关放行后，委托运输公司将货物运至方正进出口公司仓库。然后，向国家外汇管理局办理进口付汇核销手续。

一、进口货物报关业务程序

进口货物报关业务程序如图 5－4 所示。

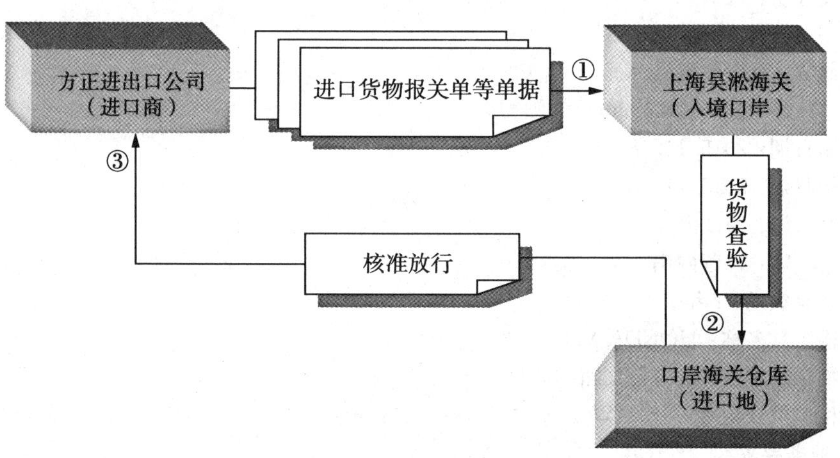

图 5－4　进口货物报关业务程序

评析：

- 进口商填写进口货物报关单并随附核销单向海关办理报关手续。
- 海关对进口货物查验无误后在报关单盖“放行章”。

二、方正进出口公司办理进口货物报关实例

1. 缮制进口货物报关单

进口货物报关单的内容与出口货物报关单的大致相同，其不同栏目的缮制方法如下：

(1) 进口口岸

按实际货物进口的口岸填写海关的名称及其海关"关区代码表"代码。

(2) 进口日期

填报进口货物所载运输工具的进境日期，无实际进境的，则填申请办理货物进口手续的日期。

(3) 申报日期

填制进口商或其代理人申请办理货物进口手续的日期，其不能早于进口日期。

(4) 经营单位

应填写对外签订并执行进口货物贸易合同的中国境内企业的全称及其代码。

(5) 提运单号

填写进口货物提单或运单编号。

(6) 收货单位

填入已知的进口货物在境内的最终消费单位的名称及其代码。

(7) 征免性质

按海关对进口货物实施征、减、免税管理的性质类别和代码填报，一份报关单只允许填一种征免性质。

(8) 征税比例

此项仅用于"进料非对口"贸易方式下的进口报关单，填报海关规定的实际应征税比率，例如，5% 填报 5。

(9) 许可证号

填写进口货物许可证的编号，一份报关单只允许填一个许可证号，如有多个许可证号，须分单申报。如不属于进口许可证范围的，此栏留空。

(10) 起运国(地区)

根据进口货物始发的国家(地区)的名称及其代码填写。

(11) 装运港

填写进口货物在运抵我国关境前的最后一个境外装运港的名称及代码，

无实际进出境的，填“中国境内 0142”。

(12) 境内目的地

填写进口货物在国内的消费地或最终运抵地的名称及代码。

(13) 批准文号

本栏目应填入《进口付汇核销单》编号。

(14) 运费

应注明该批货物的运费并注明币制代码，如以 CIF 或 CFR 成交，则可不填。

(15) 保费

填报该批货物的全部保险费和币制代码，如以 CIF 成交，则可不填。

(16) 合同协议号

注明进口货物合同(协议)的全部字头和号码。

(17) 用途

按进口货物的实际用途和用途代码进行填报，如“以产顶进 13”。

(18) 原产国(地区)

填写进口货物的生产、开采或加工制造国家(地区)的名称及其代码。

中华人民共和国海关进口货物报关单

预录入编号： 海关编号：

进口口岸 吴淞海关 2202	备案号	进口日期 2015.09.24	申报日期 2015.10.31
经营单位（0387124666） 上海方正进出口公司	运输方式 江海运输	运输工具名称 COSCO V.861	提运单号 XY05111
收货单位 上海方正进出口公司	贸易方式 一般贸易	征免性质 一般征税	征税比例
许可证号 09-JZ5661168	启运国(地区) 日本	装货港 东京	境内目的地 上海

批准文号	成交方式 CIF	运费 502/260/3	保费 502/190/3	杂费
合同协议号 TX200523	件数 60	包装种类 纸箱	毛重(千克) 175	净重(千克) 145

集装箱号	随附单据 B:T0608114	用途 自营内销

标记唛码及备注
N/M

项号	商品编号	商品名称、规格型号	数量及单位	原产国(地区)	单价	总价	币制	征免
	8204.1100	WRENCH		日本			502	照章
01		HEX DEYS WRENCH	30 千克 1 000 套		10.00	10 000.00		
02		DOUBLE RING OFFSET WRENCH	30 千克 1 500 套		10.00	15 000.00		
03		COMBINATION WRENCH	40 千克 2 000 套		20.00	40 000.00		
04		ADJUSTABLE WRENCH	45 千克 1 500 套		20.00	30 000.00		

税费征收情况

录入员 录入单位	兹声明以上申报无讹并承担法律责任	海关审单批注及放行日期(签章)
报关员 3101045588 方敏利	申报单位 方正进出口公司 报关专用章	审单 审价
单位地址 上海中山路 1321 号		征税 统计
邮编： 电话：56082266	填制日期： 2015 年 9 月 30 日	查验 放行

2. 缴纳进口关税

上海 **海关** 进口关税 **专用缴款书**

收入系统:

海关系统　　　　填发日期:2015 年 11 月 30 日　　　　号码:269874123

收款单位	收入机关	中央金库			缴款单位(人)	名称	方正进出口公司
	科目	进口关税	预算级次	中央		账号	SZR80066686
	收款国库	中国银行上海分行				开户银行	中国银行上海分行

税号	货物名称	数量	单位	完税价格(¥)	税率(%)	税款金额(¥)
1. 6258698	WRENCH	60	箱	7 676 000	1.0	76 760.00
金额人民币(大写) 柒佰陆拾柒万陆仟元整						

申请单位编号		报关单编号	444117252	填制单位	收款国库(银行)
合同(批件)号	TX200523	运输工具(号)	COSCO V. 861		BANK OF CHINA SHANGHAI BRANCH
缴款期限	2009. 11. 30	提/装货单号	XY05111		
备注 一般征税　照章征税　20060930 进 USD 95 000.00 成交:CIF				制单人:350 复核人:	

从填发缴款书次日起、限七日内(星期日和法定假日除外)缴纳,逾期按日征收税款总额千分之一的滞纳金。

缮制进口货物报关单体验活动

1. 业务资料

买　　方:SHANGHAI TOY IMPORT & EXPORT TRADE CORPORATION(代码 3108765438)

电　　话:021-56082212

卖　　方:TOKYO TRADE CORPORATION
82-324 OTOLI MACHITOKYO, JAPAN

货　　名:电子手掌玩具(ELECTRON PALM BAUBLE)

规格数量:R222S 1000 PCS、R333H 1000 PCS、R666W 1000 PCS

包　　装:每 30 台装 1 箱(PACKED IN ONE CARTON OF 30 PCS EACH)

单　　价：FOB TOKYO R222S USD 100/PC、R333H USD 90.00/PC、R666W USD 80.00/PC
支付方式：信用证即期支付（IRREVOCABLE DOCUMENTARY CREDIT AT SIGHT）
装 运 地：东京港（TOKYO）
目 的 地：上海港（SHANGHAI）
装运期限：最迟不晚于 2015 年 12 月 31 日（LATEST DATE OF SHIPMENT 151231）
运　　费：USD 180.00
保 险 费：USD 200.00
合 同 号：RT06911
H.S.编码：9503.900
贸易方式：一般贸易
提 单 号：TES0610589Q
到岸日期：2015.11.18
入境口岸：浦江海关
用　　途：自营内销
运输工具名称：HONDA V.026

2. 业务要求

请你以“单证员”的身份，根据上述资料缮制进口货物报关单。

单证制作技能训练

一、单证制作技能训练 1

1. 业务背景

温州进出口公司与德国 PITER IMPORT & EXPORT CORPORATION 就彩色喷墨打印机的购货进行了洽谈，采用即期信用证支付方式，双方达成一致意见后签订了购货确认书。

2. 操作资料

(1) 购货合同

PURCHASE CONTRACT

TEL:0577-560822××　　　　P/C NO. :RT06911

FAX:0577-560821××　　　　DATE: AUG. 31,2015

The Buyer: WENZHOU IMPORT & EXPORT TRADE CORPORATION
21 SHANMU ROAD WENZHOU ZHEJIANG CHINA

The Seller: PITER IMPORT & EXPORT CORPORATION
NO. 324 TOLI MACHHAMBURG GERMANY
TEL:128-54842　FAX:128-54843

The Seller and the Buyer have confirmed this Contract with the terms and conditions stipulated below.

DESCRIPTIONS OF GOODS	QUANTITY	UNIT PRICE	AMOUNT
COLOR INKJET PRINTERS		CFR WENZHOU	
RO123	800 PCS	USD 100. 00	USD 80 000. 00
RO128	600 PCS	USD 100. 00	USD 60 000. 00
RO423	600 PCS	USD 100. 00	USD 60 000. 00

1. COUNTRY OF ORIGIN AND MANUFACTURER: PITER IMPORT & EXPORT CORPORATION/ GERMANY
2. PACKING: PACKED IN 1 CARTON OF 10 PCS EACH
3. PORT OF LOADING: HAMBURG
4. PORT OF DESTINATION: WENZHOU
5. PAYMENT: BY L/C AT SIGHT
6. PARTIAL SHIPMENTS: ALLOWED
7. TRANSHIPMENT: ALLOWED
8. LATEST SHIPMENT DATE: LATEST DATE OF SHIPMENT 151130
9. INSPECTION AND CLAIMS: IF THE QUALITY/WEIGHT AND/OR THE SPECIFICATIONS OF THE GOODS SHOULD BE FOUND NOT IN LINE WITH THE CONTRACTED STIPULATIONS, OR SHOULD THE GOODS PROVE DEFECTIVE FOR ANY REASONS, INCLUDING LATENT DEFECT OR THE USE OF UNSUITABLE

MATERIALS, THE BUYER WOULD ARRANGE AN INSPECTION TO BE CARRIED OUT BY THE INSPECTION BUREAU AND HAVE THE RIGHT TO CLAIM AGAINST THE SELLERS ON THE STRENGTH OF THE INSPECTION CERTIFICATE ISSUED BY THE BUREAU. ALL CLAIMS SHALL BE REGARDED AS ACCEPTED IF THE SELLERS FAIL TO REPLY WITHIN 30 DAYS AFTER RECEIPT OF THE BUYER'S CLAIM.

Buyer：温州进出口公司 合同专用章　　　　Seller：PITER IMPORT& EXPORT CORPORATION

王彦　　　　PITER

(2)补充资料

买　　方：温州进出口公司/ WENZHOU IMPORT & EXPORT CORPORATION
中国浙江温州山木路 21 号/ 21 SHANMU ROAD WENZHOU ZHEJIANG CHINA

海关代码：3109876435

电　　话：0577-560822××

传　　真：0577-560821××

卖　　方：PITER IMPORT & EXPORT CORPORATION
NO. 324 TOLI MACHHAMBURG GERMANY

电　　话：128-54842

传　　真：128-54843

货　　名：彩色喷墨打印机(COLOR INKJET PRINTERS)

商品编码：1000.0878

规格数量：RO123 800 PCS、RO128 600 PCS、RO423 600 PCS

单　　价：CFR WENZHOU　USD100 /PC

包　　装：每 10 台装 1 箱/PACKED IN CARTON OF 10 PCS EACH

支付方式：信用证即期支付/L/C AT SIGHT

装 运 港：汉堡港 /HAMBURG

目 的 港：温州港

装运期限：最迟不晚于 2015 年 11 月 30 日/LATEST DATE OF SHIPMENT 151130

分批装运：允许

转　　运：允许

开证方式：电开

报关口岸：温州海关

外汇来源：银行购汇

贸易方式：一般贸易

商品用途：自营内销

购货合同号：RT06911

开证行名称：中国银行上海分行

美元账号：ZD-M2384900058

单据条款：签章商业发票一式5份；全套已装船指示提单，做空白背书并显示运费预付；装箱单一式4份；品质检验证书1份；普惠制原产地证书1份；装船通知须在装船后24小时天内发出，并注明信用证号、船名、装运日以及货物的名称、数量、重量。

许可证号：12-JZ5661168

运输工具名称及号码：COSCO V.123

运　　费：USD 880.00

到岸日期：2015年12月20日

卸毕日期：2015年12月20日

集装箱规格、数量及号码：20英尺集装箱一个、集装箱号 TEXU9874567

提单号码：HQ1293845

通关单号码：WZ129840594

随附单据：合同、发票、装箱单、到货通知、提单、原产地证

3.业务要求

请你以单证员的身份，根据上述资料缮制进口货物许可证申请表、开证申请书、入境货物报检单、进口货物报关单。

(1) 缮制进口货物许可证申请表

中华人民共和国进口货物许可证申请表

<table>
<tr><td colspan="3">1. 进口商：　　　代码</td><td colspan="3">3. 进口许可证号：</td></tr>
<tr><td colspan="3">2. 收货人：</td><td colspan="3">4. 进口许可证有效截止日期：
年　　月　　日</td></tr>
<tr><td colspan="3">5. 贸易方式：</td><td colspan="3">8. 出口国(地区)：</td></tr>
<tr><td colspan="3">6. 外汇来源：</td><td colspan="3">9. 原产地国(地区)：</td></tr>
<tr><td colspan="3">7. 报关口岸：</td><td colspan="3">10. 商品用途：</td></tr>
<tr><td colspan="6">11. 商品名称：　　　　　　商品编码：</td></tr>
<tr><td>12. 规格、型号</td><td>13. 单位</td><td>14. 数量</td><td>15. 单价(币别)</td><td>16. 总值(币别)</td><td>17. 总值折美元</td></tr>
<tr><td></td><td></td><td></td><td></td><td></td><td></td></tr>
<tr><td></td><td></td><td></td><td></td><td></td><td></td></tr>
<tr><td></td><td></td><td></td><td></td><td></td><td></td></tr>
<tr><td></td><td></td><td></td><td></td><td></td><td></td></tr>
<tr><td>18. 总计：</td><td></td><td></td><td></td><td></td><td></td></tr>
<tr><td colspan="3" rowspan="2">19. 领证人姓名：

联系电话：
申请日期：
下次联系日期：</td><td colspan="3">20. 签证机构审批(初审)：</td></tr>
<tr><td colspan="3">终审：</td></tr>
</table>

中华人民共和国商务部监制　　　　　　　　第一联(正本)签证机构存档中

(2) 缮制开证申请书

IRREVOCABLE DOCUMENTARY CREDIT APPLICATION

To: BANK OF CHINA **Date:**

<table>
<tr><td colspan="2">Beneficiary (full name and address)</td><td>L/C No.
Ex Card No.
Contract No.

Date and place of expiry of the credit</td></tr>
<tr><td>Partial shipments
□allowed □not allowed</td><td>Transshipment
□allowed □not allowed</td><td>□ Issue by airmail With□ brief advice by teletransmission
□ Issue by express delivery
□ Issue by teletransmission (which shall be the operative instrument)</td></tr>
<tr><td colspan="2">Loading on board/dispatch taking in change at/from
not later than
for transportation to</td><td>Amount (both in figures and words)</td></tr>
<tr><td colspan="2">Description of goods

Packing:</td><td>Credit available with
□ by sight payment □by acceptance □by negotiation
□ by deferred payment at
against the documents detailed herein
□ and beneficiary's draft for % of the invoice value
at
on

□FOB □C&F □CIF
□or other terms</td></tr>
</table>

Documents required: (marks with ×)

1. ( ) Signed Commercial Invoice in copies indicating L/C No. and Contract No.
2. ( ) Full set of clean on board ocean Bills of Landing made out to and blank endorsed, marked "freight [ ] to collect/[ ] prepaid [ ] showing freight amount" notifying
3. ( ) Air Waybills showing "freight [ ] to collect/[ ] prepaid [ ] including freight amount" and consigned to
4. ( ) Memorandum issued by consigned to
5. ( ) Insurance Policy/Certificate in copies for % of the invoice value showing claims payable in China in currency of the draft, blank endorsed, covering ([ ] Ocean Marine Transportation/[ ] Air Transportation/[ ] Over Land Transportation) All Risks, War Risks.
6. ( ) Packing List/Weight Memo in copies issued by the quantity/gross and the weights of each packing and packing condition as called by the L/C.
7. ( ) Certificate of Quantity/Weight in copies issued by an independent surveyor at loading port, indicating the actual surveyed quantity/weight of shipped goods as well as the packing condition.
8. ( ) Certificate of Quantity in copies issued by [ ] manufacturer/[ ] public recognized surveyor/[ ]
9. ( ) Beneficiary's certified copy of cable dispatched to the accountees within hours after shipment advising [ ] name of vessel/[ ] flight No. /[ ] wagon No. , date quantity, weight and value of shipment.
10. ( ) Beneficiary's Certifying that extra copies of the documents have been dispatched according to the contract terms.
11. ( ) Shipping Co's Certificate attesting that the carrying vessel is chartered or booked by accountee or their shipping agents:
12. ( ) Other documents, if any:

Additional instructions:

1. ( ) All banking charges outside the opening bank are for beneficiary's account.
2. ( ) Documents must be presented with 15 days after the date of issuance of the transport documents but with the validity of this credit.
3. ( ) Third party as shipper is not acceptable. Short Form/Blank Back B/L is not acceptable.
4. ( ) Both quantity and amount % more or less are allowed.
5. ( ) prepaid freight drawn in excess of L/C amount is acceptable against presentation of original charges voucher issued by shipping Co. /Air Line/or it's agent.
6. ( ) All documents to be forwarded in one cover, unless otherwise started above.
7. ( ) Other terms, if any.

Account No. : with ______ (name of bank)
Transacted by: (Applicant: name, signature of authorized person)
Telephone No. : (with seal)

(3) 缮制入境货物报检单

中华人民共和国出入境检验检疫
入境货物报检单

报检单位(加盖公章): *编号: ____________

报检单位登记号: 联系人: 电话: 报检日期:

收货人	(中文)	企业性质(划"√")	□合资 □合作 □外资
	(外文)		
发货人	(中文)		
	(外文)		

货物名称(中/外文)	H. S. 编码	原产国	数/重量	货物总值	包装种类及数量

运输工具名称及号码				合同号	
贸易方式		贸易国别(地区)		提单/运单号	
到岸日期		启运国家(地区)		许可证/审批号	
卸毕日期		启运口岸		入境口岸	
索赔有效期至		经停口岸		目的地	
集装箱规格、数量及号码					
合同订立的特殊条款以及其他要求		货物存放地点			
		用 途			

随附单据(划"√"或补填)		标记及号码	*外商投资财产(划"√")	□是 □否
□ 合同	□ 到货通知		*检验检疫费	
□ 发票	□ 装箱单			
□ 提/运单	□ 质保书		总金额(人民币元)	
□ 兽医卫生证书	□ 理货清单			
□ 植物检疫证书	□ 磅码单			
□ 动物检验证书	□ 验收报告			
□ 卫生证书	□		计费人	
□ 原产地证				
□ 许可/审批文件			收费人	

报检人郑重声明:	领取单证	
1. 本人被授权报检。	日期	
2. 上列填写内容正确属实。		
签名: ________	签名	

注:有"*"号栏由出入境检验检疫机构填写 ◆国家质量监督检验检疫总局

(4) 缮制进口货物报关单

中华人民共和国海关进口货物报关单

预录入编号：　　　　　　　　　　　　　　　　海关编号：

进口口岸	备案号	进口日期	申报日期	
经营单位	运输方式	运输工具名称	提运单号	
收货单位	贸易方式	征免性质	征税比例	
许可证号	起运国(地区)	装货港	境内目的地	
批准文号	成交方式	运费	保费	杂费
合同协议号	件数	包装种类	毛重(千克)	净重(千克)
集装箱号	随附单据	用途		
标记唛码及备注				

项号	商品编号	商品名称、规格型号	数量及单位	原产国(地区)	单价	总价	币制	征免

税费征收情况		
录入员　　录入单位	兹声明以上申报无讹并承担法律责任	海关审单批注及放行日期(签章)
报关员	申报单位(签章)	审单　　　审价
单位地址		征税　　　统计
邮编：　　　电话：	填制日期：	查验　　　放行

二、单证制作技能训练 2

1. 业务背景

上海食品进出口公司与法国 DENSE LIGHT SEMICONDUCTORS PTE LTD 就威士忌的购货进行了洽谈，采用即期信用证支付方式，双方达成一致意见后签订了购货确认书。

2. 操作资料

（1）购货合同

上海食品进出口公司

SHANGHAI FOOD IMPORT & EXPORT CORPORATION

328 SHANXI ROAD SHANGHAI, CHINA

购 货 合 同 书 P/C NO.: SOT0405127

PURCHASE CONTRACT DATE: MAR 22, 2015

买 方：

The Buyer: SHANGHAI FOOD IMPORT & EXPORT CORPORATION
328 SHANXI ROAD SHANGHAI, CHINA
TEL: 021-62781456 FAX: 021-62781454

卖 方：

The Seller: DENSE LIGHT SEMICONDUCTORS PTE LTD.
6 CHANGJ NORTH STREETPARIS FRANCE
TEL: 65-64157986 FAX: 65-64157988

本合同由买卖双方订立，根据本合同规定的条款，买方同意购买，卖方同意出售下述商品：

This Contract is made by and between the Buyer and Seller, whereby the Buyer agrees to buy and the Seller agrees to sell the under-mentioned commodity according to the terms and conditions stipulated below.

1) 商品名称、规格、数量及单价：

COMMODITY, SPECIFICATIONS, QUANTITY AND UNIT PRICE:

商品名称及规格	数量	单 价	总值
WHISKY		CIFPARIS	
MACALLEN HIGHLAND MALT 18YRS75cl	100PCS	USD 55.00	USD5 500.00
ROYAL SALUTE 70cl	100PCS	USD 55.00	USD5 500.00

2) 原产地国与制造商：

COUNTRY OF ORIGIN AND MANUFACTURER: SINGAPORE, Dense Light Semiconductors Pte Ltd.

3) 包装：必须适合海运、5 件装 1 箱

PACKING: To be packed in the Seller's standard export packing suitable for long distance ocean transport. Packed in 1 carton of 5 pcs each.

4) 唛头： S. F. C

SOT0405127

SHIPPING MARK:PARIS

C/NO. 1-40

5) 装运日期:2015 年 5 月 20 日前

DELIVERY:BEFORE MAY 20,2012

6) 装运港:巴黎

PORT OF LOADING: PARIS PORT FRANCE

7) 目的港: 上海

PORT OF DISCHARGE: SHANGHAI PORT CHINA

8) 分批装运: 不允许

PARTIAL SHIPMENTS: NOT ALLOWED

9) 转运:允许

TRANSSHIPMENT:ALLOWED

10) 付款条件: L/C AT SIGHT

TERMS OF PAYMENT:

Buyer: SHANGHAI FOOD IMPORT & EXPORT CORPORATION (上海食品进出口公司) 马君

Seller: Dense Light Semiconductors Pte Ltd PETER

(2) 补充资料

买方账户: SZR80066686

进口类别: 一般进口商品

附　　件: 合同

售汇方式: 开证时售汇

开证方式: 电开

开证行名称:中国银行上海分行

单据条款: 签章商业发票一式 5 份;已装船清洁提单 1 套;不可转让的保险单一套;装箱单一式 5 份;品质检验证书 1 份、数量检验证书一式 2 份、装运通知在装船后 12 小时内发出。

H. S. 编码: 83000000

贸易方式: 一般贸易

运输工具名称及号码: COSCO V. 876

运　　费: USD 670. 00

保 险 费: USD 200. 00

到岸日期: 2015 年 5 月 30 日

卸毕日期: 2015 年 5 月 30 日

提单号码: XY05111

通关单号码: WZ109872129

随附单据：合同、发票、装箱单、到货通知、提单、原产地证

3.业务要求

请你以“单证员”的身份，根据上述资料并结合自己学习到的外贸业务知识缮制购买外汇申请书、开证申请书、入境货物报检单、进口货物报关单。

(1) 缮制购买外汇申请书

中国银行 BANK OF CHINA

购买外汇申请书

中国银行____________分(支)行：

我公司为执行第____________号合同项下对外支付，需向贵行购汇。现按外汇局有关规定向贵行提出下述内容及所附文件，请审核并按实际付汇日牌价办理售汇。所需人民币资金从我公司在贵行账户__________________________中支付。

1. 购汇金额：
2. 用　　途：□进口商品　□从附费用　□索退赔款　□其他
3. 支付方式：□信用证　□托收　□汇款(□货到付款　□预付货款)
4. 商品名称：
5. 数量：
6. 合同号：　　　　金额：
7. 发票号：　　　　金额：
8. □一般进口商品，无须批文。
   □控制进口商品，批文随附如下：
   □进口证明　□许可证　□登记证明　□其他批文
   批文号码：　　　　批文有效期：
9. 附件：□批文　□合同/协议　□发票　□正本运单
   □报关单　□运费单/收据　□保险费收据
   □佣金单　□关税证明　□仓单　□其他
10. □请于开证时立即售汇，转存保证金专用户。

申请单位(盖章)：

银行审核意见：

上述内容与随附文件/凭证描述相符，拟按申请书要求办理售汇。

经办人：　　　　复核人：　　　　核准人：

售汇日期：

(加盖售汇专用章)

(2) 缮制开证申请书

IRREVOCABLE DOCUMENTARY CREDIT APPLICATION

To: BANK OF CHINA **Date:**

<table>
<tr><td colspan="2" rowspan="2">Beneficiary (full name and address)</td><td>L/C No.
Ex Card No.
Contract No.</td></tr>
<tr><td>Date and place of expiry of the credit</td></tr>
<tr><td>Partial shipments

□allowed □not allowed</td><td>Transshipment

□allowed □not allowed</td><td>□ Issue by airmail With□ brief advice by teletransmission
□ Issue by express delivery
□ Issue by teletransmission (which shall be the operative instrument)</td></tr>
<tr><td colspan="2">Loading on board/dispatch taking in change at/from
not later than
for transportation to</td><td>Amount (both in figures and words)</td></tr>
<tr><td colspan="2" rowspan="2">Description of goods

Packing:</td><td>Credit available with
□ by sight payment □by acceptance □by negotiation
□ by deferred payment at
against the documents detailed herein
□ and beneficiary's draft for % of the invoice value
at
on</td></tr>
<tr><td>□FOB □C&F □CIF
□or other terms</td></tr>
</table>

Documents required: (marks with ×)

1. ( ) Signed Commercial Invoice in copies indicating L/C No. and Contract No.
2. ( ) Full set of clean on board ocean Bills of Landing made out to and blank endorsed, marked "freight [ ] to collect/[ ] prepaid [ ] showing freight amount" notifying
3. ( ) Air Waybills showing "freight [ ] to collect/[ ] prepaid [ ] including freight amount" and consigned to
4. ( ) Memorandum issued by consigned to
5. ( ) Insurance Policy/Certificate in copies for % of the invoice value showing claims payable in China in currency of the draft, blank endorsed, covering ([ ] Ocean Marine Transportation/[ ] Air Transportation/[ ] Over Land Transportation) All Risks, War Risks.
6. ( ) Packing List/Weight Memo in copies issued by the quantity/gross and the weights of each packing and packing condition as called by the L/C.
7. ( ) Certificate of Quantity/Weight in copies issued by an independent surveyor at loading port, indicating the actual surveyed quantity/weight of shipped goods as well as the packing condition.
8. ( ) Certificate of Quantity in copies issued by [ ] manufacturer/[ ] public recognized surveyor/[ ]
9. ( ) Beneficiary's certified copy of cable dispatched to the accountee within hours after shipment advising [ ] name of vessel/[ ] flight No. /[ ] wagon No. , date quantity, weight and value of shipment.
10. ( ) Beneficiary's Certifying that extra copies of the documents have been dispatched according to the contract terms.
11. ( ) Shipping Co's Certificate attesting that the carrying vessel is chartered or booked by accountee or their shipping agents:
12. ( ) Other documents, if any:

Additional instructions:

1. ( ) All banking charges outside the opening bank are for beneficiary's account.
2. ( ) Documents must be presented with 15 days after the date of issuance of the transport documents but with the validity of this credit.
3. ( ) Third party as shipper is not acceptable. Short Form/Blank Back B/L is not acceptable.
4. ( ) Both quantity and amount % more or less are allowed.
5. ( ) prepaid freight drawn in excess of L/C amount is acceptable against presentation of original charges voucher issued by shipping Co. /Air Line/or it's agent.
6. ( ) All documents to be forwarded in one cover, unless otherwise started above.
7. ( ) Other terms, if any.

Account No. : with (name of bank)
Transacted by: (Applicant: name, signature of authorized person)
Telephone No. : (with seal)

(3) 缮制入境货物报检单

中华人民共和国出入境检验检疫
入境货物报检单

报检单位(加盖公章): *编号: ____________

报检单位登记号: 联系人: 电话: 报检日期:

<table>
<tr><td rowspan="2">收货人</td><td colspan="3">(中文)</td><td colspan="2">企业性质(划"√")</td><td colspan="2">□合资 □合作 □外资</td></tr>
<tr><td colspan="7">(外文)</td></tr>
<tr><td rowspan="2">发货人</td><td colspan="7">(中文)</td></tr>
<tr><td colspan="7">(外文)</td></tr>
<tr><td colspan="2">货物名称(中/外文)</td><td>H. S. 编码</td><td>原产国</td><td>数/重量</td><td>货物总值</td><td colspan="2">包装种类及数量</td></tr>
<tr><td colspan="2"></td><td></td><td></td><td></td><td></td><td colspan="2"></td></tr>
<tr><td colspan="2">运输工具名称及号码</td><td colspan="3"></td><td>合同号</td><td colspan="2"></td></tr>
<tr><td>贸易方式</td><td></td><td>贸易国别(地区)</td><td colspan="2"></td><td>提单/运单号</td><td colspan="2"></td></tr>
<tr><td>到岸日期</td><td></td><td>启运国家(地区)</td><td colspan="2"></td><td>许可证/审批号</td><td colspan="2"></td></tr>
<tr><td>卸毕日期</td><td></td><td>启运口岸</td><td colspan="2"></td><td>入境口岸</td><td colspan="2"></td></tr>
<tr><td>索赔有效期至</td><td></td><td>经停口岸</td><td colspan="2"></td><td>目的地</td><td colspan="2"></td></tr>
<tr><td colspan="2">集装箱规格、数量及号码</td><td colspan="6"></td></tr>
<tr><td colspan="2" rowspan="2">合同订立的特殊条款
以及其他要求</td><td colspan="2" rowspan="2"></td><td colspan="2">货物存放地点</td><td colspan="2"></td></tr>
<tr><td colspan="2">用 途</td><td colspan="2"></td></tr>
<tr><td colspan="4">随附单据(划"√"或补填)</td><td>标记及号码</td><td colspan="2">*外商投资财产(划"√")</td><td>□是 □否</td></tr>
<tr><td colspan="2" rowspan="4">□ 合同
□ 发票
□ 提/运单
□ 兽医卫生证书
□ 植物检疫证书
□ 动物检验证书
□ 卫生证书
□ 原产地证
□ 许可/审批文件</td><td colspan="2" rowspan="4">□ 到货通知
□ 装箱单
□ 质保书
□ 理货清单
□ 磅码单
□ 验收报告
□</td><td rowspan="4"></td><td colspan="3">*检验检疫费</td></tr>
<tr><td colspan="2">总金额
(人民币元)</td><td></td></tr>
<tr><td colspan="2">计费人</td><td></td></tr>
<tr><td colspan="2">收费人</td><td></td></tr>
<tr><td colspan="5" rowspan="3">报检人郑重声明:
1. 本人被授权报检。
2. 上列填写内容正确属实。
签名: ________</td><td colspan="3">领取单证</td></tr>
<tr><td>日期</td><td colspan="2"></td></tr>
<tr><td>签名</td><td colspan="2"></td></tr>
</table>

注:有"*"号栏由出入境检验检疫机构填写 ◆国家质量监督检验检疫总局

(4) 缮制进口货物报关单

中华人民共和国海关进口货物报关单

预录入编号：　　　　　　　　　　　　　　　　　　　　海关编号：

进口口岸	备案号	进口日期	申报日期	
经营单位	运输方式	运输工具名称	提运单号	
收货单位	贸易方式	征免性质	征税比例	
许可证号	起运国(地区)	装货港	境内目的地	
批准文号	成交方式	运费	保费	杂费
合同协议号	件数	包装种类	毛重(千克)	净重(千克)
集装箱号	随附单据		用途	
标记唛码及备注				

项号	商品编号	商品名称、规格型号	数量及单位	原产国(地区)	单价	总价	币制	征免

税费征收情况		
录入员　　录入单位	兹声明以上申报无讹并承担法律责任	海关审单批注及放行日期(签章)
报关员	申报单位(签章)	审单　　　审价
单位地址		征税　　　统计
邮编：　　　电话：	填制日期：	查验　　　放行

项目六　进口贸易电汇支付方式下单证缮制

学习与考证要求

- 了解汇款的程序及内容
- 熟悉航空托运手续的程序及内容
- 明确入境货物通关单的作用
- 掌握国际货物托运书、入境货物报检单、进口货物报关单的缮制方法
- 具备电汇支付方式下单据的缮制技能和处理能力

项目导入

近日，上海进出口公司受上海国际文化有限公司的委托，从日本进口EDUCATIONAL BOOKS。为此，李莉小姐根据客户的要求上网查阅日本书籍供应商的经营情况，收集进口书籍的信息和价格，寻求理想的进口商并与其洽谈进口贸易合同。

李莉小姐对众多供应商的信息和价格进行分析，选定了山田商社作为供应商，双方就交易条件进行磋商，采用CPT贸易术语和T/T支付方式。进口贸易合同签订后，李莉小姐办理汇款和进口货物运输手续。山田商社按时发货装运、制单。上海进出口公司收到提货通知后，及时办理入境货物报检与报关手续，并提货拨交。

任务一　购货确认书签订

业务导入

我国有关法律法规规定，没有进出口权的企业可以委托进出口贸易公司代理从事进口货出口业务。

上海进出口公司受上海国际文化有限公司的委托从日本进口教育书籍，为此李莉小姐利用因特网对日本的教育书籍市场进行调研，最后确定山田商社为供应商，并与其进行洽谈，签订进口合同。

一、购货确认书的订立流程

购货确认书的订立流程如图 6－1 所示。

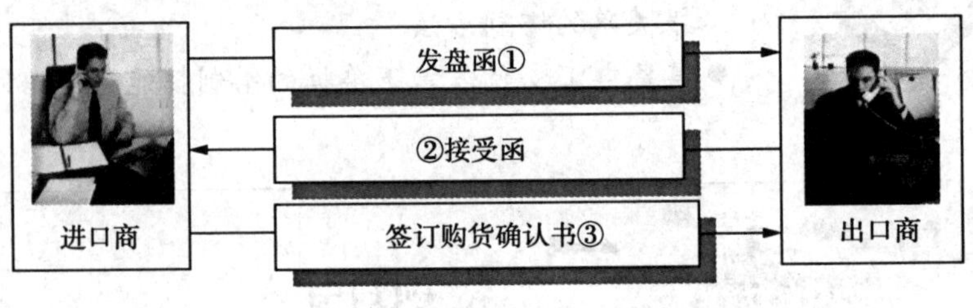

图 6－1　购货确认书订立流程

评析：

- 购货确认书没有统一规定的，其固定条款的内容都事先规定并印制好。
- 签订购货确认书通常是在获得进口货物许可证后。

二、上海进出口公司签订购货确认书实例

上海进出口公司与山田商社签订购货确认书如下：

PURCHASE CONTRACT

P/C NO. :TX200523
DATE: Aug. 10,2015

The Buyer: SHANGHAI IMPORT & EXPORT CORPORATION
1321 ZHONGSHAN ROAD SHANGHAI, CHINA
TEL:021-65788877 FAX:021-65788876

The Seller: TAKAMRA TRADING CORPORATION
82-324 OTOLI MACHI TOKYO, JAPAN
TEL:028-548-742 FAX:028-548-743

Dear Sir or Madam,

We have faxed to you order for 89 books before. As follows are the terms details of the books.

Order No.	Description	Quantity	Amount
SK0626215	EDUCATIONAL BOOKS	89 SET	CPT TOKYO USD 5 030. 51

PACKING: Packed In 26 Cartons
AIRPORT OF DEPARTURE: Tokyo Airport
AIRPORT OF DESTINATION: Pudong Airport Shanghai, China
PARTIAL SHIPMENT: Not Allowed
TRANSHIPMENT: Not Allowed
TIME OF SHIPMENT: Latest Date Of Shipment 150930
TERMS OF PAYMENT: By T/T
DOCUMENTS: The Seller Shall Present The Following Documents.

1) Two Air Waybill
2) Three Copies Of Signed Commercial Invoice Indicating Contract Number.
3) Three Copies Of Packing List.
4) Two Copies Of Certificate Of Quality Issued By Manufacture.

INSPECTION AND CLAIMS: Within the guarantee period stipulated should the quality/weight and/or the specifications of the goods be found not in with the contracted stipulations, or should the goods prove defective for any reason, including latent defect or the use of unsuitable materials, the Buyer shall arranges for an Inspection to be carried out by the Bureau and have the right to claim against the Sellers on the strength of the inspection certificate issued by the Bureau. Any and all claims shall be regarded as accepted if the Sellers fail to reply within 30 days after receipt of the Buyer's claim.

THE BUYER: 上海进出口公司专用章 李莉　　THE SELLER: TAKAMRA TRADING CORPORATION 山田

拟订购货确认书体验活动

1. 业务资料

买　　方：MINMIN IMPORT & EXPORT CORPORATION
21 HUASHAN ROAD SHANGHAI CHINA

电　　话：(021) 65788871

传　　真：(021) 65788872

卖　　方：DENSE LIGHT SEMICONDUCTORS PTE LTD
6 CHANGJ NORTH STREET SINGAPORE

电　　话：0081-64157986

传　　真：0081-64157988

货　　名：发光二极管(SUPERLUMINESCENT LIGHT EMITTING DIODES)

规格数量：SPECTRUM MODULATION<0.2dB 500PC
POWER DENSITY FLATNESS<3dBM 500PCS

单　　价：CPT SHANGHAI USD 110.00/PC

包　　装：每100件装1箱(PACKED IN CARTON 100PCS EACH)

支付方式：电汇(BY T/T)

起运地机场：SINGAPORE AIRPORT

目的地机场：SHANGHAI PUDONG AIRPORT

装运时间：不迟于2015年9月20日(LATEST DATE OF SHIPMENT 150920)

单　　据：卖方提供下列单据(THE SELLER SHALL PRESENT THE FOLLOWING DOCUMENTS TO THE PAYING BANK)

1) 签字的商业发票三份并注明合同号(THREE COPIES OF SIGNED COMMERCIAL INVOICE INDICATING CONTRACT NUMBER)

2) 装箱单三份(THREE COPIES OF PACKING LIST)

3) 由卖方签发的质量和数量证明书两份(TWO COPIES OF CERTIFICATE OF QUALITY/QUANTITY ISSUED BY MANUFACTURE)

开 户 银 行:中国银行上海分行(BANK OF CHINA SHANGHAI BRANCH)

银 行 账 号:RMB45682

合　同　号:MM071032

合 同 日 期:2015 年 8 月 10 日

2. 业务要求

请你以"业务员"身份,根据上述资料并结合自己学习到的外贸业务知识,拟订一份购货确认书。

任务二　汇款办理及单证缮制

业务导入

汇款是指银行应汇款人要求,将外汇资金汇入境外收款人指定账户的结算方式。包括经常项目下的贸易和非贸易外汇汇款及资本项目下的外汇汇款。在实际进口贸易业务中,较多采用电汇支付方式,其手续较为简便。

上海进出口公司凭购货合同书与有关证明材料向中国银行上海分行申请购买外汇,并按购货合同的规定办理电汇手续,及时向山田商社支付货款。

一、汇出汇款业务程序

汇出汇款业务流程如图 6-2 所示。

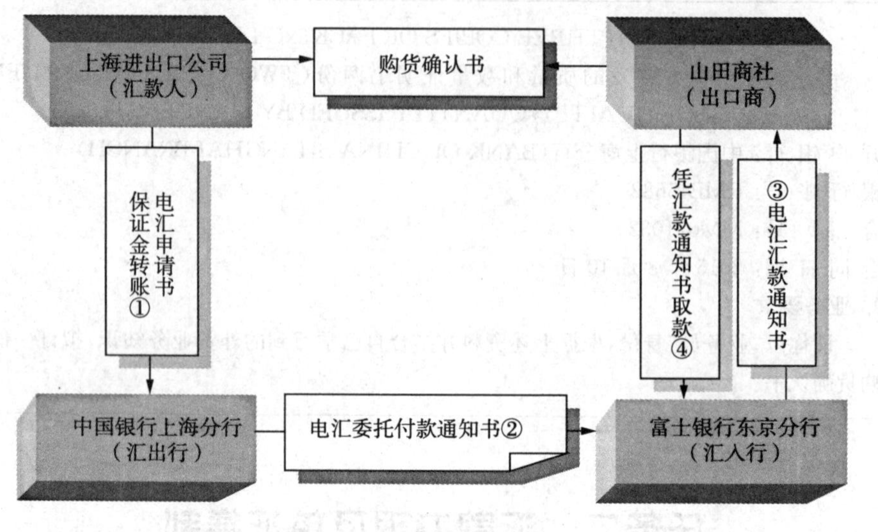

图 6－2 汇出汇款业务流程

评析：

- 首次汇款企业应提交经营进出口业务证明文件、企业营业执照、企业法人代码证等资料，并在银行预留印鉴。
- 进口商提交汇出汇款申请书时须加盖印鉴。
- 汇出行定期对汇出款项进行核对，及时催促汇入行办理解付。

二、上海进出口公司办理汇出汇款业务

1. 填写购汇申请书

上海进出口公司收到山田商社委托快递送达的编号为 0932874 的形式发票后，填写购汇申请书，并持购货合同、形式发票等有关资料向中国银行上海分行申请购汇。

中国银行上海市分行

购买外汇申请书

中国银行<u>上海</u>分(支)行：

我公司为执行第<u>TX200523</u>号合同项下对外支付，需向贵行购汇。现按外汇局有关规定向贵行提出下述内容及所附文件，请审核并按实际付汇日牌价办理售汇。所需人民币资金从我公司在贵行账户<u>SZR80066686</u>中支付。

1. 购汇金额：USD 5 030.51
2. 用　途：☑进口商品　☐从附费用　☐索退赔款　☐其他
3. 支付方式：☐信用证　☐托收　☑汇款(☐货到付款　☑预付货款)
4. 商品名称：教育图书
5. 数　量：89 套
6. 合 同 号：TX200523　　金额：USD 5 030.51
7. 发 票 号：0932874　　金额：USD 5 030.51
8. ☑一般进口商品，无需批文
   ☐控制进口商品，批文随附如下：
   ☐进口证明　☐许可证　☐登记证明　☐其他批文
   批文号码：　　批文有效期：
9. 附件：☐批文　☑合同/协议　☑发票　☐正本运单
   ☐报关单　☐运费单/收据　☐保险费收据
   ☐佣金单　☐关税证明　☐仓单　☐其他
10. ☐请于开证时立即售汇，转存保证金专用户。

申请单位(盖章)：上海进出口公司专用章

银行审核意见：

上述内容与随附文件/凭证描述相符，拟按申请书要求办理售汇。

经办人：中迎　　复核人：张立　　核准人：李蓝

售汇日期：2015.08.12　　中国银行上海分行售汇专用章

(加盖售汇专用章)

2. 填写电汇申请书

汇款申请书
APPLICATION FOR REMITTANCE

致:中国银行　上海　分行

To:BANK OF CHINA SHANGHAI BRANCH

<table>
<tr><td rowspan="2">外汇</td><td rowspan="2">汇款方式
Type of
Remittance</td><td>电汇
T/T</td><td>✓</td><td rowspan="2">付款凭证(回单)

日期 2015 年 8 月 12 日
Date</td><td>户　名
Name of
Account</td><td>上海进出口公司</td></tr>
<tr><td>票汇
D/D</td><td></td><td>账　号
Account No.</td><td>SZR80066686</td></tr>
</table>

请　付　Pay	牌　价　Rate	请　付　Remit
9 356.73 元	@ 6.20	USD 1 509.15

(汇　款)大 写 金 额 (Remit) Amount in word	壹仟伍佰零玖美元壹拾伍美分
收 款 人 Payee	YAMADA TRADING CORPORATION
住 址 Address	82-324 OTOLI MACHI TOKYO, JAPAN
收款人所在地银行 Beneficiary's Bank	日本富士银行
汇 款 人 Remitter	上海进出口公司
附　　言 Remarks	中国银行上海分行 售汇专用章 (付款单位银行盖章)

复核:王毅　　　　　　经办:夏雨

缮制购汇与汇款申请书体验活动

1. 业务资料

买　　方：MINMIN IMPORT & EXPORT CORPORATION

卖　　方：DENSE LIGHT SEMICONDUCTORS PTE LTD
6 CHANGJ NORTH STREET SINGAPORE

货　　名：发光二极管(SUPERLUMINESCENT LIGHT EMITTING DIODES)

规格数量：SPECTRUM MODULATION<0.2dB 500PC
POWER DENSITY FLATNESS<3dBM 500PCS

单　　价：CPT SHANGHAI USD 110.00/PC

包　　装：每100件装1箱(PACKED IN CARTON 100PCS EACH)

支付方式：电汇(BY T/T)

开户银行：中国银行上海分行(BANK OF CHINA SHNAGHAI BRANCH)

银行账号：RMB45682

收款银行：中国银行新加坡分行(BANK OF CHINA SINGAPORE BRANCH)

合 同 号：MM071032

用　　途：进口商品

2. 业务要求

请你以"单证员"闵明的身份，根据上述资料填写购汇申请书和汇款申请书。

任务三　航空货物托运及单证缮制

业务导入

在CPT贸易术语条件下，应由进口商办理进口货物运输。通常进口商按照合同规定的装运时间委托国际货运代理公司办理进口货物订舱手续。

上海进出口公司向金发国际货运代理公司询价，从该公司的网站上了解东京到上海的航空运费。于是，直接在该网站"在线订舱"内输入相关信息，或填写国际货运委托书，办理进口订舱手续。金发国际货运代理公司接受订舱后，委托在东京的货运代理通知发货人有关装机信息。发货人按规定时间将出口货物送到指定机场仓库后，由承运人签发空运单。上海进出口公司收到到货通知后，向金发国际货运代理公司支付运费及有关费用，并换取提货单。

一、进口航空货物托运程序

进口航空货物托运程序如图 6－3 所示。

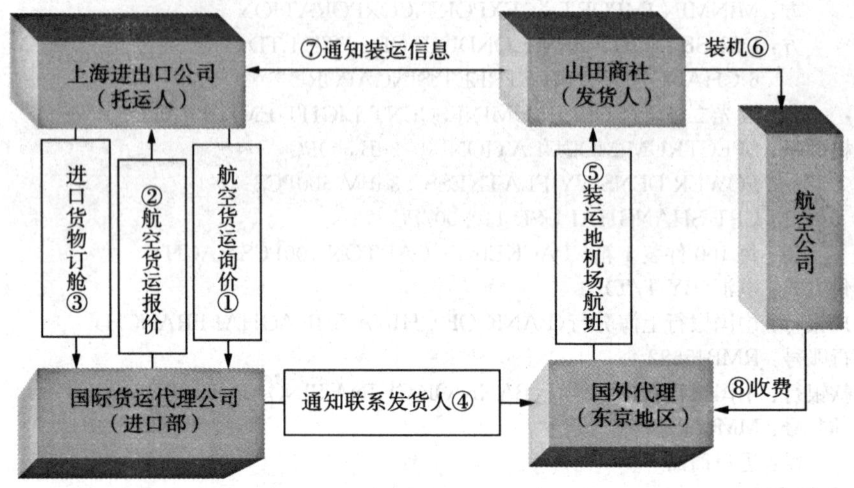

图 6－3　进口航空货物托运流程

评析:

- 发货人在获取装机信息后,应及时办理出口货物报检和报关手续。
- 托运人收到到货通知后,应及时做好进口货物的报检和报关的准备工作。

二、上海进出口公司办理进口航空货物托运

1. 缮制货物空运委托书

办理航空进口货物运输订舱时,应由进口商缮制货物空运委托书。货物空运委托书的缮制方法如下:

(1) 托运人(SHIPPER)

填写实际托运人的全称与地址,通常是出口商。

(2) 收货人 CONSIGNEE (FULL NAME & ADDRESS)

填写实际收货人的全称与地址,通常是进口商。

(3) 通知人(NOTIFY PARTY)

通常填写进口商的全称与地址,与收货人一栏相一致。

(4) 交货方式

根据实际要求用“√”选择 Airport To Airport 或 Airport To Door 或

Door To Airport 或 Door To Door。

(5) 运费与费用(FREIGHT & CHARGES)

由国际货运代理公司填写。

(6) 起运地

填写实际发货地点。

(7) 目的地机场

填写到达目的地的机场名称。

(8) 航空公司

填写承运该票货物的航空公司的全称。

(9) 预计航班时间

填写该票货物出运的时间。

(10) 标记与号码

根据合同的相关内容,填写唛头,并与其他单据的唛头相同。

(11) 包装种类与货名

根据合同的相关内容,填写货物名称和包装方式。

(12) 毛重(千克)

填写该票货物的实际总毛重。

(13) 费用明细

由国际货运代理公司填写。

(14) 报关方式

根据托运人的需求,用"√"选择"自报"或"代报"。

(15) 送货日期

填写实际送货日期,必须比出运日期早一天。

(16) 单据要求

根据需求填写。

(17) 其他特殊事项

根据需要填写。

(18) 托运人(公司)签名

由托运人签章,并注明日期。

<table>
<tr><td colspan="4">SHIPPER (FULL NAME & ADDRESS)
YAMADA TRADING CORPORATION
82-324 OTOLI MACHI TOKYO, JAPAN
TEL:028-548-742 FAX:028-548-743</td><td colspan="4">BOOKING NO. (托运编号)

货物空运委托书
SHIPPER'S LETTERS OF INSTRUCTIONS</td></tr>
<tr><td colspan="4">CONSIGNEE (FULL NAME & ADDRESS)
SHANGHAI IMP. & EXP. CORPORATION
1321 ZHONGSHAN ROAD SHANGHAI, CHINA</td><td colspan="4">**HONGXIANG LOGISTICS CO., LTD.**
TEL:021-66761009 FAX:021-66761008
RM 23, HUASHAN ROAD, SHANGHAI CHINA</td></tr>
<tr><td colspan="4" rowspan="2">NOTIFY PARTY
SHANGHAI IMP. & EXP. CORPORATION
1321 ZHONGSHAN ROAD SHANGHAI, CHINA
TEL:021-65788877 FAX:021-65788876</td><td colspan="4">Airport To Airport　　Airport To Door
Door To Airport　　Door To Door</td></tr>
<tr><td colspan="4">Freight & Charges(运费与附加费)</td></tr>
<tr><td colspan="2">PORT OF LOADING
起运地
Tokyo Airport</td><td colspan="2">DESTINATION
目的地机场
Pudong Airport</td><td colspan="2">CARRIER
航空公司
东方航空</td><td colspan="2">FREIGHT DATE
预计航班时间
2015-09-14</td></tr>
<tr><td>MARKS & NO.
标记与号码</td><td colspan="4">KIND OF PACK. & DESCRIPTION OF GOODS
包装种类与货名</td><td>G. W (KGS)
毛重(千克)</td><td colspan="2">MEASUREMENT
尺码</td></tr>
<tr><td>N/M</td><td colspan="4">EDUCATIONAL BOOKS
教育图书
26CTNS</td><td>96 KGS</td><td colspan="2">8CBM</td></tr>
<tr><td colspan="8">Freight Charges Details(费用明细)</td></tr>
<tr><td colspan="2">Item (项目)</td><td colspan="2">Amount(金额)</td><td colspan="2">Prepaid (预付)✓</td><td colspan="2">Collect(到付)</td></tr>
<tr><td colspan="8"></td></tr>
<tr><td colspan="4">Customs Declaration Service Request(报关方式)</td><td colspan="2">自报 ✓</td><td colspan="2">代报</td></tr>
<tr><td colspan="3">Loading Date (送货日期)</td><td colspan="5">2015. 09. 10</td></tr>
<tr><td colspan="8">Document Request (单据要求)</td></tr>
<tr><td colspan="4">MAWB</td><td colspan="4">MAWB NO.</td></tr>
<tr><td colspan="4">MAWB</td><td colspan="4">MAWB NO.</td></tr>
<tr><td colspan="8">Other Special Request(其他特殊事项)</td></tr>
<tr><td colspan="8">托运人(公司)签名: 上海进出口公司 专用章 李莉
2015-08-20</td></tr>
</table>

2. 货物空运委托协议生效

货代公司在货物空运委托书上注明运费及其他费用,并盖上接受业务章,该托运书正式生效。

缮制货物空运委托书体验活动

1. 业务资料

托　运　人:DENSE LIGHT SEMICONDUCTORS PTE LTD
　　　　　6 CHANGJ NORTH STREET SINGAPORE

收　货　人:MINMIN IMPORT & EXPORT CORPORATION

交货方式:AIRPORT TO AIRPORT

起运地机场:SINGAPORE AIRPORT

目的地机场:SHANGHAI PUDONG AIRPORT

航空公司:SINGAPORE CORPORATION

预计航班时间:2015 年 9 月 20 日(DATE OF SHIPMENT 150920)

货物名称:发光二极管

包装种类:每 100 件装 1 箱,每箱毛重为 10 千克

报关方式:代报

送货日期:2015 年 9 月 18 日

2. 业务要求

请你以"单证员"闵明的身份,根据上述资料填写货物空运委托书。

任务四　入境货物报检申报及单证缮制

业务导入

进口货物到达目的地机场后,货站向进口商发出到货通知。进口商获知到货后,准备报检单证向入境口岸的出入境检验检疫局办理入境货物报检手续。

上海进出口公司收到上海浦东国际机场货运站的到货通知后,由李莉小姐缮制报检单并随附购货合同、国外发票、装箱单等有关单证,向上海出入境检验检疫局办理入境货物报检手续。

一、入境货物报检申报程序

入境货物报检申报程序如图 6 - 4 所示。

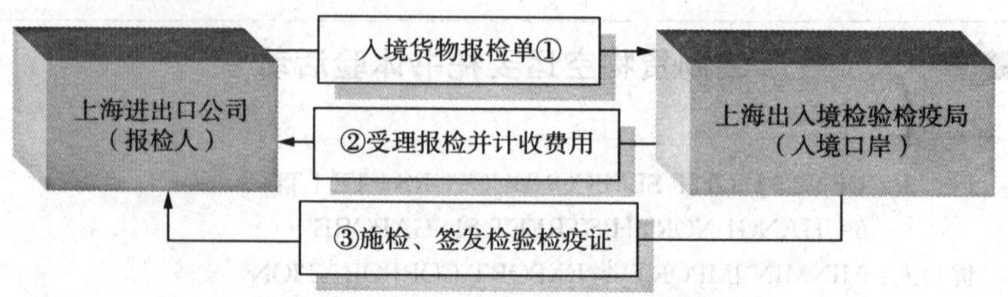

图 6 - 4　入境货物检验检疫申报程序

评析：

- 检验检疫货物入境时，报检人应向到达站的检验检疫机构申请报检，并按检验检疫有关规定和要求提供有关单证资料。
- 检验检疫机构按有关规定审核报检资料，符合要求的，受理报检并计收费用。
- 报检人凭报关地检验检疫机构签发的《入境货物通关单》或检验检疫证办理通关手续。

二、上海进出口公司办理入境货物报检实例

1. 缮制入境货物报检单

中华人民共和国出入境检验检疫
入境货物报检单

报检单位(加〔上海进出口公司 专用章〕　　　　* 编号：________

报检单位登记号：13684Q　联系人：李莉　电话：65788877　　　　报检日期：2015 年 9 月 15 日

收货人	(中文)上海进出口公司	企业性质(划"√")	□合资　□合作　□外资
	(外文)SHANGHAI IMPORT & EXPORT CORPORATION		
发货人	(中文)		
	(外文) YAMADA TRADING CORPORATION		

货物名称(中/外文)	H. S. 编码	原产国	数/重量	货物总值	包装种类及数量
教育图书 EDUCATIONAL BOOKS	4901. 9900	日本	89SETS	USD 5 030. 51	26CTNS

运输工具名称及号码	JAA0614			合同号	TX200523
贸易方式	一般贸易	贸易国别(地区)	日本	提单/运单号	788-905 0945
到货日期	2015. 09. 14	启运国家(地区)	日本	许可证/审批号	
卸货日期	2015. 09. 14	启运口岸	东京	入境口岸	浦东机场
索赔有效期至	2016. 09. 14	经停口岸		目的地	上海
集装箱规格、数量及号码					
合同订立的特殊条款以及其他要求		货物存放地点			
		用途			

随附单据(划"√"或补填)		标记及号码	* 外商投资财产(划"√")	□是　□否
☑ 合同 ☑ 发票 ☑ 提/运单 □ 兽医卫生证书 □ 植物检疫证书 □ 动物检验证书 □ 卫生证书 □ 原产地证 □ 许可/审批文件	☑ 到货通知 ☑ 装箱单 □ 质保书 □ 理货清单 □ 磅码单 □ 验收报告		* 检验检疫费	
			总金额 (人民币元)	
			计费人	
			收费人	

报检人郑重声明：	领取单证	
1. 本人被授权报检。	日期	
2. 上列填写内容正确属实。 签名：李莉	签名	

注：有"*"号栏由出入境检验检疫机构填写。　　　　◆ 国家质量监督检验检疫总局制

2. 出入境检验检疫局签发入境货物通关单

中华人民共和国出入境检验检疫
入境货物通关单

编号:XT050811

<table>
<tr><td colspan="3">1. 收货人
上海进出口公司</td><td rowspan="3">5. 标记及唛码
N/M</td></tr>
<tr><td colspan="3">2. 发货人
YAMADA TRADING CORPORATION</td></tr>
<tr><td>3. 合同/提(运)单号
TX200523 /788-905 0945</td><td colspan="2">4. 输出国家或地区
日本</td></tr>
<tr><td>6. 运输工具名称及号码
JAA0614</td><td colspan="2">7. 目的地
上海</td><td>8. 集装箱规格及数量
- - - -</td></tr>
<tr><td>9. 货物名称及规格
EDUCATIONAL
BOOKS
*******************</td><td>10. H.S. 编码
4901.9900</td><td>11. 申报总值
USD 5 030.51</td><td>12. 数/重量、包装数量及种类
89 SETS
96 KGS
26 CTNS</td></tr>
<tr><td colspan="4">13. 证明
上述货物业已报验/申报,请海关予以放行。
本通关单有效期至 2015 年 9 月 30 日
日期:2015 年 9 月 16 日
签字:丁毅</td></tr>
<tr><td colspan="4">14. 备注</td></tr>
</table>

缮制入境货物报检单体验活动

1. 业务资料

买　　方：MINMIN IMPORT & EXPORT CORPORATION
21 HUASHAN ROAD SHANGHAI CHINA

电　　话：(021) 65788871

报检单位登记号：0789W

卖　　方：DENSE LIGHT SEMICONDUCTORS PTE LTD
6 CHANGJ NORTH STREET SINGAPORE

货　　名：发光二极管(SUPERLUMINESCENT LIGHT EMITTING DIODES)

H. S. 编码：8541.4000

规格数量：SPECTRUM MODULATION<0.2dB 500PC
POWER DENSITY FLATNESS<3dBM 500PCS

单　　价：CPT SHANGHAI USD 110.00/PC

包　　装：每 100 件装 1 箱(PACKED IN 1 CARTON OF 100PCS EACH)

启运地机场：SINGAPORE AIRPORT

目的地机场：SHANGHAI PUDONG AIRPORT

装运期限：2015 年 9 月 20 日(DATE OF SHIPMENT 150920)

航 班 号：XIJ 432

用　　途：内销

贸易方式：一般贸易

合 同 号：MM071032

2. 业务要求

请你以“单证员”身份，根据上述资料填制入境货物报检单。

任务五　进口货物报关申报及单证缮制

业务导入

入境货物报检合格后，进口商应按海关法的有关规定填写进口货物报关单，并随附国外商业发票、装箱单、进口贸易合同和运输单据等规定的单证，及时向入境口岸海关办理进口货物报关手续。

上海进出口公司获取入境通关单后，根据空运单、国外发票、装箱单等填写进口货物报关单，在海关规定的报关时间内办理进口货物报关。报关放行后，凭提货通知提货，并向用户拨交。

一、进口货物报关申报程序

进口货物报关申报程序如图 6－5 所示。

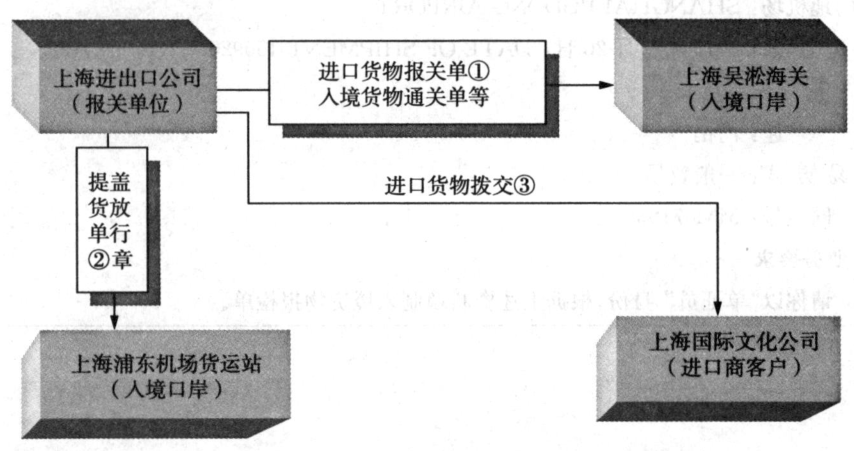

图 6－5　进口货物报关申报程序

评析：

- 进口商可委托机场货运站代办进口货物报关手续。
- 海关对进口货物进行查验，核准后在提货单上盖放行章。
- 进口商将进口货物拨交委托人，即进口货物的用户。

二、上海进出口公司办理进口货物报关实例

1. 缮制进口货物报关单

中华人民共和国海关进口货物报关单

预录入编号：　　　　　　　　　　　　　　　　　　海关编号：

进口口岸 浦东机场 2233	备案号	进口日期 2015-09-14	申报日期 2015-09-16
经营单位(0387124666) 上海进出口公司	运输方式 航空运输	运输工具名称 JAA0614	提运单号 788-905 0945
收货单位 上海进出口公司	贸易方式 一般贸易	征免性质 分批减免	征税比例
许可证号	起运国(地区) 日本	装货港 东京	境内目的地 上海
批准文号	成交方式 CPT	运费 502/260/3	保费	杂费
合同协议号 TX200523	件数 26	包装种类 纸箱	毛重(千克) 96	净重(千克) 70
集装箱号	随附单据 A：XT050811	用途
标记唛码及备注 N/M			

项号	商品编号	商品名称、规格型号	数量及单位	原产国(地区)	单价	总价	币制	征免
	4901.9900			日本			美元	全免
01		教育图书	89 套 70KGS			5 030.51		

税费征收情况		
录入员　　录入单位	兹声明以上申报无讹并承担法律责任	海关审单批注及放行日期(签章)
报关员　李莉 310254123012	申报单位　上海进出口公司 报关专用章	审单　　审价
		征税　　统计
单位地址　上海市中山路 1321 号		查验　　放行
邮编：　电话：65788877	填制日期：2015 年 9 月 16 日	

2. 申请进出口货物征免税证明

进出口货物征免税证明

编号:060844

申请单位:上海进出口公司	征免性质/代码:全免	审批依据:合同
发证日期:2015年8月1日	有效期: 至2015年10月31日	
	合同号:TX200523	

序号	货 号	规格	税号	数量	单位	金额	币制	主管海关审批意见		
								关税	增值税	其他
1	教育图书		4901.9900	89	套	5 030.51	美元			

审批海关签章:	核放海关批注:	注意事项:
负责人:张　海 2015年8月1日	负责人:许　万 2015年8月1日	1. 本表使用一次有效。如同一合同货物分口岸进口,应分别填写。一份合同内货物分批到货的,应向审批海关申明,并按到货期分填此表。 2. 表中"征免性质/代码"栏应按海关H883(H2000)规范要求正确填写。 3. "审批依据"栏应由主管海关减免税审批部门填明批准减免税所依据的文件号。 4. 货物进口时应向海关交验本表,复印件无效。 5. 本表自签发之日起半年内有效,逾期应向原审批海关申请展期或退运。如遇政策调整,有效期应服从有关规定。 6. 经批准进口的货物如拟移作他用、转让或出售,原申请单位应事先报请原批准海关核准,并应按法补税,否则,海关将依法处理。

海关　　　　处　　　　邮编:

3. 提货拨交

李莉小姐凭盖有放行章的提货单在上海浦东机场航空货运站提货处进行提货。然后,向委托人上海国际文化有限公司收取代理费及有关费用,并送货到指定仓库。

中外运空运发展股份有限公司上海分公司

空运进口提货单

进口部地址:上海市东方路 989 号 8 楼 808 室　　电话:62487965　传真:62487966

进口监管仓库地址:上海浦东机场航空货运站提货处　　电话:62487988　传真:62487988

收货人单位名称:　上海进出口公司　　仓库区号:　TSC2014

主运单号:　788-905 0945　　分运单号:　TSC0645　　海关编号:　3106547878

件数:　26 箱　　实际重量:　96.99KG　　计费重量:　96.99KG

该货于:　2015　年　9　月　14　日运抵我司监管仓库。

1. 请凭此盖上贵司公章的提货单和全套单据办理报关手续。

2. 已办妥清关手续的,本提货单盖有机场海关放行章和检验检疫章后,可直接到仓库提货。

3. 有关业务咨询,或委托我司代理报关,国内中转,监管运输及送货上门业务。

查询　请和我部　王名　**联系**　电话:62487964

报关　请和我部　张立　**联系**　电话:62487963

提货时间:8:30~18:00

注意事项:

一、进口货物的收货人应自货物进境之日起十四天内向海关申报,逾期海关将按 CIF 价格的万分之五每天征收滞报金,逾期三个月未报关的货物,上缴海关处理。

二、国际货物航空到付运费__________请付讫后提货。

三、自货物进入我司仓库免费保管 3 天。

以下为收货单位填写

兹派　李莉　前来你处提货,请予交付。

收货单位(公章):　上海进出口公司 章　　2015 年 9 月 18 日

上述货物完好无损,已提取,此据。

收货人签字　李莉　联系电话　65788877

缮制进口货物报关单体验活动

1. 业务资料

买　　　方：MINMIN IMPORT & EXPORT CORPORATION
　　　　　　21 HUASHAN ROAD SHANGHAI CHINA

电　　　话：(021) 65788871

报关单位注册号：0789W

货　　　名：发光二极管(SUPERLUMINESCENT LIGHT EMITTING DIODES)

H. S. 编码：8541.4000

规 格 数 量：SPECTRUM MODULATION<0.2dB 500PC
　　　　　　POWER DENSITY FLATNESS<3dBM 500PCS

单　　　价：CPT SHANGHAI USD 110.00/PC

包　　　装：每 100 件装 1 箱(PACKED IN 1 CARTON OF 100PCS EACH)

起运地机场：SINGAPORE AIRPORT

目的地机场：SHANGHAI PUDONG AIRPORT

到 达 日 期：2015 年 9 月 20 日

保　险　费：380 美元

航　班　号：XIJ 432

贸 易 方 式：一般贸易

合　同　号：MM071032

2. 业务要求

请你以"单证员"的身份，根据上述资料填制进口货物报关单。

单证制作技能训练

一、单证制作技能训练 1

1. 业务背景

发事贸易公司与日本 AOYMA IMPORT & EXPORT CORPORATION 就牛仔女裙的购货进行了洽谈，采用电汇支付方式，双方达成一致意见后签订了购货确认书。

2. 操作资料

购货合同号：SW2789-W

购货合同日期：2015 年 3 月 1 日

买　　方：SHANGHAI FASHION TRADE CORPORATION
　　　　　13 NFNXIANG ROAD SHANGHAI CHINA

电　　话：021-56082212

传　　真：021-56082211
海关代码：310234569876
人民币账号：ZS-R091234103932
美元账号：ZS-M08992384958
售汇日期：2015 年 3 月 10 日
汇出行名称：中国银行上海分行(购汇银行)
卖　　方：AOYMA IMPORT & EXPORT CORPORATION
82-324 SKURA MACHI OSAKA, JAPAN
电　　话：028-688744××
传　　真：028-688743××
货　　名：花边牛仔女裙(DENIM SKIRT WITH LACE)
商品编码：5212.2400
规格数量：SY01 1000PCS　WR02 1000PCS　TR03 1500PCS　FQ04 1500PCS
单　　价：USD12.00 FOB OSAKA
包　　装：平摊包装，不能对折，6 条混码装一个小胶袋，3 个小胶袋装一个大胶袋，1 个大胶袋装入一只出口纸箱(FLAT PACK WITHOUT FOLDING 6 PIECES ASSORTED SIZES PER POLYBAG, 3 POLYBAGS IN A MASTER POLYBAG AND THEN INTO AN EXPORT CARTON.)
支付方式：电汇
装 运 港：大阪港(OSAKA JAPAN)
目 的 港：上海港(SHANGHAI CHINA)
装运期限：最迟不晚于 2015 年 5 月 31 日(LATEST DATE OF SHIPMENT 100531)
分批装运：允许
转　　运：不允许
报检单位登记号：6612Q
提单编号：TX081CW
到岸日期：2015 年 5 月 31 日
卸毕日期：2015 年 5 月 31 日
航 班 号：KC02632
商品用途：自营内销
索赔有效期：1 年
贸易方式：一般贸易
报关口岸：上海海关
运　　费：USD 280.00
保 险 费：USD 310.00
海关注册号：3018712465

3. 业务要求

请您以单证员的身份，根据上述资料缮制购买外汇申请书、入境货物报检单、进口货物报关单。

(1) 缮制购买外汇申请书

购买外汇申请书

中国银行＿＿＿＿＿＿分(支)行：

我公司为执行第＿＿＿＿＿＿号合同项下对外支付，需向贵行购汇。现按外汇局有关规定向贵行提出下述内容及所附文件，请审核并按实际付汇日牌价办理售汇。所需人民币资金从我公司在贵行账户＿＿＿＿＿＿＿＿＿＿＿＿中支付。

1. 购汇金额：
2. 用　　途：□进口商品　□从附费用　□索退赔款　□其他
3. 支付方式：□信用证　□托收　□汇款(□货到付款　□预付货款)
4. 商品名称：
5. 数量：
6. 合同号：　　　　金额：
7. 发票号：　　　　金额：
8. □一般进口商品，无需批文。
   □控制进口商品，批文随附如下：
   □进口证明　□许可证　□登记证明　□其他批文
   批文号码：　　　　批文有效期：
9. 附件：□批文　□合同/协议　□发票　□正本运单
   □报关单　□运费单/收据　□保险费收据
   □佣金单　□关税证明　□仓单　□其他
10. □请于开证时立即售汇，转存保证金专用户。

申请单位(盖章)：

银行审核意见：

上述内容与随附文件/凭证描述相符，拟按申请书要求办理售汇。

经办人：　　　　复核人：　　　　核准人：

售汇日期：

(加盖售汇专用章)

(2) 缮制入境货物报检单

中华人民共和国出入境检验检疫
入境货物报检单

报检单位(加盖公章)： *编号：

报检单位登记号： 联系人： 电话： 报检日期：

<table>
<tr><td rowspan="2">收货人</td><td colspan="3">(中文)</td><td colspan="2">企业性质(划"√")</td><td colspan="2">□合资 □合作 □外资</td></tr>
<tr><td colspan="7">(外文)</td></tr>
<tr><td rowspan="2">发货人</td><td colspan="7">(中文)</td></tr>
<tr><td colspan="7">(外文)</td></tr>
<tr><td colspan="2">货物名称(中/外文)</td><td>H.S.编码</td><td>原产国</td><td>数/重量</td><td>货物总值</td><td colspan="2">包装种类及数量</td></tr>
<tr><td colspan="2"></td><td></td><td></td><td></td><td></td><td colspan="2"></td></tr>
<tr><td colspan="2">运输工具名称及号码</td><td colspan="2"></td><td colspan="2">合同号</td><td colspan="2"></td></tr>
<tr><td>贸易方式</td><td></td><td>贸易国别(地区)</td><td></td><td colspan="2">提单/运单号</td><td colspan="2"></td></tr>
<tr><td>到岸日期</td><td></td><td>启运国家(地区)</td><td></td><td colspan="2">许可证/审批号</td><td colspan="2"></td></tr>
<tr><td>卸毕日期</td><td></td><td>启运口岸</td><td></td><td colspan="2">入境口岸</td><td colspan="2"></td></tr>
<tr><td>索赔有效期至</td><td></td><td>经停口岸</td><td></td><td colspan="2">目的地</td><td colspan="2"></td></tr>
<tr><td colspan="2">集装箱规格、数量及号码</td><td colspan="6"></td></tr>
<tr><td colspan="2" rowspan="2">合同订立的特殊条款
以及其他要求</td><td rowspan="2"></td><td colspan="2">货物存放地点</td><td colspan="3"></td></tr>
<tr><td colspan="2">用　途</td><td colspan="3"></td></tr>
<tr><td colspan="3">随附单据(划"√"或补填)</td><td>标记及号码</td><td colspan="3">*外商投资财产(划"√")</td><td>□是 □否</td></tr>
<tr><td colspan="2" rowspan="4">□ 合同
□ 发票
□ 提/运单
□ 兽医卫生证书
□ 植物检疫证书
□ 动物检验证书
□ 卫生证书
□ 原产地证
□ 许可/审批文件</td><td rowspan="4">□ 到货通知
□ 装箱单
□ 质保书
□ 理货清单
□ 磅码单
□ 验收报告
□</td><td rowspan="4"></td><td colspan="4">*检验检疫费</td></tr>
<tr><td colspan="2">总金额
(人民币元)</td><td colspan="2"></td></tr>
<tr><td colspan="2">计费人</td><td colspan="2"></td></tr>
<tr><td colspan="2">收费人</td><td colspan="2"></td></tr>
<tr><td colspan="5" rowspan="3">报检人郑重声明：
1. 本人被授权报检。
2. 上列填写内容正确属实。
签名：________</td><td colspan="3">领取单证</td></tr>
<tr><td>日期</td><td colspan="2"></td></tr>
<tr><td>签名</td><td colspan="2"></td></tr>
</table>

注：有"*"号栏由出入境检验检疫机构填写 ◆国家质量监督检验检疫总局

(3) 缮制进口货物报关单

中华人民共和国海关进口货物报关单

预录入编号：　　　　　　　　　　　　　　　　　　　　海关编号：

进口口岸	备案号	进口日期	申报日期	
经营单位	运输方式	运输工具名称	提运单号	
收货单位	贸易方式	征免性质	征税比例	
许可证号	起运国(地区)	装货港	境内目的地	
批准文号	成交方式	运费	保费	杂费
合同协议号	件数	包装种类	毛重(千克)	净重(千克)
集装箱号	随附单据	用途		
标记唛码及备注				
项号　商品编号　商品名称、规格型号　数量及单位　原产国(地区)　单价　总价　币制　征免				
税费征收情况				
录入员　录入单位	兹声明以上申报无讹并承担法律责任	海关审单批注及放行日期(签章)		
报关员	申报单位(签章)	审单　审价		
单位地址		征税　统计		
邮编：　电话：	填制日期：	查验　放行		

一、单证制作技能训练 2

1. 业务背景

大连进出口公司与日本 TNKA TRADE CORPORATION 就电动叉车的购货进行了洽谈，采用电汇支付方式，双方达成一致意见后签订了购货确认书。

2. 操作资料

购货合同号：WR0789-E

购货合同日期：2015 年 11 月 1 日

买　　方：DALIAN IMPORT & EXPORT TRADE CORPORATION
　　　　　113 NFNXIANG ROAD DALIAN CHINA

电　　话：0411-60822126

传　　真：0411-60822115

海关代码：316523456982

人民币账号：Z-2451234103932

美元账号：Z89754238495

售汇日期：2015 年 11 月 10 日

汇出行名称：中国银行上海分行(购汇银行)

卖　　方：TNKA TRADE CORPORATION
　　　　　324 OTOLI MACHI OSAKA，JAPAN

电　　话：081-031-2548742

传　　真：081-031-2548743

货　　名：电动叉车(FORKLIFT TRUCK)

商品编码：8866.6822

规格数量：B30SW 3 PC

单　　价：CIP OSAKA USD 17 800.00/PC

包　　装：每 1 台装 1 箱(PACKED IN ONE CARTON OF 1 PC EACH)

支付方式：电汇

开户银行：中国银行上海分行(BANK OF CHINA SHANGHAI BRANCH)

银行账号：RMB45682

收款银行：中国银行新加坡分行(BANK OF CHINA SINGAPORE BRANCH)

报检单位登记号：0789W

起运地机场：OSAKA　AIRPORT

目的地机场：DALIAN　AIRPORT

装运期限：最迟不晚于 2015 年 12 月 10 日/ LATEST DATE OF SHIPMENT 151210

航班号次：FCUN 439

用　　途：内销

贸易方式：一般贸易

报关单位注册号：03124569874

每箱重量：毛重 1000 千克、净重 950 千克

集装箱号：20 英尺集装箱 TEXU3213456

空运单号：56-905 0945

贸易方式：一般贸易

航空保险费：200 美元

航空运费：450 美元

到达日期：2015 年 12 月 10 日

3. 业务要求

请您以单证员的身份，根据上述资料缮制购买外汇申请书、入境货物报检单、进口货物报关单。

(1) 缮制购买外汇申请书

购买外汇申请书

中国银行____________分(支)行：

我公司为执行第____________号合同项下对外支付，需向贵行购汇。现按外汇局有关规定向贵行提出下述内容及所附文件，请审核并按实际付汇日牌价办理售汇。所需人民币资金从我公司在贵行账户__________________中支付。

1. 购汇金额：
2. 用　　途：□进口商品　□从附费用　□索退赔款　□其他
3. 支付方式：□信用证　□托收　□汇款(□货到付款　□预付货款)
4. 商品名称：
5. 数量：
6. 合同号：　　金额：
7. 发票号：　　金额：
8. □一般进口商品，无需批文。
   □控制进口商品，批文随附如下：
   □进口证明　□许可证　□登记证明　□其他批文
   批文号码：　　批文有效期：
9. 附件：□批文　□合同/协议　□发票　□正本运单
   □报关单　□运费单/收据　□保险费收据
   □佣金单　□关税证明　□仓单　□其他
10. □请于开证时立即售汇，转存保证金专用户。

申请单位(盖章)：

银行审核意见：

上述内容与随附文件/凭证描述相符，拟按申请书要求办理售汇。

经办人：　　复核人：　　核准人：

售汇日期：

(加盖售汇专用章)

（2）缮制入境货物报检单

中华人民共和国出入境检验检疫
入境货物报检单

报检单位(加盖公章)：　　　　　　　　　　　　　　　　　　　　* 编号：________________

报检单位登记号：　　　　联系人：　　　　电话：　　　　报检日期：

收货人	(中文)		企业性质(划"✓")	□合资　□合作　□外资	
	(外文)				
发货人	(中文)				
	(外文)				
货物名称(中/外文)	H. S. 编码	原产国	数/重量	货物总值	包装种类及数量
运输工具名称及号码			合同号		
贸易方式		贸易国别(地区)		提单/运单号	
到岸日期		启运国家(地区)		许可证/审批号	
卸毕日期		启运口岸		入境口岸	
索赔有效期至		经停口岸		目的地	
集装箱规格、数量及号码					
合同订立的特殊条款以及其他要求		货物存放地点			
		用　途			
随附单据(划"✓"或补填)		标记及号码	* 外商投资财产(划"✓")	□是　□否	
□ 合同 □ 发票 □ 提/运单 □ 兽医卫生证书 □ 植物检疫证书 □ 动物检验证书 □ 卫生证书 □ 原产地证 □ 许可/审批文件	□ 到货通知 □ 装箱单 □ 质保书 □ 理货清单 □ 磅码单 □ 验收报告 □		* 检验检疫费		
			总金额 (人民币元)		
			计费人		
			收费人		
报检人郑重声明： 1. 本人被授权报检。 2. 上列填写内容正确属实。 签名：________			领取单证		
			日期		
			签名		

注：有"＊"号栏由出入境检验检疫机构填写　　　　◆国家质量监督检验检疫总局

（3）缮制进口货物报关单

中华人民共和国海关进口货物报关单

预录入编号：　　　　　　　　　　　　　　　　　　　　海关编号：

进口口岸	备案号	进口日期	申报日期
经营单位	运输方式	运输工具名称	提运单号
收货单位	贸易方式	征免性质	征税比例
许可证号	起运国（地区）	装货港	境内目的地

批准文号	成交方式	运费	保费	杂费
合同协议号	件数	包装种类	毛重（千克）	净重（千克）

集装箱号	随附单据	用途

标记唛码及备注

项号	商品编号	商品名称、规格型号	数量及单位	原产国（地区）	单价	总价	币制	征免

税费征收情况

录入员　　录入单位	兹声明以上申报无讹并承担法律责任	海关审单批注及放行日期（签章）
报关员	申报单位（签章）	审单　　审价
单位地址		征税　　统计
邮编：　　电话：	填制日期：	查验　　放行